高等职业教育食品类专业系列教材

"十四五"技工教育规划教材

食品安全质量控制与认证

SHIPIN ANQUAN ZHILIANG

KONGZHI YU RENZHENG

主　编　马长路　王立晖
副主编　元向东　孙玉清
　　　　刘小飞　刘　皓

北京师范大学出版集团
BEIJING NORMAL UNIVERSITY PUBLISHING GROUP
北京师范大学出版社

图书在版编目(CIP)数据

食品安全质量控制与认证 /马长路,王立晖主编. —北京 :北京师范大学出版社,
2025.1

(高等职业教育食品类专业系列教材)

ISBN 978-7-303-18791-1

Ⅰ. ①食… Ⅱ. ①马…②王… Ⅲ. ①食品安全－质量控制－高等职业教育－教材
②食品卫生－质量管理体系－认证－高等职业教育－教材 Ⅳ. ①TS207.7②R155.5

中国版本图书馆 CIP 数据核字(2015)第 064997 号

出版发行:北京师范大学出版社 https://www.bnupg.com
　　　　　北京市西城区新街口外大街 12-3 号
印　　刷:北京天泽润科贸有限公司
经　　销:全国新华书店
开　　本:787 mm×1092 mm　1/16
印　　张:17
字　　数:440 千字
版 印 次:2025 年 1 月第 1 版第 6 次印刷
定　　价:38.00 元

策划编辑:周光明　　　　　　责任编辑:周光明
美术编辑:焦　丽　　　　　　装帧设计:焦　丽
责任校对:陈　民　　　　　　责任印制:马　洁

编写人员

主　编

马长路　北京农业职业学院

王立晖　天津现代职业技术学院

副主编

元向东　包头轻工职业技术学院

孙玉清　北京农业职业学院

刘小飞　北京农业职业学院

刘　皓　天津现代职业技术学院

编写人员

王文磊　包头轻工职业技术学院

魏　元　包头轻工职业技术学院

谷利民　呼和浩特职业学院

刘小宁　杨凌职业技术学院

王文光　杨凌职业技术学院

李国秀　杨凌职业技术学院

钟莉传　广西农业职业技术大学

张　钰　辽宁生态工程职业学院

杨俊峰　内蒙古农业大学职业技术学院

吕　青　青岛海关

谢晓丽　青岛大港海关

前　言

　　《食品安全质量控制与认证》是在《国家中长期教育改革和发展规划纲要》(2010—2020 年)、《教育部关于加强高职高专教育人才培养工作的意见和关于加强高职高专教育教材建设的若干意见》等文件指导下进行策划和编写的。教材立足于食品类专业高职高专教学改革的前沿，按照"工学结合"的理念进行设计，遴选和精练企业真实任务，内容丰富、覆盖面广。各高职高专院校可从不同的教学计划的整体优化出发，结合自身毕业生就业方向选择本书中的实训项目组织教学，其余部分也可作为拓宽学生知识的阅读材料。

　　本教材适合食品质量与安全专业、食品营养与检测专业、食品加工技术专业、绿色食品生产与检验专业、农畜特产品加工专业、农产品质量检测专业和食品贮运与营销专业等使用。同时，也适合食品企业食品质量经理、食品质量安全管理员、食品品控员、食品检验人员阅读学习或作为内训参考。

　　本教材的编写团队由质量安全国家注册审核员和高职院校食品质量安全课程一线教师等构成。北京农业职业学院(国家示范性高等职业院校)马长路(FSMS、QMS、EMS、OHSMS 国家注册审核员)和天津现代职业技术学院王立晖共同担任主编，编写分工如下：马长路编写项目 1；孙玉清和刘小飞编写项目 2 任务 1；杨俊峰和马长路编写项目 2 任务 2；马长路编写项目 2 任务 3；吕青和谢晓丽编写项目 2 任务 4；元向东和魏元编写项目 3；王文光编写项目 4；谷利民编写项目 5；王立晖和刘皓编写项目 6；王文磊编写项目 7 和项目 8；刘小宁编写项目 9 任务 1；钟莉传编写项目 9 任务 2；李国秀编写项目 9 任务 3；张钰编写项目 10；马长路负责全书统稿。北京中大华远认证中心马立田对教材内容进行了指导和审定。

　　本教材在编写过程中得到了北京农业职业学院、天津现代职业技术学院、呼和浩特职业学院、包头轻工职业技术学院、杨凌职业技术学院、广西农业职业技术大学、辽宁生态工程职业学院、北京科尔沁乳业有限公司、北京中大华远认证中心、北京食安管理顾问有限公司的大力支持，同时，北京京点途捷技术服务有限公司技术专家对本教材的评审和赞助给予了大力支持，在此一并表示衷心的感谢！

　　本教材在编写过程中，广泛参考和引用了众多专家、学者的著作和论文，限于篇幅不能一一列出，在此一并致以诚挚的谢意。

　　限于编者的知识经验，书中难免有错漏之处，敬请各位同行、广大读者批评指正。

编　者

目　录

项目1
认识食品安全管理与食品质量控制

●●●● **项目概述**

通过对食品安全管理与食品质量控制的学习，对食品行业的价值与现状有更好的了解。

任务1 认识食品安全和食品质量

●●●● **知识目标**

- 初步了解食品行业的价值
- 初步理解食品行业的现状

●●●● **技能目标**

- 学习和应用食品行业相关标准

必备知识

一、食品

食品是指各种供人食用或者饮用的成品和原料以及按照传统既是食品又是药品的物品，但不包括以治疗为目的的物品[摘自《中华人民共和国食品安全法》(中华人民共和国主席令第九号)第九十九条]。

二、食品安全

定义：指食品无毒、无害，符合应当有的营养要求，对人体健康不造成任何急性、亚急性或者慢性危害[摘自《中华人民共和国食品安全法》（中华人民共和国主席令第九号）第九十九条]。

实训任务

实训组织：对学生进行分组，每个组参照"必备知识"及利用网络资源，分析食品质量和食品安全的区别，并填写表1-1。

表 1-1　食品质量和食品安全的区别

序号	区　　别	
1	食品质量	
2	食品安全	

任务 2　认识食品安全管理和食品质量控制的重要性

● ● ● ● **知识目标**

· 无

● ● ● ● **技能目标**

· 理解食品质量安全控制对国家和企业的意义

必备知识

一、国家层面

食品质量安全管理涉及民生问题，只有食品质量安全得到保障，人民才能安居乐业，社会才能稳定团结。

二、企业层面

食品质量安全管理是企业第一要务，只有企业食品质量安全没有问题，企业才可能生存营利，否则最终会面临倒闭。

实训任务

实训组织：对学生进行分组，每个组参照"必备知识"及利用网络资源，分析食品质量安全控制对于国家和企业的价值，并填写表1-2。

表 1-2　食品质量安全控制对于国家和企业的价值

序号	食品质量安全控制的价值	
1	国家层面	
2	企业层面	

【思考题】

食品质量安全控制对于国家和企业的价值？

【拓展学习网站】

1. 中国食品工业协会(http://www.cnfia.cn/html/main/index.html)

2. 国家食品药品监督管理总局 (http://www.sda.gov.cn)

3. 中华人民共和国国家卫生和计划生育委员会(http://www.nhfpc.gov.cn)

4. 国家质量监督检验检疫总局(http://www.aqsiq.gov.cn)

5. 食品伙伴网(www.foodmate.net)

项目 2
认识我国食品监管体系

●●●● **项目概述**

通过对我国食品监管部门的机构设置、职能范围和管理职责转变等知识的学习，了解我国食品监管体系。

任务 1　学习食品行业监管体系

●●●● **知识目标**

- 熟悉我国食品安全监管体系
- 了解食品加工企业的直接监管部门

●●●● **技能目标**

- 能够对食品监管体系有很好的了解

必备知识

一、食品安全监管体系

每个食品生产企业都有一套严格的标准，对企业从原料采购、生产过程、库房管理、产品出厂检验等环节进行控制，确保企业生产运行平稳、产品质量稳定。由于各个企业生产的产品不同，企业所遵循的标准有所不同，不同企业的原料标准和产品标准是相对的，有时一个企业的产品（遵循的是本企业的产品标准）是另一企业的原料（遵循的是另一企业的原料标准）。

二、食品企业案例分析

2012 年 11 月，北京农业职业学院毕业生小马经过 3 轮面试顺利应聘中粮集团法规部，其工作职责：①掌握我国最新法律法规动态；②对公司生产部、品管部进行法律法规培训；③负责指导公司 QS、ISO 9001、ISO 22000 等相关认证的法律法规支持工作；④与监管部门沟通，了解监管部门对中粮集团监管要求并予以传达。

结合以上案例，请同学们讨论小马需要掌握哪些我国的食品安全监管知识？

实训任务

实训组织：某食品企业要设立安全监管体系，请你按照食品行业监管体系要求，给企业制定安全监管体系。

实训成果：食品企业安全监管体系的制定。

实训评价：由企业质量负责人或主讲教师进行评价。

任务 2　认识国家食品药品监督管理总局及省直辖市食品药品监督管理局职责

●●●● 知识目标

- 掌握国家食品药品监督管理总局的职责、权限
- 掌握食品药品监督管理部门的机构改革和职能转变
- 学习国家食品药品监督管理总局有关食品安全的管理文件

●●●● 技能目标

- 能够帮助企业申报食品生产许可
- 能够指导企业应对食品生产许可审查
- 及时关注食品药品监督管理局的各项通知
- 能够帮助企业申报改革过渡期间食品安全许可证，做好改革过渡期间食品安全许可证

必备知识

一、国家食品药品监督管理总局

国家食品药品监督管理局原是国务院综合监督食品、保健品、化妆品安全管理和主管药品监管的直属机构。2008 年后，在《国务院办公厅关于印发国家食品药品监督管理局主要职责内设机构和人员编制规定的通知》（国办发〔2008〕100 号）中，根据《国务院关于部委管理的国家局设置的通知》（国发〔2008〕12 号），设立国家食品药品监督管理局（副部级），改为卫生部管理的国家局。其中，将综合协调食品安全、组织查处食品安全重大事故的职责划给卫生部；将卫生部食品卫生许可，餐饮业、食堂等消费环节（以下简称消费环节）食品安全监管和保健食品、卫生监督管理的职责，划入国家食品药品监督管理局。内设食品

许可司和食品安全监管司，分别承担食品卫生许可管理工作和消费环节食品安全监督管理工作，发布与消费环节食品安全监管有关的信息。2013年3月，设立国家食品药品监督管理总局（正部级），为国务院直属机构。其主要职责是，对生产、流通、消费环节的食品安全和药品的安全性、有效性实施统一监督管理等。保留国务院食品安全委员会，具体工作由国家食品药品监督管理总局承担，国家食品药品监督管理总局加挂国务院食品安全委员会办公室牌子，同时，不再保留国家食品药品监管局和单设的食品安全办。

(一)机构设置

国家食品药品监督管理总局设有17个内设机构，其中食品安全主管机构如下：

1. 办公厅

负责文电、会务、机要、档案、督察等机关日常运转工作，承担政务公开、安全保密和信访等工作。

2. 综合司（政策研究室）

承担国务院食品安全委员会办公室日常工作，以及有关部门和省级人民政府履行食品安全监督管理职责的考核评价工作。研究食品、药品、医疗器械、化妆品监督管理重大政策，起草重要文稿。

3. 法制司

组织起草法律法规草案和规章，承担规范性文件的合法性审核工作，承担行政执法监督、行政复议、行政应诉等工作。

4. 食品安全监管一司

掌握分析食品生产加工环节食品安全形势、存在问题并提出完善制度机制和改进工作的建议；拟定生产加工环节食品安全监督管理的规章、制度及技术规范；拟定食品生产许可实施办法，组织核准食品生产许可审查机构、审查员和检验机构，督促下级行政机关严格依法实施行政许可；指导下级行政机关开展食品监督抽检工作，组织开展全国食品监督抽检；指导食品生产加工环节检验检测工作，配合相关部门组织开展食品监督管理的科研工作；拟定问题食品召回制度，指导地方相关工作；指导地方推进食品生产者诚信自律体系建设；督促地方开展生产加工环节食品安全监督管理、履行监督管理职责，及时发现、纠正违法和不当行为；承办总局交办的其他事项。

食品安全监管一司设有综合处、监管一处、监管二处、监管三处、监管四处等部门。

5. 食品安全监管二司

食品安全监管二司的工作职责包括：掌握分析流通和餐饮消费环节食品安全形势、存在问题并提出完善制度机制和改进工作的建议；拟定流通和餐饮消费环节食品安全监督管理的制度、措施并督促落实；规范流通和餐饮消费许可管理，督促下级行政机关严格依法实施行政许可；指导下级行政机关开展流通和餐饮消费环节食品监督抽检工作；指导下级行政机关对进入批发、零售市场的食用农产品进行监督管理，组织协调、建立与农业部门的衔接处置机制；拟定不符合食品安全标准食品停止经营的管理制度，指导督促地方相关工作；指导地方推进食品经营者诚信自律体系建设；督促下级行政机关开展流通和餐饮消费环节食品安全日常监督管理、履行监督管理责任，及时发现、纠正违法和不当行为；承办总局交办的其他事项。

食品安全监管二司的机构设置有综合处、监管一处、监管二处、监管三处、监管四处等。

6. 食品安全监管三司

食品安全监管三司的工作职责包括：开展食品安全总体状况分析和形势研判，编制食品安全总体状况报告；拟订食品安全风险监测工作制度和技术规范，参与拟订国家食品安全风险监测计划，组织开展食品安全风险监测，通报监测结果并配合依法处置相关问题；开展食品安全风险预警和风险交流；组织协调、建立与农业、卫生计生、质检等部门有关食品、食品相关产品和进出口食品安全信息衔接机制；承担与国家卫生和计划生育委员会有关食品安全风险评估衔接工作；承担食品安全统计工作，编制食品安全统计年鉴；拟订保健食品监督管理工作制度和技术规范；承担保健食品注册审批工作，督促下级行政机关严格依法实施保健食品生产、流通许可及许可后的监督检查，对违法违规行为予以处理；指导督促下级行政机关开展保健食品监督管理、履行监督管理职责，及时发现、纠正违法和不当行为；拟订问题保健食品召回和处置制度，指导督促地方相关工作；组织开展食品安全统计、风险监测、风险预警和交流以及保健食品监督管理领域的项目研究；承办总局交办的其他事项。

食品安全监管三司的机构设置有综合处、监管一处、监管二处、监管三处、监管四处。

(二)主要职责

1. 负责起草食品(含食品添加剂、保健食品，下同)安全、药品(含中药、民族药，下同)、医疗器械、化妆品监督管理的法律法规草案，拟订政策规划，制定部门规章，推动建立落实食品安全企业主体责任、地方人民政府负总责的机制，建立食品药品重大信息直报制度，并组织实施和监督检查，着力防范区域性、系统性食品药品安全风险。

2. 负责制定食品行政许可的实施办法并监督实施；建立食品安全隐患排查治理机制，制订全国食品安全检查年度计划、重大整顿治理方案并组织落实；负责建立食品安全信息统一公布制度，公布重大食品安全信息；参与制订食品安全风险监测计划、食品安全标准，根据食品安全风险监测计划开展食品安全风险监测工作。

3. 负责组织制定、公布国家药典等药品和医疗器械标准、分类管理制度并监督实施；负责制定药品和医疗器械研制、生产、经营、使用质量管理规范并监督实施；负责药品、医疗器械注册并监督检查；建立药品不良反应、医疗器械不良事件监测体系，并开展监测和处置工作；拟订并完善执业药师资格准入制度，指导监督执业药师注册工作；参与制定国家基本药物目录，配合实施国家基本药物制度。制定化妆品监督管理办法并监督实施。

4. 负责制定食品、药品、医疗器械、化妆品监督管理的稽查制度并组织实施，组织查处重大违法行为；建立问题产品召回和处置制度并监督实施。

5. 负责食品药品安全事故应急体系建设，组织和指导食品药品安全事故应急处置和调查处理工作，监督事故查处落实情况。

6. 负责制定食品药品安全科技发展规划并组织实施，推动食品药品检验检测体系、电子监管追溯体系和信息化建设。

7. 负责开展食品药品安全宣传、教育培训、国际交流与合作，推进诚信体系建设。

8. 指导地方食品药品监督管理工作，规范行政执法行为，完善行政执法与刑事司法衔接机制。

9. 承担国务院食品安全委员会日常工作。负责食品安全监督管理综合协调，推动健全协调联动机制；督促检查省级人民政府履行食品安全监督管理职责并负责考核评价。

10. 承办国务院以及国务院食品安全委员会交办的其他事项。

二、学习北京市食品药品监督管理局对于食品安全的监管

1. 食品生产许可

(1)申办流程

申办流程如图 2-1 所示。

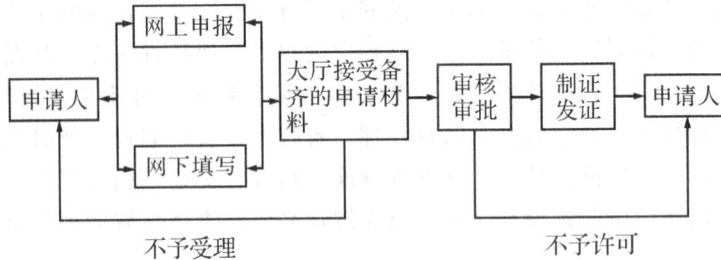

图 2-1　申办流程图

(2)申报指南

① 食品生产许可证核发办理依据

依据为国家颁布的法律法规，如《中华人民共和国产品质量法》《中华人民共和国行政许可法》《中华人民共和国工业产品生产许可证管理条例》(〔2005〕国务院令第 440 号)《中华人民共和国食品安全法实施条例》(〔2009〕国务院令第 557 号)《食品生产许可管理办法》(〔2010〕国家质量监督检验检疫总局令第 129 号)《关于印发〈北京市食品生产加工作坊监督管理指导意见〉等 4 个北京市食品安全条例配套文件的通知》(北京市质量技术监督局，京质监食发〔2013〕88 号)等。

② 食品生产许可证办理条件

申请人需要满足申请人主体条件：如应持有拟设立食品生产企业的《名称预先核准通知书》或者具有独立的营业执照、申请人的注册地(即住所)和生产场所均应在本市行政区域内等条件。许可条件包括：生产属于法律法规及市人民政府有关文件明确规定实施食品生产许可目录的食品，符合食品安全标准以及国家和本市制定的食品生产许可证审查通则、细则的规定；具备与其申请生产许可的食品品种、数量相适应的食品原料处理和食品加工、包装、贮存等生产场所，生产场所设置应当符合城乡规划、商业布局和食品安全规划，并征得其所在地乡镇人民政府或者街道办事处的同意；具备与申请生产许可的食品品种、数量相适应的生产设备或者设施，有相应的消毒、更衣、盥洗、采光、照明、通风、防腐、防尘、防蝇、防鼠、防虫、洗涤以及无害化处理废水、存放垃圾和废弃物的设备或者设施等条件。

③ 食品生产许可证申请要求

申请人应理解掌握各类产品的食品生产许可证审查细则的规定要求；应按《食品生产许可审查通则(2010 年)》中的《对设立食品生产企业的申请人规定条件审查记录表》的核查要点进行自查，是否具备取证条件。申请人应当按照要求提交申请材料。申请人应对其申请材料实质内容的真实性负责，并承担因提供不真实材料而产生的法律后果。

④ 食品生产许可证办理材料

申请人根据自己不同的申请目的准备好新办、变更、补领证书、期满换证、注销生产许可证或生产许可检验申请的材料。

⑤ 食品生产许可证办理程序

本行政机关负责行政许可的程序：受理人按照规定受理，做出是否受理决定；办理人 5 日内下达实地核查任务；审查组 20 日内完成实地核查；办理人及代理人 5 日内审核评审材料，并出具实地核查结果通知书告知企业；实地核查合格的企业按照规定进行产品检验，检验期限不计入行政许可的期限之内，检验应在 15 日内完成（有特殊要求的除外）；办理人应在 5 日内对检验结论进行审核，5 日内汇总材料；局领导 10 日内审定材料，做出许可决定并制作行政许可决定及有关证照。本行政机关负责组织实地核查的程序、生产许可证延续申请程序等。

⑥ 食品生产许可证核发收费标准

根据财政部、国家发展改革委财综〔2006〕69 号文《财政部、国家发展改革委关于调整工业产品生产许可证收费政策有关问题的通知》以及财综〔2011〕3 号《财政部、国家发展改革委关于工业产品生产许可证审查费有关问题的通知》，生产许可证审查费为每个企业 2 200 元，同一次审查时每增加一个产品单元按规定收费标准的 20% 加收审查费 440 元。审查费由企业在申请时交付。

⑦ 食品生产许可办理时限

本行政机关办理本项许可的期限为 60 日。其中，产品检验所需要的时间不计在 60 日内。本行政机关负责组织对企业进行实地核查的，自受理企业申请之日起 20 日内完成实地核查，40 日内将现场核查和发证检验合格，符合发证条件企业的材料报送国家质量监督检验检疫总局，由总局做出行政许可决定。变更办理时限应当在变化后 20 日内提出申请；补领证书办理时限应当在自受理企业申请之日起 10 日内完成补领工作。

2. 餐饮服务许可

(1)新申请餐饮服务许可证办理须知

申请者应当在受理范围内，提交申请材料目录应符合要求：如新办企业"申请单位"名称须与工商行政管理部门核发的《企业名称变更预先核准通知书》上预先核准的名称一致等等。对符合受理条件的，在规定的期限内由两名以上监督员到现场监督，经审核批准后发给《餐饮服务许可证》。自受理之日起 20 个工作日内做出许可决定，10 个工作日内颁发证件。

(2)延续餐饮服务许可证办理须知

应当在《餐饮服务许可证》有效期限届满 30 日前向相应管辖权的部门提出申请，并按规定提交材料。提交申请材料应符合要求：如填写内容完整、准确，"申请单位"名称、"法定代表人"须与工商行政管理部门核发的营业执照内容一致等。对符合受理条件的，原发证部门受理《餐饮服务许可证》延续申请后，在规定的期限内由两名以上监督员到现场监督，重点对原许可的经营场所、布局流程、卫生设施等是否有变化，以及是否符合审查规范进行审核。经审核批准后准予延续的，颁发新的《餐饮服务许可证》，原《餐饮服务许可证》证号不变。餐饮服务提供者在领取延续后的新《餐饮服务许可证》时，应当将原《餐饮服务许可证》交回发证部门。自受理之日起 20 个工作日内做出许可决定，10 个工作日内颁发证件。

3. 食品流通许可

(1)办理对象

本市按照业态类别实施食品流通许可。以食品集中交易市场、商场超市、便利店和食杂店、食品贸易商、食品物流配送、无店铺食品经营等业态方式从事食品流通活动的经营者，应当取得食品流通许可证。各业态定义详见《北京市业态分类食品流通许可管理规范(试行)》。不需要取得食品流通许可的情形：取得食品生产许可的食品生产者在其生产场所销售其生产的食品；取得餐饮服务许可的餐饮服务提供者(餐馆、饭店、食堂)在其餐饮服务场所出售食品；农民个人销售其自产的食用农产品，不需取得食品流通许可。

(2)许可范围

食品流通许可事项中的许可范围，包括经营方式和经营项目。经营方式为批发、零售两种。经营项目为预包装食品、散装食品(含熟食或不含熟食)、乳制品(含婴幼儿配方乳粉或不含婴幼儿配方乳粉)、食用农产品四种。申请人申请食用农产品中的水产品、冷鲜畜禽产品2类食用农产品的，在食品流通许可证上明确标注含水产品、冷鲜畜禽产品。申请人申请其他食用农产品的，食品流通许可证标注食用农产品字样，不标注含水产品、冷鲜畜禽产品。详情参见《北京市流通环节食品现场制售许可管理规范(试行)》。

4. 北京市食品药品监督管理局关于印发《北京市食品、食品添加剂生产许可管理办法》的通知(发布时间：2014—01—09)

2013年11月1日起，北京市食品药品监督管理局全系统正式履行职能。现将原《北京市食品生产许可管理办法》《北京市食品委托加工管理办法》《北京市生产许可证观察员制度(试行)》《关于督促食品及相关产品生产企业落实质量安全主体责任并开展获证企业年度自查报告审查工作的通知》重新修订制发为《北京市食品、食品添加剂生产许可管理办法》，并经北京市食品药品监督管理局2013年第18次局长办公会审议通过。

《北京市食品、食品添加剂生产许可管理办法》内容如下所述。

(1)从事食品、食品添加剂生产，必须依法取得生产许可。北京市食品药品监督管理局负责全市食品、食品添加剂生产许可管理工作，确定市区两级分别实施许可的品种范围。

(2)取得食品生产许可应当符合的要求：生产属于法律法规及市人民政府有关文件明确规定实施食品生产许可目录的食品；符合食品安全标准以及国家和本市制定的食品生产许可证审查通则、细则的规定；符合国家产业政策，严格执行《产业结构调整指导目录》《北京市企业投资项目管理目录》等相关规定；符合国家环境保护政策，严格执行《建设项目环境保护条例》等相关规定；具备与其申请生产许可的食品相适应的生产场所、生产设备或者设施、检验设备和设施、合理的设备布局和工艺流程、食品安全专业技术人员、管理人员、检验人员和生产操作人员等专职人员。明确食品安全主要负责人，使用的原辅材料符合相应的国家标准、行业标准及有关规定，具备网络连通能力，并开展食品安全风险信息收集工作。在生产场所明显位置设立食品安全公示栏。生产乳制品应具备完善的电子信息记录系统，规范生产全过程信息记录，实现生产全过程可追溯。

食品生产企业，应当在工商部门预先核准名称后依照食品安全法律法规等相关规定要求申请食品生产许可，并提交材料：食品生产许可证申请书、名称预先核准通知书或者营业执照、生产场所所在地乡镇人民政府或者街道办事处出具的同意在该场所设立食品生产企业的意见、经备案有效的企业标准(执行企业标准的提供)、相关法律法规规定应当提交的其他证明材料。市食品药品监管局受理申请后，应当组织评审机构依照有关规定对申请的材料和生产场所进行核查。

(3)从事食品添加剂生产的食品添加剂生产企业，应当依法取得食品添加剂生产许可。具备条件：合法有效的营业执照；与生产食品添加剂相适应的食品安全管理员和专业技术人员、生产场所、厂房设施、生产条件、健全有效的质量管理和责任制度、检验能力；使用的原辅材料符合相应的国家标准、行业标准及有关规定。

(4)食品、食品添加剂生产许可实地核查实行观察员制度。

(5)食品、食品添加剂生产许可证获证企业每年度应定期向区县局及直属分局提交自查报告。区县局及直属分局负责对企业提交的自查报告进行审查和发布审查结果公告。审查时应实施必要的现场核查，同时可根据需要开展抽样检验工作。

三、食品药品监管总局、国家卫生计生委关于做好《食品安全国家标准 食品生产通用卫生规范实施工作的通知》(食药监食监一〔2013〕234 号)

1.《食品安全国家标准 食品生产通用卫生规范》(GB 14881-2013)是食品生产的最基本条件和卫生要求，是对《食品安全法》提出的食品生产过程、厂房布局、设备设施、人员卫生等要求的细化和分解，是实施食品安全生产过程监管的重要技术依据，是生产企业保证食品安全的重要手段。

2. 食品药品监管部门要督促指导各食品生产企业按照卫生规范要求开展自查：从防止生物、化学、物理污染的角度，对照卫生规范中有关选址、厂区环境、厂房和车间、设施与设备、卫生管理等方面要求，制定防止污染的措施，避免食品生产中发生交叉污染，避免环境给食品生产带来的潜在污染风险，并采取适当的措施将风险降至最低水平。从防止生产加工过程污染的角度，对照卫生规范中有关食品原料、食品添加剂和食品相关产品质量安全控制、生产过程的关键控制、出厂检验、食品的贮存和运输等方面要求，建立对保证食品安全具有显著意义的关键控制环节的监控制度，切实实施并定期检查，发现问题及时纠正，防范系统性风险发生。从建立质量安全控制体系的角度，食品生产企业要全面落实卫生规范中有关企业内部管理制度及相应考核标准的建立、产品召回管理、培训和记录、文件管理等方面要求，主动建立完善的企业内部质量安全管理及相应考核制度，并根据生产实际和实施经验不断完善，确保食品从业人员严格按照制度开展生产，并保持相应的记录和文件完整可查，确保对产品从原料采购到产品销售的所有环节都可进行有效追溯。

3. 食品药品监管部门在卫生规范正式实施后，要组织开展卫生规范实施情况的专项监督检查，重点检查食品生产企业自查情况是否到位、真实、准确；检查企业整改情况是否达到卫生规范要求；检查企业是否按照本通知要求组织企业人员参与卫生规范的宣贯和培训等。对于不符合卫生规范要求的，责令企业立即整改；拒不整改或整改后仍不符合要求的企业，要停产整顿；情节特别严重，已不符合食品生产许可条件的，依法撤销生产许可证。

四、学习《食品药品监管总局关于发布食品药品监管信息化标准体系等十项标准的通知》(食药监科〔2014〕16 号)

食品药品监管信息化建设，依据《国家食品药品监督管理局关于进一步加强食品药品监管信息化建设的指导意见》(国食药监办〔2013〕32 号)，促进食品药品监管信息系统互联互通、信息共享和业务协同，国家食品药品监管总局组织编制了食品药品监管信息化标准体系等十项食品药品监管信息化标准。各级食品药品监管部门采用。

1. 十项标准具体包括食品药品监管信息化标准体系、食品药品监管信息化基础术语（信息技术、药品、医疗器械部分）、食品药品监管信息分类与编码规范、食品药品监管信息基础数据元（总则、机构人员、药品、医疗器械部分）、食品药品监管信息基础数据元值域代码（总则、机构人员、药品、医疗器械部分）、食品药品监管信息数据集元数据规范、食品药品监管数据共享与交换接口规范、食品药品监管应用支撑平台通用技术规范、食品药品监管数据库设计规范和食品药品监管软件开发过程规范。

2. 信息化监管在食品药品安全诚信体系建设中主要有以下几个方面的作用：一是档案管理和信用跟踪，在食品可追溯系统中，对食品产业链进行详细的记录存档，建立相关的档案管理信息系统；另外在食品药品安全诚信体系建设中，管理部门对食品企业的信用记录、产品认证等信息的存档、发布和共享。二是数据管理，建立各种食品政策法规、生产技术指标等数据库，为用户提供信息服务和信息共享。三是技术支持，专家系统的开发，指导符合安全标准的食品生产。四是危机管理，在发生食品安全问题时，快速反应信息系统可以在紧急条件下提高管理部门的快速反应能力。

实训任务

实训组织：对学生进行分组，每个组参照"必备知识"及利用网络资源，对以下两个案例进行分析。

案例一

2012 年 8 月 12 日，部分游客在海南省三亚市某度假酒店食用早餐后，陆续出现发热、呕吐、腹痛、腹泻等症状。截至 8 月 13 日 20 时，先后有 141 名游客到医院就诊，其中 113 人住院治疗。截至 8 月 21 日 18 时，所有患者已康复出院，无重症及死亡病例。

事件发生后，海南省食品药品监督管理局、三亚市食品药品监督管理局立即采取有效措施，迅速开展事件应急处置工作。8 月 13 日，三亚市食品药品监督管理局对该度假酒店的厨房、食品用工具、食品原料及相关食品实施查封，责令该酒店西餐厅从即日起停业。

根据流行病学调查及实验室检测结果，疾病预防控制部门判定此次事件为都柏林沙门氏菌引起的细菌性食物中毒。三亚市食品药品监督管理局调查取证认定该度假酒店的行为违反了《食品安全法》第二十八条第（二）项规定。

根据《食品安全法》第八十五条第（二）项规定，三亚市食品药品监督管理局于 8 月 18 日依法对该度假酒店做出行政处罚决定，没收其可疑食品蛋炒饭的食品原料：鸡蛋、香米、菜粒等；没收违法所得 61 800 元；处以货值十倍（最高处罚倍数）的罚款，罚款人民币 618 000 元（以上两项罚没款共计 679 800 元）。

结合表 2-1 所列的相关主题，分析讨论该事件发生的原因及食品药品监督管理部门的监管范围。

表 2-1　事件原因分析及食品药品监督管理部门的监管范围

分 析 主 题	原因或监管范围
1. 该事件发生的原因	
2. 食品药品监督管理部门的监管范围	

案例二

2013 年 5 月 6 日，嘉兴市食品药品监督管理局经开分局接到群众举报：位于嘉兴市经开区城南街道城南园区二期职工宿舍内有人无证经营餐饮。当日，嘉兴市食品药品监督管理局执法人员对该场所进行检查，经确认当事人为嘉兴市一家餐饮管理有限公司，该公司无《餐饮服务许可证》，其《营业执照》显示含餐饮服务管理，该公司现场从事餐饮配送服务，且其从业人员均未取得健康证。从现场提取的相关凭证显示该公司向公寓内住户及附近单位提供餐饮服务多年，执法人员出具《监督意见书》责令其立即停业。2013 年 5 月 9 日，嘉兴市食品药品监督管理局以该公司"未取得餐饮服务许可证从事餐饮服务和违反健康管理"立案。经查，当事人于 2010 年 6 月 29 日至案发在未取得《餐饮服务许可证》的情况下向嘉兴市经开区城南街道城南园区二期职工宿舍内住户供应餐饮服务，并于 2012 年 2 月起又陆续向浙江一家汽车有限公司等单位集体配餐服务，销售所得 149 446 元。同时，其 3 名餐饮从业人员未取得健康证上岗。

当事人以上行为违反了《食品安全法》第二十九条第一款、第三十四条第二款的规定，2013 年 6 月 19 日，嘉兴市食品药品监督管理局依据《食品安全法》第八十四条、第八十七条、《餐饮服务食品安全监督管理办法》第四十条的规定，对当事人做出如下行政处罚：①警告；②没收违法所得 149 446 元；③罚款 747 230 元。罚没款合计：896 676 元。

本案是一起无证从事餐饮服务的典型案件，当事人未取得《餐饮服务许可证》，但工商部门核准的经营项目含餐饮服务管理，所以可开具发票，故其无证经营行为具有很大的隐蔽性。

结合表 2-2 所列的相关主题，分析讨论该事件发生的原因及食品药品监督部门在监管中的职责、措施。

表 2-2　事件原因分析及食品药品监督部门的职责、措施

分 析 主 题	原因或职责措施
1. 事件监管不力的原因	
2. 食品药品监督部门的职责、措施	

实训结果：案件原因的分析或监管范围的分析。

实训评价：主讲教师进行评价。

任务 3　认识国家卫生和计划生育委员会

●●●●● 知识目标

• 认识生产许可证

• 认识生产许可标志

●●●●● 技能目标

- 了解国家卫生和计划生育委员会在食品监管中的职责和权限
- 学会查看国家卫生和计划生育委员会网站及相关文件

必备知识

一、国家卫生和计划生育委员会的主要职责

根据第十二届全国人民代表大会第一次会议审议批准的《国务院机构改革和职能转变方案》和《国务院关于机构设置的通知》(国发〔2013〕14号),将原国家卫生部和国家人口和计划生育委员会整合,设立中华人民共和国国家卫生和计划生育委员会(以下简称国家卫生计生委),为国务院组成部门。

1. 主要职责

(1)负责起草卫生和计划生育、中医药事业发展的法律法规草案,拟订政策规划,制定部门规章、标准和技术规范。负责协调推进医药卫生体制改革和医疗保障,统筹规划卫生和计划生育服务资源配置,指导区域卫生和计划生育规划的编制和实施。

(2)负责制定疾病预防控制规划、国家免疫规划、严重危害人民健康的公共卫生问题的干预措施并组织落实,制定检疫传染病和监测传染病目录、卫生应急和紧急医学救援预案、突发公共卫生事件监测和风险评估计划,组织和指导突发公共卫生事件预防控制和各类突发公共事件的医疗卫生救援,发布法定报告传染病疫情信息、突发公共卫生事件应急处置信息。

(3)负责制定职责范围内的职业卫生、放射卫生、环境卫生、学校卫生、公共场所卫生、饮用水卫生管理规范、标准和政策措施,组织开展相关监测、调查、评估和监督,负责传染病防治监督。组织开展食品安全风险监测、评估,依法制定并公布食品安全标准,负责食品、食品添加剂及相关产品新原料、新品种的安全性审查。

(4)负责组织拟订并实施基层卫生和计划生育服务、妇幼卫生发展规划和政策措施,指导全国基层卫生和计划生育、妇幼卫生服务体系建设,推进基本公共卫生和计划生育服务均等化,完善基层运行新机制和乡村医生管理制度。

(5)负责制定医疗机构和医疗服务全行业管理办法并监督实施。制定医疗机构及其医疗服务、医疗技术、医疗质量、医疗安全以及采供血机构管理的规范、标准并组织实施,会同有关部门制定和实施卫生专业技术人员准入、资格标准,制定和实施卫生专业技术人员执业规则和服务规范,建立医疗服务评价和监督管理体系。

(6)负责组织推进公立医院改革,建立公益性为导向的绩效考核和评价运行机制,建设和谐医患关系,提出医疗服务和药品价格政策的建议。

(7)负责组织制定国家药物政策和国家基本药物制度,组织制定国家基本药物目录,拟订国家基本药物采购、配送、使用的管理制度,会同有关部门提出国家基本药物目录内药品生产的鼓励扶持政策建议,提出国家基本药物价格政策的建议,参与制定药品法典。

(8)负责完善生育政策,组织实施促进出生人口性别平衡的政策措施,组织监测计划生育发展动态,提出发布计划生育安全预警预报信息建议。制订计划生育技术服务管理制度并监督实施。制定优生优育和提高出生人口素质的政策措施并组织实施,推动实施计划生育生殖健康促进计划,降低出生缺陷人口数量。

(9)组织建立计划生育利益导向、计划生育特殊困难家庭扶助和促进计划生育家庭发展等机制。负责协调推进有关部门、群众团体履行计划生育工作相关职责,建立与经济社会发展政策的衔接机制,提出稳定低生育水平政策措施。

(10)制订流动人口计划生育服务管理制度并组织落实,推动建立流动人口卫生和计划生育信息共享和公共服务工作机制。

(11)组织拟订国家卫生和计划生育人才发展规划,指导卫生和计划生育人才队伍建设。加强全科医生等急需紧缺专业人才培养,建立完善住院医师和专科医师规范化培训制度并指导实施。

(12)组织拟订卫生和计划生育科技发展规划,组织实施卫生和计划生育相关科研项目。参与制定医学教育发展规划,协同指导院校医学教育和计划生育教育,组织实施毕业后医学教育和继续医学教育。

(13)指导地方卫生和计划生育工作,完善综合监督执法体系,规范执法行为,监督检查法律法规和政策措施的落实,组织查处重大违法行为。监督落实计划生育一票否决制。

(14)负责卫生和计划生育宣传、健康教育、健康促进和信息化建设等工作,依法组织实施统计调查,参与国家人口基础信息库建设。组织指导国际交流合作与援外工作,开展与港澳台的交流与合作。

(15)指导制定中医药中长期发展规划,并纳入卫生和计划生育事业发展总体规划和战略目标。

(16)负责中央保健对象的医疗保健工作,负责中央部门有关干部医疗管理工作,负责国家重要会议与重大活动的医疗卫生保障工作。

(17)承担全国爱国卫生运动委员会、国务院深化医药卫生体制改革领导小组和国务院防治艾滋病工作委员会的日常工作。

(18)承办国务院交办的其他事项。

二、查看国家卫生和计划生育委员会网站及相关文件

介绍几个可以查询国家卫生和计划生育委员会文件、通知和公告的网站。

1. 国家卫生和计划生育委员会网站　http://www.nhfpc.gov.cn

2. 国家食品药品监督管理总局　http://www.sda.gov.cn

3. 其他可以查看国家卫生和计划生育委员会发布的文件、通知和公告的网站

(1)中央政府门户网站　http://www.gov.cn

(2)中国卫生政策研究门户　http://www.healthpolicy.cn

(3)中国发展门户网　http://cn.chinagate.cn

(4)食品伙伴网　http://www.foodmate.net

(5)中国食品报网　http://www.cnfood.cn

实训任务

实训组织:对学生进行分组,每个组参照"必备知识"及利用网络资源,查看国家卫生计生委网站,了解最新颁布的文件。

实训结果:对最新颁布文件进行解读。

实训评价:由主讲教师进行评价。

任务 4　认识国家认证认可监督管理委员会

● ● ● ● ● **知识目标**

- 了解国家认证认可监督管理委员会的含义

● ● ● ● ● **技能目标**

- 了解国家认证认可监督管理委员会职责
- 学习《认证证书和认证标志管理办法》(总局令第 63 号)
- 学习《有机产品认证管理办法》(总局令第 155 号)
- 学习《食品检验机构资质认定管理办法》(总局第 131 号令)
- 学习查询国家认监委相关管理文件的方法

必备知识

一、学习国家认证认可监督管理委员会在食品认证监管中的职责和权限

(一)了解国家认证认可监督管理委员会机构设置

中国国家认证认可监督管理委员会(中华人民共和国国家认证认可监督管理局),Certification and Accreditation Administration of the People's Republic of China(CNCA),成立于 2001 年,是国务院决定组建并授权,履行行政管理职能,统一管理、监督和综合协调全国认证认可工作的主管机构。

国家认证认可监督管理委员会(以下简称认监委)下设多个部门、直属单位和管理单位。

1. 下设部门

(1)认可监管部

负责拟定认可制度、认证人员注册制度、管理体系认证制度、人员认证制度及其规则和工作规划、计划;研究拟定对认可机构和认证人员注册机构的监督管理的规定,负责认可机构授权和监督管理工作;研究拟定对认证机构、人员认证、认证咨询机构和认证培训机构资质审核制度以及从业资格审批制度、规定、程序、规划和监督管理的规定,并组织实施;负责对认证认可行业自律组织的管理和指导等。

(2)认证监管部

研究拟定强制性产品认证与安全质量许可制度的建立、规划、计划并组织实施和监督管理;负责起草强制性产品认证与安全质量许可制度的产品目录、认证标志管理办法和合格评定程序;负责组织确定承担强制性认证任务的认证机构、检查机构和实验室,并监督检查;研究拟定自愿性产品认证制度的建立、规划、计划,并组织实施和监督管理;负责对产品认证活动和认证结果的监督检查,负责协调强制性产品认证行政执法检查工作中的技术性政策问题等。

(3)注册管理部

研究拟定进出口食品、化妆品生产、加工、储存等企业的卫生注册登记以及陶瓷出口质量许可的工作规章、制度和工作规划、计划；负责出口食品、化妆品生产、加工、储存等企业的卫生注册登记和陶瓷出口质量许可的评审、发证和监督管理工作，负责相关重大问题和质量事故的调查处理工作；负责统一办理向境外推荐企业注册和组织接待境外主管部门来华检查工作；负责进口食品、化妆品生产、加工、储存等企业的注册评审和监督管理工作；负责卫生注册评审员的管理工作；研究拟定食品和农产品认证规划和实施计划，管理和协调食品和农产品认证体系建设工作等。

（4）其他部门

认监委下设的其他部门还有政策与法律事务部、实验室与监测监管部、国际合作部、科技与标准管理部等。

2. 直属单位和管理单位

国家认监委有三个直属单位，分别是机关服务中心、信息中心、认证认可技术研究所。

管理单位有：中国认证认可协会、中国合格评定国家认可中心、中国信息安全认证中心、中国检验认证（集团）有限公司、中国检验有限公司（香港）等。

（二）了解国家认证认可监督管理委员会职责

作为统一管理、监督和综合协调全国认证认可工作的主管机构，国家认监委的主要职能为：

1. 研究起草并贯彻执行国家认证认可、安全质量许可、卫生注册和合格评定方面的法律、法规和规章，制定、发布并组织实施认证认可和合格评定的监督管理制度、规定。

2. 研究提出并组织实施国家认证认可和合格评定工作的方针政策、制度和工作规则，协调并指导全国认证认可工作。监督管理相关的认可机构和人员注册机构。

3. 研究拟定国家实施强制性认证与安全质量许可制度的产品目录，制定并发布认证标志（标志）、合格评定程序和技术规则，组织实施强制性认证与安全质量许可工作。

4. 负责进出口食品和化妆品生产、加工单位卫生注册登记的评审和注册等工作，办理注册通报和向国外推荐事宜。

5. 依法监督和规范认证市场，监督管理自愿性认证、认证咨询与培训等中介服务和技术评价行为；根据有关规定，负责认证、认证咨询、培训机构和从事认证业务的检验机构（包括中外合资、合作机构和外商独资机构）的资质审批和监督；依法监督管理外国（地区）相关机构在境内的活动；受理有关认证认可的投诉和申诉，并组织查处；依法规范和监督市场认证行为，指导和推动认证中介服务组织的改革。

6. 管理相关校准、检测、检验实验室技术能力的评审和资格认定工作，组织实施对出入境检验检疫实验室和产品质量监督检验实验室的评审、计量认证、注册和资格认定工作；负责对承担强制性认证和安全质量许可的认证机构和承担相关认证检测业务的实验室、检验机构的审批；负责对从事相关校准、检测、检定、检查、检验检疫和鉴定等机构（包括中外合资、合作机构和外商独资机构）技术能力的资质审核。

7. 管理和协调以政府名义参加的认证认可和合格评定的国际合作活动，代表国家参加国际认可论坛（IAF）、太平洋认可合作组织（PAC）、国际人员认证协会（IPC）、国际实验室认可合作组织（ILAC）、亚太实验室认可合作组织（APLAC）等国际或区域性组织以及国际标准化组织（ISO）和国际电工委员会（IEC）的合格评定活动，签署与合格评定有关的协议、协定和议定书；归口协调和监督以非政府组织名义参加的国际或区域性合格评定组织的活动；负责 ISO 和 IEC 中国国家委员会的合格评定工作。负责认证认可、合格评定等国际活动的外事审批。

8. 负责与认证认可有关的国际准则、指南和标准的研究和宣传贯彻工作；管理认证认可与相关的合格评定的信息统计，承办世界贸易组织/技术性贸易壁垒协定、实施卫生与植物卫生措施协定中有关认证认可的通报和咨询工作。

9. 配合国家有关主管部门，研究拟订认证认可收费办法并对收费办法的执行情况进行监督检查。

二、学习国家认监委的相关管理文件

(一)《认证证书和认证标志管理办法》(总局令第 63 号)

《认证证书和认证标志管理办法》(总局令第 63 号)(以下简称《办法》)于 2004 年 4 月 30 日由国家质量监督检验检疫总局公布，自 2004 年 8 月 1 日起施行。

《办法》中所称的认证证书是指产品、服务、管理体系通过认证所获得的证明性文件。认证证书包括产品认证证书、服务认证证书和管理体系认证证书。认证标志是指证明产品、服务、管理体系通过认证的专有符号、图案或者符号、图案以及文字的组合。认证标志包括产品认证标志、服务认证标志和管理体系认证标志。

国家认监委依法负责认证证书和认证标志的管理、监督和综合协调工作。地方质量技术监督部门和各地出入境检验检疫机构(统称地方认证监督管理部门)按照各自职责分工，依法负责所辖区域内的认证证书和认证标志的监督检查工作。

1. 对认证证书的管理

认证机构应当按照认证基本规范、认证规则从事认证活动，对认证合格的，应当在规定的时限内向认证委托人出具认证证书。

产品认证证书包括以下基本内容：委托人名称、地址；产品名称、型号、规格，需要时对产品功能、特征的描述；产品商标、制造商名称、地址；产品生产厂名称、地址；认证依据的标准、技术要求；认证模式；证书编号；发证机构、发证日期和有效期；以及其他需要说明的内容。

服务认证证书包括以下基本内容：获得认证的组织名称、地址；获得认证的服务所覆盖的业务范围；认证依据的标准、技术要求；认证证书编号；发证机构、发证日期和有效期；以及其他需要说明的内容。

管理体系认证证书包括以下基本内容：获得认证的组织名称、地址；获得认证的组织的管理体系所覆盖的业务范围；认证依据的标准、技术要求；证书编号；发证机构、发证日期和有效期；以及其他需要说明的内容。

《办法》中明确要求，获得认证的组织应当在广告、宣传等活动中正确使用认证证书和有关信息，不得利用产品认证证书和相关文字、符号误导公众认为其服务、管理体系通过认证；不得利用服务认证证书和相关文字、符号误导公众认为其产品、管理体系通过认证；不得利用管理体系认证证书和相关文字、符号，误导公众认为其产品、服务通过认证。获得认证的产品、服务、管理体系发生重大变化时，获得认证的组织和个人应当向认证机构申请变更，未变更或者经认证机构调查发现不符合认证要求的，不得继续使用该认证证书。

2. 对认证标志的管理

认证标志分为强制性认证标志和自愿性认证标志。强制性认证标志和国家统一的自愿性认证标志属于国家专有认证标志。自愿性认证标志包括国家统一的自愿性认证标志和认证机构自行制定的认证标志。认证机构自行制定的认证标志是指认证机构专有的认证标志。

《办法》中规定，强制性认证标志和国家统一的自愿性认证标志的制定和使用，由国家认监委依法规定，并予以公布。认证机构自行制定的认证标志的式样（包括使用的符号）、文字和名称，需满足不得与强制性认证标志、国家统一的自愿性认证标志或者已经国家认监委备案的认证机构自行制定的认证标志相同或者近似，不得妨碍社会管理秩序等要求。

《办法》中要求认证机构建立认证标志管理制度，明确认证标志使用者的权利和义务，对获得认证的组织使用认证标志的情况实施有效跟踪调查，发现其认证的产品、服务、管理体系不能符合认证要求的，应当及时做出暂停或者停止其使用认证标志的决定，并予以公布。

3. 监督检查

国家认监委组织地方认证监督管理部门对认证证书和认证标志的使用情况实施监督检查，对伪造、冒用、转让和非法买卖认证证书和认证标志的违法行为依法予以查处。

国家认监委对认证机构的认证证书和认证标志管理情况实施监督检查。认证机构应当对其认证证书和认证标志的管理情况向国家认监委提供年度报告。年度报告中应当包括其对获证组织使用认证证书和认证标志的跟踪调查情况。

任何单位和个人对伪造、冒用、转让和非法买卖认证证书和认证标志等违法、违规行为可以向国家认监委或者地方认证监督管理部门举报。

（二）《有机产品认证管理办法》（总局令第 155 号）

《有机产品认证管理办法》于 2013 年 4 月 23 日由国家质量监督检验检疫总局公布，自 2014 年 4 月 1 日起施行。

《办法》中所称的有机产品，是指生产、加工和销售符合中国有机产品国家标准的供人类消费、动物食用的产品。

有机产品认证，是指认证机构依照本办法的规定，按照有机产品认证规则，对相关产品的生产、加工和销售活动符合中国有机产品国家标准进行的合格评定活动。

国家认证认可监督管理委员会（以下简称国家认监委）负责全国有机产品认证的统一管理、监督和综合协调工作。地方各级质量技术监督部门和各地出入境检验检疫机构（以下统称地方认证监管部门）按照职责分工，依法负责所辖区域内有机产品认证活动的监督检查和行政执法工作。

1. 机构管理

《办法》中规定，有机产品认证机构应当依法设立，具有《中华人民共和国认证认可条例》规定的基本条件和从事有机产品认证的技术能力，并取得国家认监委确定的认可机构（以下简称认可机构）的认可后，方可从事有机产品认证活动。境外有机产品认证机构在中国境内开展有机产品认证活动的，应当符合《中华人民共和国认证认可条例》和其他有关法律、行政法规以及本办法的有关规定。

从事有机产品认证的检查员应当经国家认证人员注册机构注册后，方可从事有机产品认证检查活动。

2. 认证实施

《办法》中规定，有机产品认证机构，应当公开有机产品认证依据的标准、认证基本规范、规则和收费标准等信息。

有机产品生产、加工单位和个人或者其代理人（以下统称申请人），可以自愿向有机产品认证机构提出有机产品认证申请。有机产品认证机构应当自收到申请人书面申请之日起10日内，完成申请材料的审核，并做出是否受理的决定；对不予受理的，应当书面通知申请人，并说明理由。有机产品认证机构受理有机产品认证后，应当按照有机产品认证基本规范、规则规定的程序实施认证活动，并按照相关标准或者技术规范的要求及时做出认证结论。

有机产品认证机构应当按照规定对获证单位和个人、获证产品进行有效跟踪检查，保证认证结论能够持续符合认证要求。生产、加工、销售有机产品的单位及个人和有机产品认证机构，应当采取有效措施，按照认证证书确定的产品范围和数量销售有机产品，保证有机产品的生产和销售数量的一致性。

《办法》中明确规定，有机产品认证机构不得对有机配料含量（指重量或者液体体积，不包括水和盐）低于95％的加工产品进行有机认证。

3．认证证书和标志

国家认监委规定有机产品认证证书的基本格式和有机产品认证标志的式样。

有机产品认证证书有效期为一年。获得有机产品认证证书的单位或者个人，在有机产品认证证书有效期内，发生信息变更或其他情况的，可向有机产品认证机构办理变更或重新申请手续，较为严重的，认证机构可做出暂停、撤销认证证书的决定。

(三)《食品检验机构资质认定管理办法》(总局第131号令)

《食品检验机构资质认定管理办法》于2010年7月22日由国家质量监督检验检疫总局公布，自2010年11月1日起施行。

《办法》中所称的食品检验机构资质认定，是指依法对食品检验机构的基本条件和能力，是否符合食品安全法律法规的规定以及相关标准或者技术规范要求实施的评价和认定活动。对向社会出具有证明作用的数据和结果的食品检验机构开展资质认定活动应当遵守本办法。

国家质检总局统一管理食品检验机构资质认定工作。国家认监委负责食品检验机构资质认定实施、监督管理和综合协调工作。各省级质量技术监督部门按照职责分工，负责所辖区域内食品检验机构资质认定实施和监督检查工作。

1．资质认定条件与程序

食品检验机构应当按照国家有关认证认可的规定依法取得资质认定后，方可从事食品检验活动。

《办法》中规定，食品检验机构资质认定程序为：申请资质认定的食品检验机构（以下简称申请人），应当向国家认监委或者省级质量监督部门（以下统称资质认定部门）提出书面申请；资质认定部门应当对申请人提交的申请材料进行书面审查，并自收到材料之日起5日内做出受理或者不予受理的书面决定；申请材料不齐全或者不符合法定形式的，应当一次性告知申请人需要补正的全部内容；资质认定部门应当自受理申请之日起6个月内，对申请人完成技术评审工作；资质认定部门应当自技术评审完结之日起20日内，对技术评审结果进行审查，并做出是否批准的决定。决定批准的，向申请人颁发资质认定证书，并准许其使用资质认定标志；不予批准的，应当书面告知申请人，并说明理由。

食品检验机构资质认定证书有效期为3年。食品检验机构需要延续依法取得的资质认定的有效期的，应当在资质认定证书有效期届满前6个月，向资质认定部门提出复查换证申请。

2. 技术评审

国家认监委根据国家有关法律法规、国务院卫生行政部门规定的资质认定条件和相关国家标准的规定，制定食品检验机构资质认定评审准则。

资质认定部门应当按照评审准则的要求，组成技术评审组，对申请人的基本条件、管理体系和检验能力等资质条件的符合性情况进行技术评审。技术评审组对申请人的检验能力进行评审时，应当审查确认申请人具备相关能力验证、比对试验、测量审核的证明；需要进行现场试验的，应当按照评审准则的要求进行考核。

3. 监督管理

国家质检总局统一监督管理食品检验机构的相关检验活动。国家认监委负责组织对取得资质认定的食品检验机构进行监督检查，发现食品检验机构有违法违规行为的，应当予以查处，涉及国务院有关部门职责的，及时通报有关部门并协调处理。

国家认监委对省级质量监督部门实施的食品检验机构资质认定工作进行监督、指导。省级质量监督部门组织地（市）、县级质量监督部门对所辖区域内的食品检验机构进行监督检查或者专项监督检查，地（市）、县级质量监督部门应当对所辖区域内的食品检验机构进行日常监督。各直属出入境检验检疫局对所属食品检验机构进行日常监督管理。

《办法》中规定，食品检验实行食品检验机构与检验人负责制。食品检验机构应当依据法律法规、检验规范的相关规定及委托检验合同的约定出具食品检验报告。食品检验报告应当加盖食品检验机构公章，并有检验人（授权签字人）的签名或者盖章。食品检验机构和检验人对出具的食品检验报告负责。

《办法》中明确指出，任何单位和个人对食品检验机构的检验活动中的违法违规行为，有权向资质认定部门举报，资质认定部门应及时调查处理，构成犯罪的，依法追究刑事责任。

(四)查询国家认监委相关管理文件的方法

作为统一管理、监督和综合协调全国认证认可工作的主管机构，国家认监委研究起草并贯彻执行国家认证认可、安全质量许可、卫生注册和合格评定方面的法律、法规和规章，制定、发布并组织实施认证认可和合格评定的监督管理制度、规定，相关信息均在国家认监委网站上进行发布。

国家认监委的网址是 http://www.cnca.gov.cn/cnca，打开认监委网页，即可在右上角找到"法律法规"的链接（如下图），单击后即可查找认监委制定、施行的所有法律和行政法规、部门规章、行政规范性文件。

实训任务

实训组织：对学生进行分组，每个组参照"必备知识"及利用网络资源，对以下案例进行分析。

案例一

2012 年 12 月 19 日，国家认监委在网站上发布公告，世界认证服务（中国）有限公司未经国家认监委批准，擅自在中国境内从事认证活动并颁发质量管理体系认证证书。其行为违反了《中华人民共和国认证认可条例》的规定，属非法认证，所颁发认证证书均属无效。这已是 2012 年度国家认监委通报的第 6 家认证机构。认监委在公告中提醒社会各界，应选择经国家批准的合法认证机构提供认证服务。一旦发现非法从事认证活动的机构，可向所在地出入境检验检疫局、质量技术监督局或国家认监委举报。

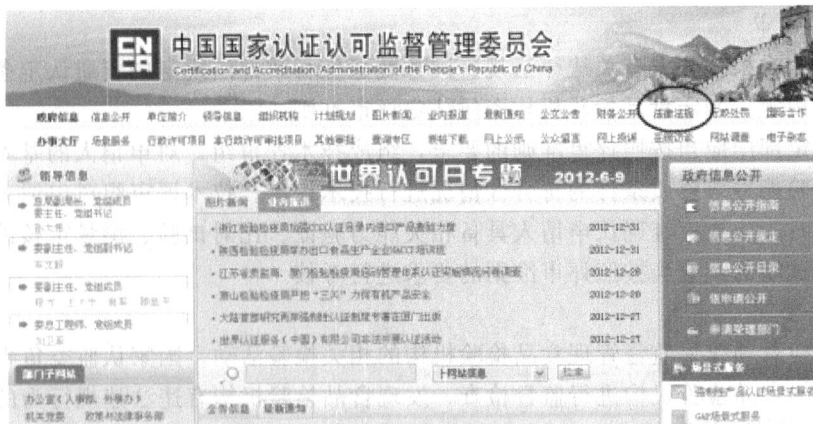

结合上述案例，分析查阅国家认监委的性质、职能及其相关信息，并尝试回答表 2-3 中的问题。

表 2-3 结合案例分析讨论

问　　题	讨　论　分　析
1. 国家认监委部门职能	
2. 认证申请人发现类似问题应该如何应对	

案例二

一家茶叶生产企业申请有机产品认证，是否需要了解相关认证认可的法律法规？

案例分析：

如果你是这家茶叶生产企业的管理者，如何查询收集相关法规信息？

【思考题】

1. 国家食品药品监督管理总局的职责、权限、机构改革和职能转变。

2. 食品安全监督管理的现状。

3. 卫生部在食品监管中的职责和权限。

4. 我国食品标准体系存在的问题。

5. 国家认监委各部门的具体职能。

6. 国家认监委对于食品工业发展的作用。

7. 国家认监委的其他管理文件有哪些。

8. 如何实现国家认监委信息的有效利用。

【拓展学习网站】

1. 国家卫生计生委(http://www.nhfpc.gov.cn)

2. 北京市食品药品监督局(http://www.bjda.gov.cn)

3. 食品伙伴网(http://web.foodmate.net)

4. 国家卫生部网站(http://www.moh.gov.cn)

5. 国家食品药品监督管理局(http://www.sda.gov.cn)

6. 中央政府门户网站(http://www.gov.cn)

7. 食品科学网(http://www.chnfood.cn)

项目 3
学习食品法律法规和标准体系

● ● ● ● ● **项目概述**

　　本项目介绍了我国食品法律法规和标准体系以及食品产品企业标准，列举了查找相关法律法规和标准的方法。

任务 1　认识食品法律法规体系

● ● ● ● **知识目标**

- 了解我国食品法律法规体系
- 掌握《食品安全法》的主要内容和作用

● ● ● ● **技能目标**

- 能够对照食品安全法律法规进行案例分析

必备知识

　　食品法律法规指的是由国家制定的适用于食品从农田到餐桌各个环节的一整套法律规定，其中食品法律和由职能部门制订的规章是食品生产、销售企业必须强制执行的，而有些标准、规范为推荐内容。食品法律法规是国家对食品进行有效监督管理的基础。中国目前已基本形成了由国家基本法律、行政法规和部门规章构成的食品法律法规体系，在我国食品法律法规框架如图 3-1 所示。

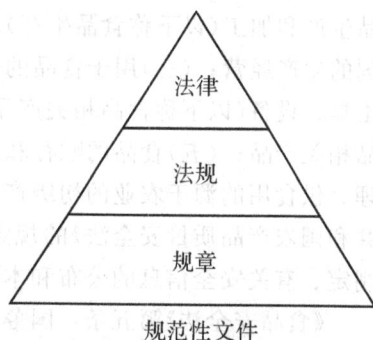

图 3-1　我国食品法律法规框架

一、食品基本法律

目前世界上国家食品基本立法主要有两种模式：制定专门的食品安全法律法规，例如美国有《食品安全法》《联邦食品、药品、化妆品法》以及更具针对性的《联邦肉类检验法》《禽类产品检验法》等。有的国家没有专门制定以食品命名的法律法规，但是将食品安全的内容包含在一些相关的法律中，例如加拿大。

中国食品安全基本法是以《中华人民共和国食品安全法》为主导，辅之以《中华人民共和国产品质量法》《中华人民共和国农产品质量安全法》《中华人民共和国消费者权益保护法》《中华人民共和国传染病防治法》《中华人民共和国进出口商品检验法》《中华人民共和国标准化法》等法律中有关食品质量安全的相关规定构成的集合法群。

(一)《中华人民共和国食品安全法》

《中华人民共和国食品安全法》于 2009 年 2 月 28 日第十一届全国人民代表大会常务委员会第七次会议审议通过，2015 年 4 月 24 日第十二届全国人民代表大会常务委员会第十四次会议修订，自 2015 年 10 月 1 日施行。《食品安全法(2015 年修订)》的颁布是在《食品卫生法》、《食品安全法》实施基础上，吸收了其成功经验，保留其中有效的规定，针对近年来我国食品安全领域出现的问题，针对食品安全的发展形势，做了大量的修改和补充，建立的更加完善的食品安全管理制度。

1.《食品安全法》立法背景

民以食为天，食以安为先。食品安全直接关系广大人民群众的身体健康和生命安全，关系国家的健康发展，关系社会的和谐稳定。食品安全法对于我国食品安全管理具有重要意义。

2.《食品安全法》的内容体系

《食品安全法》共十章一百五十四条，十章分别是总则、食品安全风险监测和评估、食品安全标准、食品生产经营、食品检验、食品进出口、食品安全事故处置、监督管理、法律责任、附则。主要建立了食品安全监管体制，提出在国务院设立食品安全委员会，规定了县级以上食品药品监督管理、卫生行政、质量监督等部门的食品安全监管职责，明确了行业协会的地位作用，建立了食品安全风险监测评估机制和国家食品安全信息发布制度，调整了食品安全标准制定、发布体系，明确了食品安全事故处置机制、食品生产经营者的责任义务及食品安全违法行为的处罚原则。

第一章　总则。共十条。主要规定了立法目的、适用范围、食品安全管理监督体制。

《食品安全法》第二条：在中华人民共和国境内从事下列活动，应当遵守本法：（一）食品生产和加工(以下称食品生产)，食品销售和餐饮服务(以下称食品经营)；（二）食品添加剂的生产经营；（三）用于食品的包装材料、容器、洗涤剂、消毒剂和用于食品生产经营的工具、设备(以下称食品相关产品)的生产经营；（四）食品生产经营者使用食品添加剂、食品相关产品；（五）食品的贮存和运输；（六）对食品、食品添加剂、食品相关产品的安全管理。供食用的源于农业的初级产品(以下称食用农产品)的质量安全管理，遵守《中华人民共和国农产品质量安全法》的规定。但是，食用农产品的市场销售、有关质量安全标准的制定、有关安全信息的公布和本法对农业投入品做出规定的，应当遵守本法的规定。

《食品安全法》第五条：国务院设立食品安全委员会，其职责由国务院规定。国务院食品药品监督管理部门依照本法和国务院规定的职责，对食品生产经营活动实施监督管理；

国务院卫生行政部门依照本法和国务院规定的职责，组织开展食品安全风险监测和风险评估，会同国务院食品药品监督管理部门制定并公布食品安全国家标准；国务院其他有关部门依照本法和国务院规定的职责，承担有关食品安全工作。

《食品安全法》第一章对我国食品安全法的管理类别、监督管理职责进行了明确规定，保证了职能部门有利于各司其职，对食品从原料到餐桌整个流程都处于监管之下，更利于保障食品安全。

第二章　食品安全风险监测和评估，共十条。国家建立食品安全风险监测制度、建立食品安全风险评估制度，对食源性疾病、食品污染以及食品中的有害因素进行监测，根据食品安全风险监测信息、科学数据以及有关信息，对食品及相关品中危害因素进行风险评估。国务院卫生行政、农业行政部门应当及时相互通报食品、食用农产品安全风险评估结果等信息。县级以上人民政府食品药品监督管理部门组织食品生产经营者、食品检验机构、认证机构、食品行业协会、消费者协会以及新闻媒体等，就食品安全风险评估信息和食品安全监督管理信息进行交流沟通。

第三章　食品安全标准，共九条。第二十五条明确规定"食品安全标准是强制执行的标准，除食品安全标准外，不得制定其他的食品强制性标准"。国家鼓励食品生产企业制定严于食品安全国家标准或者地方标准的企业标准，在本企业适用。规定了食品安全标准应该包含的内容、制定部门（由国务院卫生行政部门会同国务院食品药品监督管理部门制定、公布）。并规定食品安全国家标准、地方标准和企业标准，供公众免费查阅、下载。

在新的国家标准完全统一前，我国曾出现标准冲突的先例，如农业标准 NY/T 632－2002 冷却猪肉与国家标准 GB 2707－2005 鲜、冻畜肉卫生标准有些指标值冲突，出现执行参考难的问题。规范食品安全标准的制定，有利于保障监管工作的统一性。为了保证食品安全标准的科学性和权威性，食品安全法规定食品安全国家标准应当经食品安全国家标准审评委员会审查通过。有关产品国家标准涉及食品安全国家标准规定内容的，应当与食品安全国家标准相一致。

第四章　食品生产经营，共四节五十一条：第一节一般规定，十一条；第二节生产经营过程控制，二十三条；第三节标签、说明书和广告，七条；第四节特殊食品，十条。

第一节一般规定中提出了食品生产经营在场所、设备设施、从业人员、容器器具、水、洗涤剂、消毒剂等十一方面应当符合的要求及禁止生产经营的内容；食品生产经营实行许可制度、食品添加剂生产实行许可制度、国家建立食品安全全程追溯制度；利用新的食品原料生产食品、添加剂、食品相关产品，应当向国务院卫生行政部门提交相关产品的安全性评估材料。生产经营的食品中不得添加药品，但是可以添加按照传统既是食品又是中药材的物质。

第二节生产经营过程控制要求食品生产经营企业建立食品安全管理制度、从业人员健康管理制度、食品安全自查制度、进货查验记录制度、食品出厂检验记录制度，国家建立食品召回制度。除了建立相应的制度外，鼓励食品生产经营企业符合良好生产规范要求，实施危害分析与关键控制点体系，提高食品安全管理水平。餐饮服务提供者（包括各食堂）对原料控制、餐具、饮具、设备的清洗消毒都要符合要求。添加剂生产、经营，集中交易市场、柜台出租者和展销会举办者，网络食品交易、食用农产品销售者都要符合生产经营的基本要求。

第三节标签、说明书和广告中对预包装食品标签、食品添加剂标签和包装、散装食品容器外包装应有内容进行规定，还对食品广告内容做出规定，要求食品广告的内容应当真实合法，不得含有虚假内容，不得涉及疾病预防、治疗功能。

第四节特殊食品对保健食品、特殊医学用途配方食品和婴幼儿配方食品等特殊食品提出具体要求。

《食品安全法》第四章从食品生产经营各个方面提出具体要求，注重食品生产经营的管理，有助于强化企业的责任意识，提高食品安全整体水平，维护好消费者的权益，。

第五章　食品检验，共七条。规定了进行食品检验的机构需进行资质认定后方可从事食品检验活动，食品检验由食品检验机构指定的检验人独立进行。食品检验实行食品检验机构与检验人负责制。第八十七条规定食品药品监督管理部门对食品进行定期或者不定期的抽样检验，并依据有关规定公布检验结果，不得免检。食品生产企业可以自行对所生产的食品进行检验，也可以委托食品检验机构进行检验。

第六章　食品进出口，共十一条。国家出入境检验检疫部门对进出口食品安全实施监督管理。规定了进口的食品、食品添加剂以及食品相关产品应当符合我国食品安全国家标准；国家出入境检验检疫部门应当关注境外食品安全事件及进口食品安全问题，能及时采取风险预警或者控制措施；规定了对向我国境内出口食品的出口商或者代理商的要求；要求进口的预包装食品、食品添加剂应当有中文标签、中文说明书；进口商应当建立进口和销售记录制度。

《食品安全法》加大了对进出口食品、食品添加剂的监管力度。控制进口食品质量，确保进口食品安全进而保障人身安全；对出口食品进行监督、抽检、凭出入境检验检疫机构签发的通关证明放行，能够维护我国出口食品的良好形象。

第七章　食品安全事故处置，共六条。规定了食品安全事故应急预案、事故处理体制、处理程序、相关责任等。

第八章　监督管理，共七条。国务院组织制定国家食品安全事故应急预案；发生食品安全事故的单位应当立即采取措施，防止事故扩大。食品安全事故发生后相关部门应当及时通报 食品药品监督管理部门，并采取相应措施，防止或减轻社会危害。

第九章　法律责任，共二十八条。规定了违反《食品安全法》规定，食品生产经营者所应该承担的相应法律责任。主要有警告，没收违法所得，没收违法生产经营的食品、食品添加剂和用于违法生产经营的工具、设备、原料等物品，罚款，责令停产停业，吊销许可证。规定了食品检验机构、食品检验人员违反规定，出具虚假检验报告应承担的法律责任。规定了社会团体或者其他组织、个人在虚假广告或者其他虚假宣传中向消费者推荐食品，使消费者的合法权益受到损害的，与食品生产经营者承担连带责任。编造、散布虚假食品安全信息，依法给予治安处罚。生产不符合食品安全标准的食品或者经营明知是不符合食品安全标准的食品，消费者除要求赔偿损失外，还可以向生产者或者经营者要求支付价款十倍或者损失三倍的赔偿金；增加赔偿的金额不足一千元的，为一千元。

为了切实保障人民群众的生命安全和身体健康，必须加大对食品生产经营违法行为的处罚力度。《食品安全法》法律责任一章强化了公民权益保障的有效措施，加大对违法行为的处罚力度。

第十章　附则，共五条。对《食品安全法》中食品，食品安全，预包装食品，食品添加剂，用于食品的包装材料和容器，用于食品生产经营的工具、设备，用于食品的洗涤剂、消毒剂，保质期，食源性疾病，食品安全事故等用语含义作了规定。对转基因食品、食盐，食品安全法未作规定，适用其他规定，对铁路、民航、国境口岸食品、军队专用食品和自供食品等做出相应规定，以及对法律的生效日期作了规定。

(二)《中华人民共和国农产品质量安全法》

《中华人民共和国农产品质量安全法》(以下简称《农产品质量安全法》)，于 2005 年 10 月 22 日由国务院审议通过并提请全国人大审议，于 2006 年 4 月 29 日第十届全国人民代表大会常务委员会第二十次会议通过，自 2006 年 11 月 1 日起施行。

1.《农产品质量安全法》的立法目的和意义

农产品质量安全直接关系人民群众的正常生活、身体健康和生命安全；关系社会的和谐稳定和民族发展；关系农业对外开放和农产品在国内外市场的竞争。《农产品质量安全法》的正式出台，这是关系"三农"乃至整个经济社会长远发展的一件大事，具有十分重大而深远的影响和划时代的意义。《农产品质量安全法》的出台是推动农业生产方式转变，为发展高产、优质、高效、生态、安全的现代农业和社会主义新农村建设提供坚实支撑的现实要求；是规范农产品产销秩序，保障公众农产品消费安全，维护最广大人民群众根本利益的可靠保障；是推进农业标准化，提高农产品质量安全水平，全面提升我国农产品竞争力，应对农业对外开放和参与国际竞争的重大举措；是填补法律空白，推进依法行政，转变政府职能，促进体制创新、机制创新和管理创新的客观要求。

2.《农产品质量安全法》的调整内容和主要范围

《农产品质量安全法》调整的范围包括三个方面的内涵：一是关于调整的产品范围问题，本法所指农产品是指来源于农业的初级产品，即在农业活动中获得的植物、动物、微生物及其产品；二是关于调整的行为主体问题，既包括农产品的生产者和销售者，也包括农产品质量安全管理者和相应的检测技术机构和人员等；三是关于调整的管理环节问题，既包括产地环境、农业投入品的科学合理使用、农产品生产和产后处理的标准化管理，也包括农产品的包装、标志、标志和市场准入管理。可以说，《农产品质量安全法》对涉及农产品质量安全的各个方面都进行了相应的规范，调整的对象全面、具体，符合中国的国情和农情。

《农产品质量安全法》共分八章五十六条，内涵相当丰富，主要包括总则、农产品质量安全标准、农产品产地、农产品生产、农产品包装和标志、监督检查、法律责任和附则。

二、行政法规和部门规章

行政法规是由权力机构制定的具有法律效力的文件。

行政法规和部门规章是由食品管理职能部门根据食品基本法律制定、必须强制执行的食品管理文件，包括管理办法、实施条例、工作程序等。《食品卫生法》颁布以来，国务院以及各食品管理职能部门制定了一系列行政法规和部门规章，按照管理的对象分为如下几类。

①食品卫生。包括食品及食品原料的卫生管理、食品生产经营过程卫生管理、食品容器、包装材料、工具与设备卫生管理、食品卫生监督与行政处罚规定、食品卫生检验管理规定等。

②食品质量与安全。例如食品生产加工企业质量安全监督管理办法、水产养殖质量安

全管理规定等。

③食品标签、广告。例如查处食品标签违法行为规定、进出口食品标签管理办法、农业转基因生物标志管理办法、食品广告管理办法、酒类广告管理办法、食品广告发布暂行规定等。

④进出口食品。例如中华人民共和国进出口商品检验法实施条例、中华人民共和国进出境动植物检疫法实施条例。

⑤农产品。例如绿色食品标志管理办法、无公害农产品管理办法、农作物种质资源管理办法等。

⑥保健食品。例如保健食品管理办法、保健食品评审技术规程、程序和检验方法、保健食品标志规定、保健食品通用卫生要求等。

⑦食品添加剂。例如食品添加剂卫生管理办法。

⑧其他。例如，γ辐照加工装置放射卫生防护管理规定、母乳代用品销售管理办法等。

实训任务

实训组织：对学生进行分组，每个组参照"必备知识"及利用网络资源，进行相关的食品违法案例分析。

食品法律法规案例分析

请阐述下述案例违反了《食品安全法》中的哪些条款，应该如何处理违规企业？

1. 2013年8月2日，新西兰乳制品巨头恒天然集团向新西兰政府通报称，其生产的3个批次浓缩乳清蛋白中检出肉毒杆菌，影响包括3个中国企业在内的8家客户。2013年8月2日晚间，中国国家质检总局官网发布消息，要求进口商立即召回可能受污染产品。

2. 2005年2月18日，英国在食品中发现苏丹红，下架食品达500多种。2005年2月23日，中国国家质检总局发出紧急通知，重点检控进口产品中的苏丹红（一号），以防进入国内流通渠道。肯德基所属百胜餐饮集团立即要求供应商对相关调料进行检测，并提供书面确认。2005年3月15日在肯德基新奥尔良烤翅和新奥尔良烤鸡腿堡调料中发现了微量苏丹红（一号）成分。2005年3月16日，百胜要求全国所有肯德基餐厅停止售卖新奥尔良烤翅和新奥尔良鸡腿堡两种产品。同时启动内部流程妥善处理并销毁所有剩余调料，防止问题调料回流到消费渠道。通过媒体和餐厅发布中国肯德基"有关苏丹红（一号）问题的声明"，向公众致歉。

3. 央视"3·15"晚会中，家乐福被曝以价格低廉的白条鸡、三黄鸡替代柴鸡，以赚取数倍利润，并以过期鸡胗打散重新包装再卖给消费者。在生鲜区，肉类产品上面都贴有标签，上面有包装日期和最佳食用日期，售货员信誓旦旦，当晚七点，记者购买了一盒鸡胗做了记号，之后返回家乐福，把这个做了记号的鸡胗放在货柜上，调查这些鸡胗没有售出去家乐福会如何处理。第二天早上刚开门，记者再次来到了生鲜冷柜前，冷柜一共摆了四盒鸡胗，记者把四盒鸡胗全部买回来，逐个打开包装时，惊讶地发现了之前做过记号的鸡胗，带有记号的鸡胗分散在三个盒里，这些鸡胗经过重新打散包装，包装日期变成了当日。除了鸡胗，其他的鲜肉是不是也存在更改包装，更换日期呢？一些保质期较长的冷冻肉品，售货员每隔几天也要换包装，对于这样的换包行为，家乐福也有明确的规定，检查重点，食品安全检查要点，第一条就赫然写着，禁止返包产品。那么，如果发现员工返包商品的行为，家乐福店主管又是怎样处理？2012 年 1 月 8 日晚间七点左右，国贸广场家乐福店生鲜处处长和肉课课长，在店中巡查发现售货员在拆返包装，两位巡视员立刻上前制止。

4．2000 年 7 月 5 日奉化市某镇食品卫生监督员在该镇菜场监督检查中发现某摊主无健康证经营酱菜，并查见摊位上销售的 36 瓶腐乳无标明厂名、厂址、生产日期、保质期的食品标志。卫生执法人员对上述事实制作了卫生监督笔录并发出了卫生监督意见书责令其改正。摊主以菜场内有同样情况的并非他一家为由拒绝在卫生监督笔录上签字并谩骂执法人员，还发动周围不明真相的群众阻挠执法，最后由见证执法过程的菜场管理人员签名并注明情况。

实训成果：食品法律法规案例分析报告。

任务 2　学习食品法规查询途径及方法

●●●● 知识目标

• 无

●●●● 技能目标

• 能够掌握食品法规查询途径和方法

必备知识

一、食品法规与标准检索概述

随着社会主义市场经济体制的完善和科技的进步，我国的综合国力不断增强，国民生产总值连续数年保持高速增长，市场经济法规体系建设和新产品、新技术、新工艺成倍增长，随之出现的新的法规和标准文献的数量也在猛增。因此，要在一定范围和时间内，了解和掌握国内外法规和标准的动态和发展趋势，利用现代法规和标准文献检索已经是继承和发展科学技术、推动社会进步的不可缺少的条件之一。因此，掌握食品法规与标准检索，对制定完善食品法规体系和食品标准的制定、修订也有十分重要的意义。

二、食品法规检索

(一)国内食品法规的检索

1. 检索工具

《中华人民共和国食品监督管理实用法规手册》(中国食品工业协会编辑)、《中华人民共和国法规汇编》(中国法制出版社出版)等。

2. 登录国内的专业网站

食品伙伴网(http://www. foodmate. net)、中国标准网(http://www. zgbzw. com)、中国标准咨询网(http://www. chinastandard. com. cn)、中国食品网(http://www. cnfood-net. com)、中国农业质量标准网(http://www. aqs. gov. cn)等。

(二)国外食品法规的检索

1. 检索工具

《最新国内外食品管理制度规范与政策法规实用手册》等。

2. 国外主要相关网站

德国标准学会(http://www.din.de)、法国标准化协会(http://catafnor.afnor.fr)、日本工业标准调查会(http://www.hike.te chiba—u.ac.jp)、美国国家标准系统网络(http://www.nssn.org)等。

实训任务

实训组织：对学生进行分组，每个组参照"必备知识"及利用网络资源，查询《食品生产许可管理办法》(总局129号令)，并对其进行解读。

查询《食品生产许可管理办法》(总局129号令)

实训成果：解读材料。

实训评价：由主讲教师进行评价。

任务3　学习食品企业涉及的食品标准类型

●●●● 知识目标

- 掌握标准与标准化的概念及分类
- 了解我国有关的食品标准内容

●●●● 技能目标

- 能够编写食品企业标准框架

必备知识

一、标准与标准化的概念

(一)标准

中国国家标准GB/T 20000.1—2002《标准化工作指南 第一部分：标准化和相关活动的通用词汇》中对"标准"的定义是"为在一定的范围内获得最佳秩序，经协商一致制定并由公认机构批准，共同使用的和重复使用的一种规范性文件"。也就是说标准是对重复性事物和概念所做的统一规定，它是以科学、技术和实践经验的综合成果为基础，经有关方面协商一致，由主管机构批准，以特定形式发布的文件，作为共同遵守的准则和依据。

(二)标准化

GB/T 20000.1—2002对"标准化"的定义是："为在一定范围内获得最佳秩序，对现实问题或潜在问题制定共同使用和重复使用的条款的活动。"标准化是一个在一定范围内的活动过程，其活动范围包括生产、经济、技术、科学、管理等各类社会实践领域。标准化的活动过程包括标准的制定、发布、实施、监督管理以及标准的修订。这个过程不是一次就完结了，而是一个不断循环、螺旋式上升的运动过程。每完成一个循环，标准的水平就提高一步。标准化的目的是为了获得最佳秩序和社会效益。

作为食品生产企业来说，标准化是组织现代化生产的重要手段，是质量管理的重要组成部分，有利于提高产品质量和生产效率。作为国家来说，标准化是国家经济建设和社会发展的重要基础工作，搞好标准化工作，对于加快发展国民经济，提高劳动生产率，有效利用资源，保护环境，维护人民身体健康都有重要作用。在当前全球经济一体化的世界格局下，标准化的重要意义在于改进产品、过程和服务的实用性，防止贸易壁垒，并促进各国的科学、技术、文化的交流与合作。

二、食品标准的制定

(一)食品标准的作用

食品标准是食品行业的技术规范，在食品生产经营中具有极其重要的作用，具体体现在以下几个方面。

(1)保证食品安全

食品是供人食用的特殊商品，食品质量特别是卫生质量关系到消费者的生命安全，食品标准在制定过程中充分考虑到在食品生产销售过程中可能存在的和潜在有害因素，并通过一系列标准的具体内容，对这些因素进行有效的控制，从而使符合食品标准的食品都可以防止食品污染有毒有害物质，保证食品的卫生质量。

(2)国家管理食品行业的依据

国家为了保证食品质量、宏观调控食品行业的产业结构和发展方向、规范稳定食品市场，就要对食品企业进行有效管理，例如对生产设施、卫生状况、产品质量进行检查等，这些检查就是以相关的食品标准为依据。

(3)食品企业科学管理的基础

食品企业只有通过试验方法、检验规则、操作程序、工作方法、工艺规程等各类标准，才能统一生产和工作的程序和要求，保证每项工作的质量，使有关生产、经营、管理工作走上低耗高效的轨道，使企业获得最大经济效益和社会效益。

(4)促进交流合作，推动贸易

通过标准可以在企业间、地区间或国家间传播技术信息，促进科学技术的交流与合作，加速新技术、新成果的应用和推广并推动国际贸易的健康发展。

(二)食品标准制定的依据

(1)法律依据：《食品安全法》《标准化法》等法律及有关法规是制定食品标准的法律依据。

(2)科学技术依据：食品标准是科学技术研究和生产经验总结的产物。在标准制定的过程中，应尊重科学，尊重客观规律，保证标准的真实性，应合理使用已有的科研成果，善于总结和发现与标准有关的各种技术问题，应充分利用现代科学技术条件，促进标准具有较高的先进性。

(3)有关国际组织的规定：WTO制定的《卫生和植物卫生措施协定》(SPS)、《贸易技术壁垒协定》(TBT)是食品贸易中必须遵守的两项协定。SPS和TBT协定都明确指出，国际食品法典委员会(CAC)的标准可作为解决国际贸易争端，协调各国食品卫生标准的依据。因此，每一个WTO的成员国都必须履行WTO有关食品标准制定和实施的各项协议和规定。

(三)食品标准的制定程序

标准制定是指标准制定部门对需要制定标准的项目,进行编制计划,组织草拟、审批编号、发布的活动。它是标准化工作任务之一,也是标准化活动的起点。

中国国家标准制定程序划分为九个阶段:预备阶段、立项阶段、起草阶段、征求意见阶段、审查阶段、批准阶段、发布出版阶段、复审阶段、废止阶段。

(1)预备阶段

阶段任务:提出新工作项目建议。对将要立项的新工作项目进行研究和论证,提出新工作项目建议,包括标准草案或标准大纲(如标准的范围、结构、相互关系等)。

每项技术标准的制定,都是按一定的标准化工作计划进行的。技术委员会根据需要,对将要立项的新工作项目进行研究及必要的论证,并在此基础上提出新工作项目建议,包括技术标准草案或技术标准的大纲,如拟起草的技术标准的名称和范围,制定该技术标准的依据、目的、意义及主要工作内容,国内外相应技术标准及有关科学技术成就的简要说明,工作步骤及计划进度,工作分工,制定过程中可能出现的问题和解决措施,经费预算等。

(2)立项阶段

阶段任务:提出新工作项目。对新工作项目建议进行审查、汇总、协调、确定,下达计划。

主管部门对有关单位提出的新工作项目建议进行审查、汇总、协调、确定,直至列入技术标准制订计划并下达给负责起草单位。

(3)起草阶段

阶段任务:提出标准草案征求意见稿。组织标准起草工作直至完成标准草案征求意见稿。

负责起草单位接到下达的计划项目后,即应组织有关专家成立起草工作组,通过调查研究,起草技术标准草案征求意见稿。

① 调查研究:各类技术资料是起草技术标准的依据,是否充分掌握有关资料,直接影响技术标准的质量。因此,必须进行广泛的调查研究,这是制定好技术标准的关键环节。主要应收集的资料有:试验验证资料、与生产制造有关的资料、国内外有关标准资料。

② 起草征求意见稿:经过调查研究之后,根据标准化的对象和目的,按技术标准编写要求起草技术标准草案征求意见稿,同时起草编制说明。

(4)征求意见阶段

阶段任务:提出标准草案送审稿。对标准征求意见稿征求意见,根据返回意见完成意见汇总处理表和标准草案送审稿。

征求意见应广泛。还可以对一些主要问题组织专题讨论,直接听取意见。工作组对反馈意见要认真收集整理、分析研究、归并取舍,完成意见汇总处理对征求意见稿及编制说明进行修改,完成技术标准草案送审稿。

(5)审查阶段

阶段任务:提出标准草案报批稿。对标准草案送审稿组织审查(可采取会审和函审),

形成会议纪要(或函审结论)和标准草案报批稿。

(6)批准阶段

阶段任务：提供标准出版稿。主管部门对标准草案报批稿及材料进行审核；国家标准审查部门对标准草案报批稿及材料进行审查；国务院标准化行政主管部门批准、发布。

(7)发布出版阶段

阶段任务：提供标准出版物。

技术标准出版稿统一由指定的出版机构负责印刷、出版和发行。

(8)复审阶段

阶段任务：定期复审。对实施周期达 5 年的标准进行复审，以确定是否确认、修改、修订或废止。

(9)废止阶段

对复审后确定为无必要存在的标准，经主管部门审核同意后发布，予以废止。

对下列情况，制定国家标准可以采用快速程序。

① 对等同采用、等效采用国际标准或国外先进标准的标准制、修订项目，可直接由立项阶段进入征求意见阶段，省略起草阶段。

② 对现有国家标准的修订项目或中国其他各级标准的转化项目，可直接由立项阶段进入审查阶段，省略起草阶段和征求意见阶段。

三、食品标准的主要内容

食品标准主要有：食品卫生标准、食品产品标准、食品检验标准、食品包装材料和容器标准、食品添加剂标准、食品标签通用标准、食品企业卫生规范、食品工业基础及相关标准等。

(1)食品安全国家标准

内容较多，一般包括范围、引用标准、相关定义、技术要求、检验方法、检验规则、标志包装、运输和储存等。其中技术要求是标准的核心部分，主要包括原辅材料要求、感官要求、理化指标、微生物指标等。

(2)食品检验标准

包括适用范围、引用标准、术语、原理、设备和材料、操作步骤、结果计算等内容。

(3)食品包装材料和容器标准

其内容包括卫生要求和质量要求。

(4)其他食品标准

例如食品工业基础标准、质量管理、标志包装储运、食品机械设备等。

四、食品标准的分类

(1)根据标准适用的范围

我国的食品标准分为四级：国家标准、行业标准、地方标准和企业标准，从标准的法律级别上来讲，国家标准高于行业标准，行业标准高于地方标准，地方标准高于企业标准。但从标准的内容上来讲却不一定与级别一致，一般来讲，企业标准的某些技术指标应严于地方标准、行业标准和国家标准。

(2)根据标准的性质分类

通常把标准分为基础标准、技术标准、管理标准和工作标准四大类。

基础标准是在一定范围内作为其他标准的基础并普遍使用，具有广泛指导意义的标准。例如术语、符号、代号、代码、计量与单位标准等都是目前广泛使用的综合性基础标准。

技术标准是指对标准化领域中需要协调统一的技术事项所制定的标准。技术标准包括基础技术标准、产品标准、工艺标准、检测标准以及安全、卫生、环保标准等。

管理标准是指对标准化领域中需要协调统一的管理事项所制定的标准，主要规定人们在生产活动和社会生活中的组织结构、职责权限、过程方法、程序文件以及资源分配等事宜，它是合理组织国民经济，正确处理各种生产关系，正确实现合理分配，提高生产效率和效益的依据。管理标准包括管理基础标准、技术管理标准、经济管理标准、行政管理标准、生产经营管理标准等。

工作标准是指对工作的责任、权利、范围、质量要求、程序、效果、检查方法、考核办法所制定的标准。工作标准一般包括部门工作标准和岗位(个人)工作标准。

(3)根据法律的约束性分类

国家标准和行业标准分为强制性标准和推荐性标准。

强制性标准是国家通过法律的形式明确要求对标准所规定的技术内容和要求必须执行，不允许以任何理由或方式加以违反、变更，这样的标准称之为强制性标准，包括强制性的国家标准、行业标准和地方标准。对违反强制性标准的，国家将依法追究当事人法律责任。一般保障人民身体健康、人身财产安全的标准是强制性标准。

推荐性标准是指国家鼓励自愿采用的具有指导作用而又不宜强制执行的标准，即标准所规定的技术内容和要求具有普遍的指导作用，允许使用单位结合自己的实际情况，灵活加以选用。虽然，推荐性标准本身并不要求有关各方遵守该标准，但在一定的条件下，推荐性标准可以转化成强制性标准，具有强制性标准的作用。如以下几种情况：

①被行政法规、规章所引用。

②被合同、协议所引用。

③被使用者声明其产品符合某项标准。

食品卫生标准属于强制性标准，因为它是食品的基础性标准，关系到人体健康和安全。食品产品标准，一部分为强制性标准，也有一部分为推荐性标准。我国加入WTO后，将会更多地采用国际标准或国外先进标准，食品标准的约束性也会根据具体情况进行调整。

(4)根据标准化的对象和作用分类

① 产品标准。为保证产品的适用性，对产品必须达到的某些或全部特性要求所制定的标准，包括：品种、规格、技术要求、试验方法、检验规则、包装、标志、运输和储存要求等。

② 方法标准。以试验、检查、分析、抽样、统计、计算、测定、作业等各种方法为对象而制定的标准。

③ 安全标准。以保护人和物的安全为目的制定的标准。

④ 卫生标准。保护人的健康，对食品、医药及其他方面的卫生要求而制定的标准。

⑤ 环境保护标准。为保护环境和有利于生态平衡，对大气、水体、土壤、噪声、振动、电磁波等环境质量、污染管理、监测方法及其他事项而制定的标准。

五、标准的代号和编号

(一)国家标准代号及编号

国家标准的代号由大写汉字拼音字母"GB"构成,强制性国家标准的代号为"GB",推荐性国家标准代号为"GB/T"。

国家标准编号构成:由国家标准的代号、国家标准发布的顺序号和国家标准发布的年号构成。

1. 强制性国家标准号

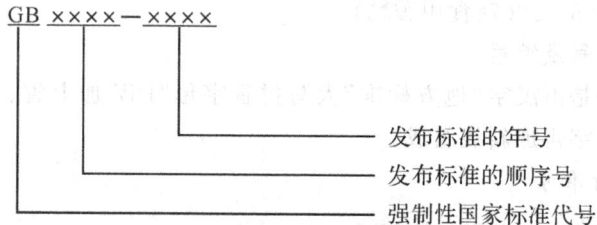

```
GB ××××—××××
             ├──── 发布标准的年号
      ├──────────── 发布标准的顺序号
├──────────────────── 强制性国家标准代号
```

例如:GB 2760—2011《食品安全国家标准 食品添加剂使用标准》;

GB 7718—2011《食品安全国家标准 预包装食品标签通则》。

2. 推荐性国家标准号

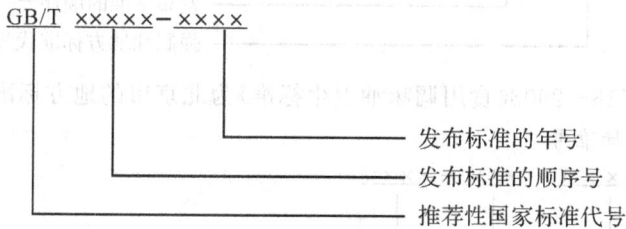

```
GB/T ×××××—××××
               ├──── 发布标准的年号
        ├──────────── 发布标准的顺序号
├──────────────────── 推荐性国家标准代号
```

例如:GB/T 27341—2009《危害分析与关键控制点(HACCP)体系 食品生产企业通用要求》;GB/T 5009.7—2008《食品中还原糖的测定》。

(二)行业标准代号及编号

行业标准的编号是由行业标准代号、标准顺序号及年号组成。行业标准代号由国务院标准化行政主管部门规定。如轻工为 QB,机械为 JB,商业为 SB。

1. 强制性行业标准号

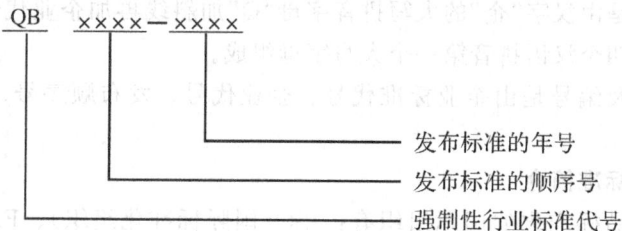

```
QB ××××—××××
             ├──── 发布标准的年号
      ├──────────── 发布标准的顺序号
├──────────────────── 强制性行业标准代号
```

例如:QB 2840—2007《食品添加剂 异抗坏血酸》。

2. 推荐性行业标准号

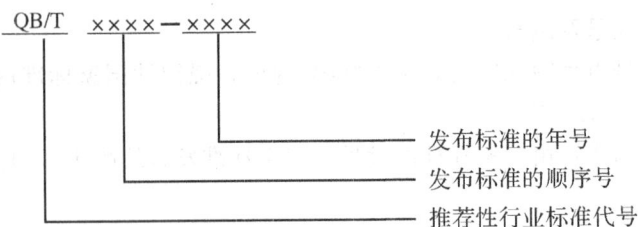

QB/T　××××—××××

　　　　　　　　　发布标准的年号
　　　　　　　　　发布标准的顺序号
　　　　　　　　　推荐性行业标准代号

例如：QB/T 1505—2007《食用香精》。

(三)地方标准代号及编号

地方标准的代号是由汉字"地方标准"大写拼音字母"DB"加上省、自治区、直辖市行政区划代码前两位数字再加斜线组成。

1. 强制性地方标准号

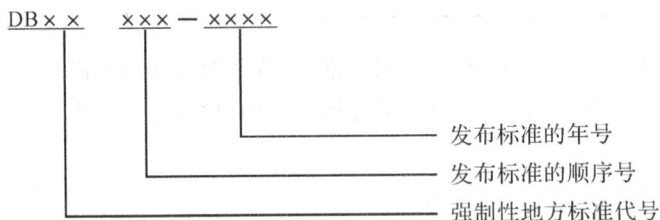

DB××　×××—××××

　　　　　　　　　发布标准的年号
　　　　　　　　　发布标准的顺序号
　　　　　　　　　强制性地方标准代号

例如：DB 11/518—2008《食用调味油卫生标准》为北京市的地方标准。

2. 推荐性地方标准号

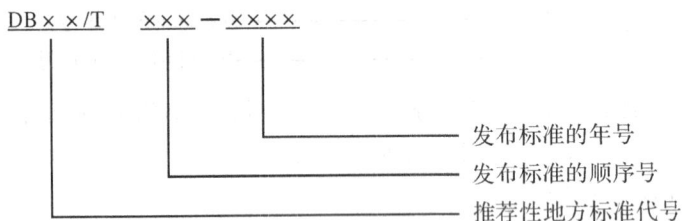

DB××/T　×××—××××

　　　　　　　　　发布标准的年号
　　　　　　　　　发布标准的顺序号
　　　　　　　　　推荐性地方标准代号

例如：DB 52/T 464—2004《山药》为贵州省的地方标准。

(四)企业标准代号及编号

企业标准代号是由汉字"企"的大写拼音字母"Q"加斜线再加企业代号组成。企业代号由企业名称简称的四个汉语拼音第一个大写字母组成。

企业标准代号及编号是由企业标准代号、企业代号、发布顺序号、食品标准代号S、年号组成。

六、食品国际标准简介

食品及相关产品标准化的国际组织有：ISO(国际标准化组织)、FAO(联合国粮食和农业组织)、WHO(联合国世界卫生组织)、CAC(食品法典委员会)、ICC(国际谷类加工食品科学技术协会)、IDF(国际乳制品联合会)、IWO(国际葡萄与葡萄酒局)、AOAC(国际公职分析化学家协会)。其中CAC和ISO的标准被广泛认同和采用。

(一)食品法典标准

CAC制定并向各成员国推荐的食品产品标准、农药残留限量、卫生与技术规范、准则和指南等，通称为食品法典。食品法典共由 13 卷构成，其主要内容有：卷 1A 通用要求法典标准；卷 1B 通用要求（食品卫生）法典标准；卷 2 食品中农药残留法典标准；卷 3 食品中兽药——最大残留限量法典标准；卷 4 特殊饮食用途的食品法典标准；卷 5A 速冻水果和蔬菜的加工处理法典标准；卷 5B 热带新鲜水果和蔬菜法典标准；卷 6 水果汁和相关制品法典标准；卷 7 谷类、豆类、豆荚、相关产品、植物蛋白法典标准；卷 8 食用油、脂肪及相关产品法典标准；卷 9 鱼及水产品法典标准；卷 10 肉及肉制品法典标准；卷 11 糖、可可制品和巧克力及其他产品法典标准；卷 12 乳及乳制品法典标准；卷 13 分析方法与取样法典标准。

食品法典一般准则提倡成员国最大限度地采纳法典标准。法典的每一项标准本身对其成员国政府来讲并不具有自发的法律约束力，只有在成员国政府正式声明采纳之后才具有法律约束力。在食品贸易领域，一个国家只要采用了 CAC 的标准，就被认为是与世界贸易组织 SPS（实施卫生与植物卫生措施）和技术性贸易壁垒协定的要求一致。

（二）ISO 食品标准

ISO 下设许多专门领域的技术委员会（TC），其中 TC 34 为农产品食品技术委员会。TC 34 主要制定农产品食品各领域的产品分析方法标准。为避免重复，凡 ISO 制定的产品分析方法标准都被 CAC 直接采用。

ISO 还发布了适用广泛的系列质量管理标准，其中已在食品行业普遍采用的是 ISO 9000 体系。2005 年 9 月 1 日又颁布了 ISO 22000 标准，该标准通过对食品链中任何组织在生产（经营）过程中可能出现的危害进行分析，确定关键控制点，将危害降低到消费者可以接受的水平。该标准是对各国现行的食品安全管理标准和法规的整合，是一个可以通用的国际标准。

七、食品安全企业标准

（一）食品安全企业标准编制依据

编制食品安全企业标准应依据以下法律法规及标准：

《中华人民共和国食品安全法》《中华人民共和国标准化法》《中华人民共和国标准化法实施条例》GB/T 1.1《标准化工作导则》国家强制性卫生标准、同类产品国家标准或行业标准或地方标准、企业标准化管理办法等。

（二）制定食品安全企业标准的原则

（1）贯彻《食品安全法》、严格执行强制性国家标准、行业标准和地方标准。

（2）保证安全、卫生，充分考虑使用要求，保护消费者利益，保护环境。

（3）有利于企业技术进步，保证和提高产品质量，改善经营管理和增加社会经济效益。

（4）积极采用国标标准和国外先进标准。

（5）有利于合理利用国家资源、能源、推广科学技术成果，有利于产品的通用互换，符合使用要求，技术先进，经济合理。

（6）有利于对外经济技术合作和对外贸易。

（7）本企业内的企业标准之间应协调一致。

（三）审批企业标准时需备材料

（1）企业标准草案（报批稿）。

（2）企业标准草案编制说明。

（3）必要的验证报告。

(四)食品产品企业标准基本内容

1．封面

封面主要内容可分为上、中、下三部分。

封面上部内容包括：标准的类别、标准的标志、标准的编号、备案号。

封面中部的内容包括：标准的中文名称、标准对应的英文名称、与国际标准一致性程度的标志。

封面下部的内容包括：标准的发布及实施日期、标准的发布部门或单位。

2．前言

前言应依次包含下列信息：本标准由××××提出，本标准由××××批准，本标准由××××归口，本标准起草单位，本标准主要起草人，标准首次发布，历次修订或复审确认的年、月。

前言的特定部分也可给出关于标准的一些重要信息，包括标准本身的结构、标准与所采用的标准的差异，标准附录的性质以及与前一版本变化的说明等。

3．范围

范围应明确表明标准的对象和所涉及的各个方面，指明标准的适用界限，必要时可说明不适用界限。

4．规范性引用文件

引用的所有规范性文件一定要在标准中提及，没有提及的文件不应作为规范性引用文件。资料性引用的文件、尚未发布过的文件或不能公开得到的文件，不能列入规范性引用文件中。

5．术语和定义

采用国家或行业标准已规定的术语和定义。如：GB/T 12140《糕点术语》、GB/T 15109《白酒工业术语》、SB/T 10295《调味品名词术语 综合》等。只有用于特定的含义或者可能引起歧义时，才有必要对术语进行定义，不能给食品品名、俗称、品牌名下定义。

6．技术要求

"技术要求"的目的要明确，性能特性要量化，规定的性能特性和描述性特性要可证实，尽量引用现行相关标准。

（1）原料和添加剂要求。应对食品的主要原料、添加剂做出规定。食品原料和添加剂必须符合国家有关法律、法规和强制性标准的要求，确保人体健康和生命安全，不得使用违禁物质。

（2）感官要求。应从食品的色泽、组织状态、滋味与气味、质地等对产品提出要求。

（3）理化要求。应对食品的物理、化学以及污染物指标做出规定。物理指标包括：净含量、固形物含量、比容、密度、粒度、杂质等。化学指标包括：水分、灰分、酸度、总糖、营养素的含量以及食品添加剂和营养强化剂允许使用量等。污染物限量指标包括：农药残留限量、有害金属和有害非金属限量、兽药残留限量等。

（4）微生物要求。应对食品的生物学特性和生物性污染做出规定。如：活性酵母、乳酸菌、菌落总数、大肠菌群、致病菌、霉菌、生物毒素、寄生虫、虫卵等，对能定量表示的要求，应在标准中以最合理的方式规定其限值，或规定上下限，或只规定上限或下限。

（5）质量等级要求。根据质量要求能分级的食品，应做出合理分级。

7.　**生产加工过程要求**

生产加工过程应符合食品企业通用卫生规范。

8.　**检验方法**

（1）一般应直接引用已发布的有关专业的标准试验方法的现行有效版本；需要制定的试验方法如与现行标准试验方法的原理、步骤基本相同，仅是个别操作步骤不同，应在引用现行标准的前提下只规定其不同部分，不宜重复制定；对于没有上级试验方法的，应明确试验原理、操作步骤和试验条件及所用的仪器设备等。

（2）"要求"章节中的每项要求，均应有相应的检验和试验方法。

9.　**检验规则**

（1）抽样的主要内容应包括：根据食品特点，应规定抽样条件、抽样方法、抽取样品的数量，易变质的产品应规定储存样品的容器及保管条件。标准中具体选择哪一种较为适合的抽样方案，应根据食品特点，参考 GB/T 13393—2008《验收抽样检验导则》编制。

（2）检验规则的主要内容应包括：检验分类、检验项目、组批规则、判定原则和复检规则。

10.　**标志、包装、贮存、运输**

（1）标志：标志是产品的"标志"，它包括标签、图形、文字和符号。

产品标志应符合我国《产品质量法》《消费品权益保护法》《食品标志管理规定》等法律法规和强制性标准的规定，一般可直接引用 GB 7718—2011《食品安全国家标准 预包装食品标签通则》、GB 13432—2004《预包装特殊膳食用食品标签通则》、GB 10344—2005《预包装饮料酒标签通则》等。

（2）标签：食品标签应包括产品名称、配料表、营养素名称及含量、生产日期、保质期（安全使用期或失效日期）、生产者名称和地址、质量等级、净含量、执行标准号、许可证号、认证标志、警示说明或标志、食用方法、适用人群、功效成分、热量、有效的商品条码、商标、规格、数量等。应根据不同食品类别，按照《食品安全国家标准 预包装食品标签通则》的要求将上述内容列出来。

（3）包装：国家标准或行业标准中对包装环境、包装物、包装方法有规定的，应当引用现行的国家标准或行业标准，没有标准的，可以制定单独的标准，也可在一项产品标准中规定包装材料、包装形式、包装量以及对包装的试验等。食品包装材料要防止食品发生污染、损害。

（4）贮存和运输：应根据产品的特点对贮存场所、贮存条件、贮存方式、贮存期限做出相应的规定。对运输要规定装卸方式、温度以及运输过程中可能造成影响的其他因素。

11.　**产品标准格式**

符合 GB/T 1.1—2009 要求。

（五）编制说明

1.　工作简况（目的和意义、工作过程等）。

2.　标准编制的原则和确定的标准主要内容（技术指标参数性能要求和试验方法等说明）。

3. 主要试验(验证)分析、综述报告；技术经济和预期效果说明。

4. 采用国际标准及标准水平分析。

5. 与现有法律、法规、国家(行业、地方)标准的关系。

6. 重大分歧意见处理过程和依据。

7. 其他。

实训任务

实训组织：对学生进行分组，每个组参照"必备知识"及利用网络资源，编写糖水樱桃罐头食品安全企业标准(框架)。

任务4　学习食品标准查询途径

●●●●●知识目标

• 掌握食品标准查询的方法

●●●●●技能目标

• 能够通过文献检索列出食品企业所涉及的食品法律法规与标准清单

一、标准文献的特点

标准文献除具有一般文献的属性和作用之外，与科技文献相比，标准文献具有以下显著的特点。

1. 具有法律性

标准文献是经过一个公认的权威机构或授权单位的批准认可而审查通过的标准，具有一定的法律约束力。如企业制定的产品标准就是判定产品质量的依据。

2. 具有时效性

标准不是一成不变的，随着国民经济的发展和科学技术的不断提高，标准要不断地进行补充、修订或废止，同样标准文献也要不断地更新，过时标准将会失去其应有的作用和效力。因此，标准文献具有时效性。

3. 具有检索性

由于标准文献通常包括标准级别、标准名称、标准代号、标准提出单位、审批单位、批准时间、实施时间、具体内容等项目，这就为标准文献提供各种检索的内容，具有检索性。

二、标准文献分类体系

我国标准文献的分类依据是《中国标准文献分类法》。《中国标准文献分类法》是一部标准文献专用的分类法，其分类体系以专业划分为主，由一级类目和二级类目组成，一级类目的类号用除 I 和 O 以外的一位大写的英文字母表示，二级类目的类号是在一级类号后加两位阿拉伯数字组成。一级类目下设 24 个专业大类，见表 3-1。

表 3-1 我国标准一级分类与代号

代号	一级类别	代号	一级类别	代号	一级类别
A	综合	J	机械	S	铁路
B	农业、林业	K	电工	T	车辆
C	医药、卫生、劳动保护	L	电子元件与信息技术	U	船舶
D	矿业	M	通信、广播	V	航空、航天
E	石油	N	仪器、仪表	W	纺织
F	能源、核技术	P	工程建设	X	食品
G	化工	Q	建材	Y	轻工、文化与生活用品
H	冶金	R	公路、水路运输	Z	环境保护

三、标准文献的检索

(一)标准文献的检索工具

1. 国内标准文献主要检索工具

《中华人民共和国国家标准和行业标准目录》《中华人民共和国国家标准目录》《标准化年鉴》《中国国家标准汇编》《中国标准化》《中国食品工业标准汇编》《食品卫生标准汇编》等。查询国内食品标准除使用以上检索工具外，还可以登录国内的专业网站，主要有：国家质量技术监督检验检疫总局（www. aqsiq. gov. cn）；国家标准化管理委员会网（www. sac. gov. cn）；标准网（www. standardcn. com）；食品伙伴网（http：//www. foodmate. net）；中国标准咨询网（www. chinastandard. com. cn）；中国标准网（www. zgbzw. com）；中国质量信息网（www. cqi. gov. cn）；中国食品网（www. cnfoodnet. com）；中国食品监督网（www. cnfdn. com）等，登录以上网站，均可查到有关食品标准。另外，中国标准出版社读者服务部、各省、自治区、直辖市的标准化研究院均设有专门的标准查询检索服务，可以快速检索到需要的标准文献。

2. 国外标准检索工具

目前世界上至少有 50 多个国家制定标准，其中有强制性标准和推荐性标准，每个国家的标准都有其相应的检索工具。

(1)《国际标准化组织标准目录》(ISO catalogue)是 ISO 标准的主要检索工具，年刊，每年 2 月出版，英法文对照，报道截至上年 12 月底为止的全部现行标准。该目录由主题索引、分类目录、标准序号索引、作废标准、国际十进制分类号—ISO 技术委员会序号对照表 5 个部分组成。

(2)世界卫生组织颁布的一些国际标准与食品科学、人类饮食和健康具有密切的关系，其检索工具是《世界卫生组织出版物目录》《世界卫生组织公报》《国际卫生规则》《国际健康法规选编》等。FAO(联合国粮农组织)检索工具是《联合国粮农组织在版书目》《联合国粮农组织会议报告》《食品和农业法规》等。

(3)其他标准出版物有《国际电工委标准出版物目录》《美国国家标准目录》和《美国材料与试验协会标准目录》《法国国家标准目录》《英国标准年鉴》和《英国标准目录》《日本工业标准目录》《日本工业标准年鉴》《德国技术规程目录》等。

查询国外标准除用以上检索工具外，到其相应网站也能检索到所需文献信息。

(二)标准文献检索途径和方法

1. 国内食品标准文献检索途径和方法

国内标准文献的检索往往要借助于两本以上的工具书,其检索途径主要有:

(1)分类途径　首先分析课题,利用《中国标准文献分类法》确定食品一级类目的类号,再根据该分类号检查相关的标准目录,可得到进一步的细节,若想索取标准原件,则可查阅《中国国家标准汇编》。

(2)标准号途径　如果已知标准号,则可以直接查《中国国家标准汇编》的目次表,得到该标准在《中国国家标准汇编》正文中的页码,根据该页码,即可查到该标准的详细内容。

(3)网络途径　通过 Internet 检索中国标准文献的站点很多,可以查出标准文献的名称等,但要获得原始文献全文,一般要付费才能提供标准文本。

2. 国外标准的检索途径和方法

国外标准的检索途径主要有主题途径、分类途径、标准号途径。

主题途径:主题词——查得 TC 类号——查 TC 目录——有关标准号——选择——索取原文。

分类途径:确定 TC 号——查 TC 目录——找到所需类目——选择切题的标准——按有关标准号查阅原文——索取原文。

标准化途径:确定标准号——查标准号目录——得 TC 号——查 TC 目录——得标准名称——核对标准是否为现行有效标准——查作废目录。

实训任务

实训组织:对学生进行分组,每个组参照任务 2 与任务 4 中"必备知识"及利用网络资源,列出涉及乳制品企业的法律法规与标准清单,见表 3-2。

表 3-2　乳制品企业适用的法律法规与标准清单

序　号	法律法规及标准清单	标准文件编号	实 施 日 期

实训成果:实训报告单。

【思考题】

1. 食品标准的作用是什么?

2. 编写食品"企业产品标准"的基本内容有哪些?

【拓展学习网站】

1. 国家食品药品监督管理总局(http://www.sda.gov.cn)

2. 北京市食品药品监督管理局(http://www.bjda.gov.cn)

3. 各省食品药品监督管理局网站

项目 4
学习酸乳企业发酵乳食品生产许可证申办

● ● ● ● **项目概述**

本项目主要介绍了食品生产许可证制度、食品质量安全市场准入法规、酸乳企业食品生产许可证取得条件及企业内部整改方法等。

任务 1 了解食品生产许可

● ● ● ● **知识目标**

· 了解食品生产许可证概念
· 认识我国食品生产市场准入制度的内容。

● ● ● ● **技能目标**

· 认识食品生产许可证、标志
· 了解必须实现生产许可证管理的食品

必备知识

一、认识食品生产许可证

(一)食品生产许可证的概念

食品生产许可证是工业产品许可证制度的一个组成部分,是为保证食品的质量安全,由国家主管食品生产领域质量监督工作的行政部门制定并实施的一项旨在控制食品生产加工企业生产条件的监控制度。凡在中华人民共和国境内从事以销售为最终目的的食品生产加工活动的国有企业、集体企业、私营企业、三资企业，以及个体工商户、具有独立法人资格企业的分支机构和其他从事食品生产加工经营活动的每个独立生产场所，都必须申请《食品生产许可证》。没有取得《食品生产许可证》的企业不得生产食品，任何企业和个人不得销售无证食品。

图4-1　食品企业生产许可证

（二）食品市场准入制度基本内容

1. 食品生产许可证制度

食品生产许可证制度旨在控制食品生产加工企业的生产条件，防止因食品原料、包装问题或生产加工、运输、储存过程中带来的污染对人体健康造成任何不利的影响。

2. 强制检验制度

要求食品企业必须检验其生产的食品，履行法律义务确保出厂销售的食品检验合格，不合格的食品不得出厂销售。

3. 市场准入标志（即 QS 标志）制度

企业在取得《食品生产许可证》后，直接将 QS 标志印刷在食品最小销售单元的包装和外包装上，以便于消费者识别。

二、认识生产许可证标志

（一）标志的样式

食品市场准入标志由"企业食品生产许可"的拼音（Qiyeshipin Shengchanxuke）缩写"QS"和"生产许可"中文字样组成。标志主色调为蓝色，字母"Q"与"生产许可"四个中文字样为蓝色，字母"S"为白色。其具体图形、式样如图4-2所示。

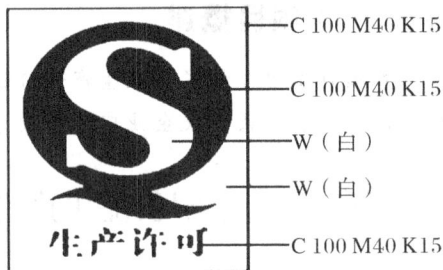

C 100 M40 K15
C 100 M40 K15
W（白）
W（白）
C 100 M40 K15

图4-2　食品市场准入标志图形

（二）QS 编号

取得食品生产许可证的企业，应当在食品的最小销售包装上，标注食品生产许可证编号。食品生产许可证编号为英文字母 QS 加12 位阿拉伯数字。编号前 4 位为受理机关编号，中间 4 位为产品类别编号，后 4 位为获证企业序号（如图4-3所示）。

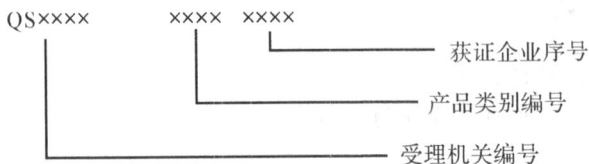

QS××××　　××××　××××

获证企业序号
产品类别编号
受理机关编号

图4-3　QS 编号样式

拥有分公司、生产厂点的集团公司和经济联合体，如果集团公司、分公司、生产厂点都取得了《食品生产许可证》，在其产品的包装上标注集团公司的食品生产许可证编号还是标注分公司、生产厂点的食品生产许可证编号由集团公司自行决定；统一标注集团公司食品生产许可证编号的，集团公司应当向其所在地和分公司、生产厂点所在地省级质量技术监督部门备案。

三、了解必须实现生产许可证管理的食品

目前食品实行食品生产许可的目录见表 4-1。

表 4-1　食品生产许可证许可目录

序号	食品类别名称	产品类别编号	已有细则的食品	细则最新发布日期
1	粮食加工品	0101	小麦粉	2002 年
		0102	大米	2002 年
		0103	挂面	2006 年
		0104	其他粮食加工品	2006 年
2	食用油、油脂及其制品	0201	食用植物油	2006 年
		0202	食用油脂制品	2006 年
		0203	食用动物油脂	2006 年
3	调味品	0301	酱油	2002 年
		0302	食醋	2002 年
		0304	味精	2003 年
		0305	鸡精调味料	2006 年
		0306	酱类	2006 年
		0307	调味料产品	2006 年
4	肉制品	0401	肉制品	2006 年
5	乳制品	0501	乳制品	2006 年
		0502	婴幼儿配方乳粉	2006 年
6	饮料	0601	饮料	2006 年
7	方便食品	0701	方便食品(含方便面)	2006 年
8	饼干	0801	饼干	2003 年
9	罐头	0901	罐头	2006 年
10	冷冻饮品	1001	冷冻饮品	2003 年
11	速冻食品	1101	速冻食品(含速冻面米食品)	2006 年
12	薯类和膨化食品	1201	膨化食品	2003 年
		1202	薯类食品	2006 年
13	糖果制品(含巧克力及制品)	1301	糖果制品	2006 年
		1302	果冻	2006 年
14	茶叶及相关制品	1401	茶叶	2004 年
		1402	含茶制品和代用茶	2006 年
15	酒类	1501	白酒	2006 年
		1502	葡萄酒及果酒	2004 年
		1503	啤酒	2004 年
		1504	黄酒	2004 年
		1505	其他酒	2006 年
16	蔬菜制品	1601	蔬菜制品(含酱腌菜)	2006 年
17	水果制品	1701	蜜饯	2004 年
		1702	水果制品	2006 年
18	炒货食品及坚果制品	1801	炒货食品及坚果制品	2006 年
19	蛋制品	1901	蛋制品	2006 年

续表

序号	食品类别名称	产品类别编号	已有细则的食品	细则最新发布日期
20	可可及焙烤咖啡产品	2001	可可制品	2004 年
		2101	焙烤咖啡	2004 年
21	食糖	0303	糖	2006 年
22	水产制品	2201	水产加工品	2004 年
		2202	其他水产加工品	2006 年
23	淀粉及淀粉制品	2301	淀粉及淀粉制品	2004 年
		2302	淀粉糖	2006 年
24	糕点	2401	糕点	2006 年
25	豆制品	2501	豆制品	2006 年
26	蜂产品	2601	蜂产品	2006 年
27	特殊膳食食品	2701	婴幼儿及其他配方谷粉产品	2006 年
28	其他食品			2006 年

注：来源于北京市质量技术监督局网站。

实训任务

实训组织：对学生进行分组，每个组参照相关知识，选择一个附近超市调研一类产品包装上 QS 编号。学生自行设计调研表格。每组将调研结果与讲授知识进行比较。调研结束后，每组在班级进行汇报，汇报点为调研结论和调研实训提升了自己哪些能力。

实训成果：调研报告。

实训评价：酸乳企业或主讲教师进行评价。

学生姓名	编写材料的完整性(20 分)	内容的正确性(30 分)	编写的规范性(30 分)	其他(20 分)

任务 2　学习食品生产许可证审查要求(《审查通则》及《审查细则》)

●●●● 知识目标

- 了解《食品质量安全市场准入审查通则》和《乳制品生产许可审查细则》。

●●●● 技能目标

- 指导学生能够就《食品质量安全市场准入审查通则》和《乳制品生产许可证审查细则》相关知识对酸乳生产企业进行培训。
- 审查员使用《食品质量安全市场准入审查通则》和《乳制品生产许可证审查细则》，完成对酸乳生产企业的质量安全市场准入审查。

必备知识

一、学习《食品质量安全市场准入审查通则》

2010 年国家质量监督检验检疫总局发布了《食品质量安全市场准入审查通则（2010版）》，该审查通则是食品生产许可证现场审查的依据。其具体内容见表 4-2。

表 4-2　《食品质量安全市场准入审查通则（2010 版）》学习索引

序号	学 习 索 引	
一	总则	
二	适用范围	
三	使用要求	
四	审查工作程序及要点	申请受理
		组成审查组
		制订审查计划
		审核申请资料
		实施现场核查
		形成初步审查意见和判定结果
		与申请人交流沟通
		审查组应当填写对设立食品生产企业的申请人规定条件审查记录表
		判定原则及决定
		形成审查结论
		报告和通知
		意见反馈
五	生产许可检验工作程序及要点	通知检验事项
		样品抽取
		选择检验机构
		样品送达
		样品接收
		实施检验
		检验结果送达
		许可检验复检
		食品生产许可证附页
六	已设立食品企业、食品生产许可证延续换证，审查工作和许可检验工作可同时进行	
七	本通则由国家质量监督检验检疫总局负责解释	
八	本通则自公布之日起施行，《食品质量安全市场准入审查通则（2004 版）》同时废止	

二、学习《乳制品生产许可证审查细则（2010 版）》

《乳制品生产许可证审查细则》适用于具备规定的条件为基础，申请使用牛乳（羊乳）及（或）其加工制品为主要原料，加入或不加入适量的维生素、矿物质和其他辅料加工而成的乳制品的生产条件的审查及其首批批量合格产品的检验。该审查细则的内容见表 4-3。

表 4-3   《乳制品生产许可证审查细则(2010 版)》学习索引

序号	学 习 索 引
一	发证产品范围及申证单元
二	基本生产流程及关键控制环节
三	必备的生产资源
四	产品相关标准
五	原辅材料的有关要求
六	必备的出厂检验设备
七	检验项目
八	抽样方法

实训任务

实训主题:指导酸乳企业相关人员完成《食品质量安全市场准入审查通则(2010 版)》的 7 个附件填写。

实训组织:对学生进行分组,每个组参照相关知识及利用网络资源,完成《食品质量安全市场准入审查通则(2010 版)》的 7 个附件的填写工作,在酸乳企业或班级进行汇报培训。

实训成果:《审查通则》的 7 个附件。

实训评价:酸乳企业或主讲教师进行评价。

学生姓名	编写材料的完整性(20 分)	内容的正确性(30 分)	编写的规范性(30 分)	其他(20 分)

任务 3   学习酸乳生产企业生产许可硬件要求及整改方法

●●●● 知识目标

- 知道酸乳生产企业内部整改的依据
- 熟知酸乳生产企业内部整改的内容
- 指导酸乳生产企业对生产必备条件进行自查

●●●● 技能目标

- 酸乳企业生产的基本条件和各项要求

必备知识

酸乳生产企业的内部整改要依照《食品生产加工企业质量安全监督管理实施细则(试

行)》(国家质检总局 79 号令)第二章"食品生产加工企业必备条件"中的第(十一)项的要求进行企业自查,主要从两个方面开展:一是硬件改造和软件细化。二是企业的内部整改要求领导重视,资金支持,全员参与才能达到要求。整改结束后方可以进行申请。

酸乳生产企业的内部整改首先需要建立一个兼职的领导小组,这个领导小组组长应由企业最高管理层中负责质量或生产的主管担任,成员应当包括:品质主管、技术主管、生产主管、采购主管、仓库主管。因为在进行专项整改时,这些部门的工作量都比较大,所以是需要重点关注的部门。

一、酸乳生产企业设立的基本条件

依据 79 号令中第二章中第九条"食品生产加工企业应当符合法律、行政法规及国家有关政策规定的企业设立条件"。

企业整改措施:必须具有有效的资质证明。

必备材料:《食品卫生许可证》《营业执照》、废水、废气排放达标的检验报告等。

二、酸乳企业的环境和卫生要求

依据 79 号令中第二章中第十条"食品生产加工企业必须具备保证产品质量安全的环境条件"。

企业整改措施:依照本企业相关的卫生规范逐项进行整改。

必备材料:《乳品工厂企业良好作业规范专则》《厂区平面布置图》《车间平面布置图》《企业卫生管理制度》和《企业卫生检查记录》。

三、酸乳企业的生产设备及相关设施要求

依据 79 号令中第二章中第十一条"食品生产加工企业必须具备保证产品质量安全的生产设备、工艺装备和相关辅助设备。具有与保证产品质量相适应的原料处理、加工、贮存等厂房或者场所。以辐射加工技术等特殊工艺设备生产食品的,还应当符合计量等有关法规、规章规定的条件"。

企业整改措施:企业可以按照《乳制品生产许可证审查细则》规定的必备生产设备进行配备,并对设备进行定期的维护保养,以保证生产质量好、对消费者是安全的合格的产品。设施方面原辅料库、产品库、卫生设施等要与企业的生产规模和能力相适应。

必备材料:《乳制品生产许可证审查细则》《设备管理制度》《设备一览表》《设备保养记录》《乳品工厂良好操作规范》等。

(一)做好硬件配置

1. 厂房配置与空间

(1)厂房应依作业流程需要及卫生要求,有序而整齐的配置,避免交叉污染。

(2)厂房应具有足够空间,以利设备安置、卫生设施、物料贮存及人员作息等,以确保食品的安全与卫生。食品器具等应有清洁卫生的贮放场所。

(3)制造作业场所内设备与设备间或设备与墙壁之间,应有适当的通道或工作空间,其宽度应足以容许工作人员完成工作(包括清洗和消毒),且不致因衣服或身体的接触而污染食品、食品接触面或内包装材料。

(4)检验室应有足够空间,以安置试验台、仪器设备等,并进行物理、化学、及(或)微生物等试验工作。微生物检验场所应与其他场所有效隔离。

2. 厂房区隔

(1)凡使用性质不同的场所(如原料仓库、材料仓库、原料处理厂等),应个别设置或加以有效区隔。

(2)乳品工厂的厂房原则上包括办公室、收乳室、加工或调配室、品管室、包装室、原料仓库、材料仓库、成品仓库或冷(冻)藏库、机电室、锅炉室、修护室、更衣及洗手消毒室、餐厅及厕所等。

(3)按清洁度区分(如清洁、准清洁及一般作业区)不同的场所,应加以有效隔离(如表4-4),各区之间应加以隔离,其清洁度的需求应有适当的标准,以防污染。

表4-4　乳品工厂各作业场所的清洁度区分

厂房设施(原则上依此顺序排列)	清洁度区分	
收乳室	一般作业区	
生乳贮存场		
原料仓库		
材料仓库		
内包装容器洗涤场(注1)		
空瓶(罐)整列场		
杀菌处理场(采密闭设备及管路输送者)		
调配室	清洁作业区	管制作业区
杀菌处理场(采开放式设备者)		
发酵室		
最终半成品贮存室		
内包装材料之准备室		
缓冲室		
内包装室	准清洁作业区	
微生物接种培养室		
外包装室	一般作业区	
成品仓库		
品管(检验)室	非食品处理区	
办公室(注2)		
更衣及洗手消毒室		
厕所		
其他		

注:1. 内包装容器洗涤场的出口处应设置于管制作业区内

　　2. 办公室不得设置于管制作业区内(但生产管理与品管场所不在此限,应须有适当的管制措施)

3. 厂房结构

厂房的各项建筑物应坚固耐用、易于维修、维持干净,并应为能防止食品、食品接触面及内包装材料遭受污染(如有害动物之侵入、栖息、繁殖等)的结构。

4. 安全设施

(1)厂房内配电必须能防水。

(2)电源必须有接地线与漏电断电系统。

(3)高湿度作业场所的插座及电源开关宜采用具防水功能者。

(4)不同电压的插座必须明显标示。

(5)厂房应依消防法令规定安装火警警报系统。

(6)在适当且明显的地点应设有急救器材和设备，并必须加以严格管制，以防污染食品。

5. 地面与排水

(1)地面应使用非吸收性、不透水、易清洗消毒、不藏污纳垢的材料铺设，且平坦不滑、不得有侵蚀、裂缝及积水。

(2)如收乳室、调配加工场、包装室等场所，于作业中有排水或废水流至地面或以冲洗方式清洗的地区，其地面应作刷(磨)平或铺盖耐磨树脂等处理，并应有适当的排水斜度(应在 1/100 以上)及排水系统。

(3)废水应排至适当的废水处理系统或经由其他适当方式予以处理。

(4)作业场所的排水系统应有适当的过滤或废弃物排除的装置。

(5)排水沟应保持顺畅，且沟内不得设置其他管路。排水沟的侧面和底面接合处应有适当的弧度(曲率半径应在 3 cm 以上)。

(6)排水出口应有防止有害动物侵入的装置。

(7)屋内排水沟的流向不得由低清洁区流向高清洁区，且应有防止逆流的设计。

6. 屋顶及天花板

(1)制造、包装、贮存等场所的室内屋顶应易于清扫，以防止灰尘蓄积，避免结露、长霉或成片剥落等情形发生。管制作业区及其他食品暴露场所(收乳室除外)屋顶若为易藏污纳垢的结构，应加设平滑易清扫的天花板。若为钢筋混凝土构筑，其室内屋顶应平坦无缝隙，而梁与梁及梁与屋顶接合处宜有适当弧度。

(2)平顶式屋顶或天花板应使用白色或浅色防水材料构筑，若喷涂油漆应使用可防霉、不易剥落且易清洗的材料。

(3)蒸汽、水、电等配管不得设于食品暴露的直接上空，否则应有能防止尘埃及凝结水等掉落的装置或措施。空调风管等宜设于天花板的上方。

(4)楼梯或横越生产线的跨道的设计构筑，应避免引起附近食品及食品接触面遭受污染，并应有安全设施。

7. 墙壁与门窗

(1)管制作业区的壁面应采用非吸收性、平滑、易清洗、不透水的浅色材料构筑(但密闭式发酵桶等，实际上可在室外工作的场所不在此限)。且其墙脚及柱脚(必要时墙壁与墙壁间、墙壁与天花板间)应具有适当之弧度(曲率半径应在 3 cm 以上)以利清洗及避免藏污纳垢，干燥作业场所除外。

(2)作业中需要打开的窗户应装设易拆卸清洗且具有防护食品污染功能的不生锈纱网，但清洁作业区内在作业中不得打开窗户。管制作业区的室内窗台，台面深度如有 2 cm 以上者，其台面与水平面之夹角应达 45°以上，未满 2 cm 者应以不透水材料填补内面死角。

(3)管制作业区对外出入门户应装设能自动关闭之纱门(或空气帘)，及(或)清洗消毒鞋底的设备(需保持干燥的作业场所得设置换鞋设施)。门扉应以平滑、易清洗、不透水的坚固材料制作，并经常保持关闭。

8. 照明设施

(1)厂内各处应装设适当的采光及(或)照明设施,照明设备以不安装在食品加工线有食品暴露的直接上空为原则,否则应有防止照明设备破裂或掉落而污染食品的措施。

(2)一般作业区域的作业面应保持110 m烛光以上,管制作业区的作业面应保持220 m烛光以上,检查作业台面则应保持540 m烛光以上的光度,而所使用的光源应不至于改变食品的颜色。

9. 通风设施

(1)制造、包装及贮存等场所应保持通风良好,必要时应装设有效的换气设施,以防止室内温度过高、蒸汽凝结或异味等发生,并保持室内空气新鲜。易腐败即食性成品或低温运销成品的清洁作业区应装设空气调节设备。

(2)在有臭味及气体(包括蒸汽及有毒气体)或粉尘产生而有可能污染食品的地方,应有适当的排除、收集或控制装置。

(3)管制作业区的排气口应装设防止有害动物侵入的装置,而进气口应有空气过滤设备。两者并应易于拆卸清洗或换新。

(4)厂房内的空气调节、进排气或使用风扇时,其空气流向不得由低清洁区流向高清洁区,以防止食品、食品接触面及内包装材料可能遭受污染。

10. 供水设施

(1)应能提供工厂各部所需的充足水量、适当压力及水质的水。必要时,应有储水设备及提供适当温度的热水。

(2)储水槽(塔、池)应以无毒,不致污染水质的材料构筑,并应有防污染之措施。

(3)乳品制造用水应符合饮用水水质标准,不可使用自来水的作业单元,应设置净水或消毒设备。

(4)不与食品接触的非饮用水(如冷却水、污水或废水等)的管路系统与食品制造用水的管路系统,应以颜色明显区分,并以完全分离的管路输送,不得有逆流或相互交接现象。

(5)地下水源应与污染源(化粪池、废弃物堆置场等)保持15 cm以上距离,以防污染。

(二)控制好工人的个人卫生

1. 更衣室的设施要求

(1)应设于管制作业区附近适当而方便的地点,并独立隔间,男女更衣室应分开。室内应有适当的照明,且通风应良好。乳品工厂的更衣室应与洗手消毒室相近。

(2)应有足够大小的空间,以便员工更衣之用,并应备有可照全身的更衣镜、洁尘设备及数量足够的个人用衣物柜及鞋柜等,如图4-4和图4-5所示。

2. 洗手室的设施要求

洗手室的设施要求如图4-6所示。

图4-4   更衣室的鞋柜

图 4-5　更衣室

图 4-6　洗手消毒室

(1)应在适当且方便的地点(如在管制作业区入口处、厕所及加工调理场等),设置足够数目的洗手及干手设备。必要时应提供适当温度的温水或热水及冷水并装设可调节冷热水的水龙头。

(2)在洗手设备附近应备有液体清洁剂和配置消毒液浓度为 100 ppm 的次氯酸钠溶液。必要时(如手部不经消毒有污染食品之虞者)应设置手部消毒设备。

(3)洗手台应以不锈钢或磁材等不透水材料构筑,其设计和构造应不易藏污纳垢且易于清洗消毒。

(4)干手设备应采用烘手器或擦手纸巾。如使用纸巾者,使用后的纸巾应丢入易保持清洁的垃圾桶内(最好使用脚踏开盖式垃圾桶)。若采用烘手器,应定期清洗、消毒内部,避免污染。

(5)水龙头应采用脚踏式、肘动式或电眼式等开关方式,以防止已清洗或消毒的手部再度遭受污染。

(6)洗手设施的排水,应具有防止逆流、有害动物侵入及臭味产生的装置。

(7)应有简明易懂的洗手方法标示,且应张贴或悬挂在洗手设施邻近明显的位置。

(8)设计一个泡鞋池或同等功能的鞋底洁净设备,若需保持干燥的作业场所得设置换鞋设施。设置泡鞋池时若使用氯化合物消毒剂,其有效游离余氯浓度应经常保持在 200 ppm 以上。

(三)食品设备要求

1. 设计

(1)所有食品加工用机器设备的设计和构造应能防止危害食品卫生,易于清洗消毒(尽可能易于拆卸),并容易检查。应有使用时可避免润滑油、金属碎屑、污水或其他可能引起污染的物质混入食品的构造。

(2)食品接触面应平滑、无凹陷或裂缝,以减少食品碎屑、污垢及有机物之聚积,使微生物的生长减至最低程度。

(3)设计应简单,且为易排水、易于保持干燥之构造。

(4)贮存、运送及制造系统(包括重力、气动、密闭及自动系统)的设计与制造,应使其能维持适当的卫生状况。

(5)在食品制造或处理区,不与食品接触的设备与用具,其构造亦应能易于保持清洁状态。

(6)管路及管件必须符合 IDF(国际酪农联盟)或 3A 之规定，采用 Sanitary SS 级或以上材料，其焊接采用气体钨极电弧焊法，被覆气体一律为氩气(Ar)，杀菌横向配管，管路应保持百分之一倾斜度及无定位清洗(CIP)死角。

(7)设备应采用 Sanitary SS 级或以上材料，其内外部及附属部均须磨光至 300 mesh～400 mesh，并做酸洗防锈处理，外部须磨光至 200 mesh～300 mesh 并做酸洗防锈处理，不锈钢焊接采用 TIG 或 MIG，其程序按 ASMEIX 的规定。底部的支撑可使用碳钢，但必须以 SUS304 级或以上不锈钢包覆。

2. 材质

(1)所有用于制造作业场所及可能接触食品的食品设备与器具，应由不会产生毒素、无臭味或异味、非吸收性、耐腐蚀且可承受重复清洗和消毒的材料制造，同时应避免使用会发生接触腐蚀的不当材料。

(2)食品接触面原则上不可使用木质材料和棉麻制品，除非其可证明不会成为污染源者方可使用。

四、酸乳生产企业的原材料、添加剂质量要求

依据 79 号令中第二章中第十二条"食品生产加工企业生产食品所用的原材料、添加剂等应当符合国家有关规定。不得使用非食用性原辅材料加工食品"。

企业整改措施：首先企业要有自己的原材料和添加剂的采购要求(应该识别有关法律法规的要求)，其次要做好合格供方的管理。

准备材料：GB 2760《食品安全国家标准　食品添加剂使用标准》、相应原辅材料卫生标准，《原材料检验作业指导书》《采购管理制度》《供方能力审查表》《合格供方一览表》《采购计划》《采购合同》《进料检验报告》《企业用水的检验报告》等。

五、酸乳生产企业的生产工艺管理要求

依据 79 号令中第二章中第十三条"食品加工工艺流程应当科学、合理，生产加工过程应当严格、规范，防止生物性、化学性、物理性污染以及防止生食品与熟品、原料与半成品、成品、陈旧食品与新鲜食品等的交叉污染"。

企业整改措施：生产工艺流程布置时严格按照从生到熟，从原料到成品的顺序将各工序划分开、成品包装和杀菌操作要有严格的卫生保障措施、针对关键控制工序要编写相应的作业指导书。预防生产过程中生物性污染的方法有：生产现场工作环境尤其是空气和水的控制，生产工人的卫生意识和卫生操作等。预防生产过程中化学性污染的方法有：原副材料包括添加剂的控制和有毒、有害化学品的管理。

准备材料：《车间卫生管理制度》《关键工序的作业指导书》《个人卫生检查记录》《有毒、有害化学物品一览表》和《生产工艺流程图》等。

六、酸乳生产企业的产品的质量要求

依据 79 号令中第二章中第十四条"食品生产加工企业必须按照有效的产品标准组织生产。食品质量安全必须符合法律法规和相应的强制性标准要求，无强制性标准规定的，应当符合企业明示采用的标准要求"。

企业整改措施：食品企业的产品生产必须执行相关国家标准、行业标准、地方标准，或备案有效的企业标准。

准备材料：国家标准、行业标准、地方标准、备案有效的企业标准、产品检验报告、

《定量包装商品计量监督规定》等。

七、酸乳生产企业的人员素质要求

依据 79 号令中第二章中第十五条"食品生产加工企业负责人和主要管理人员应当了解与食品质量安全相关的法律法规知识；食品企业必须具有与食品生产相适应的专业技术人员、熟练技术工人和质量工作人员。从事食品生产加工的人员必须身体健康、无传染性疾病和影响食品质量安全的其他疾病"。

企业整改措施：一是企业技术人员应该了解公司产品质量安全方面的法律法规，应该具备一定的知识、检验和技能并能够胜任工作；二是直接从事食品生产加工的人员（包括质量管理人员）必须身体健康，未患有碍食品安全的疾病。

准备材料：《员工能力一览表》《岗位人员名册》《人员培训管理制度》《年度培训计划》《培训考核记录》《健康证》等。

八、酸乳生产企业的质量检验要求

依据 79 号令中第二章中第十六条"食品生产加工企业应当具有与所生产产品相适应的质量检验和计量检测手段。公司应当具备产品出厂检验能力。检验、检测仪器必须经计量检定合格后方可使用。不具备出厂检验能力的公司，必须委托国家质检总局统一公布的、具有法定资格的检验机构进行产品出厂检验"。

企业整改措施：一是必须具备《食品生产许可证审查细则》具体规定所列出的每一件检验设备；二是检验设备必须经计量检定合格。

准备材料：《检验设备和计量器具一览表》、检验设备和计量器具的检定证书、检验设备和计量器具上应贴"合格证"等。

九、酸乳生产企业的质量管理体系要求

依据 79 号令中第二章中第十七条"食品生产加工企业应当在生产的全过程建立标准体系。实行标准化管理，建立健全企业质量管理体系，实施从原材料采购、产品出厂检验到售后服务全过程的质量管理，建立岗位质量责任制。加强质量考核，严格实施质量否决权。鼓励企业根据国际通行的质量管理标准和技术规范获取质量体系认证或者 HACCP 认证，提高企业质量管理水平"。

企业整改措施：一是建立岗位质量职责，指定质量负责人，建立质量考核机制，对企业产品生成各个环节建立质量管理体系；二是企业有条件可以按照 ISO 9001 建立质量管理体系和按照 ISO 22000 建立食品安全管理体系。

准备材料：组织结构图、岗位质量责任、《质量目标规定》《质量目标考核办法》或 ISO 9001 质量管理体系认证证书、ISO 22000 食品安全管理体系认证证书等。

十、酸乳生产企业的产品包装要求

依据 79 号令中第二章中第十八条"用于食品包装的材料必须清洁。对食品无污染。食品的包装和标签必须符合相应的规定和要求。裸装食品在其出厂的大包装上能够标注使用标签的，应当予以标注"。

企业整改措施：一是保证包材不会对食品造成污染，建立岗位质量职责，指定质量负责人，建立质量考核机制，对企业产品生成各个环节建立质量管理体系；二是食品销售包装上必须有食品标签，并且必须符合 GB7718—2011《预包装食品标签通则》。

准备材料：GB7718—2011《食品安全国家标准　预包装食品标签通则》，内、外包装

材料的检测报告和包材供方的资质证明材料等。

十一、酸乳生产企业的产品贮运要求

依据 79 号令中第二章中第十九条"贮存、运输和装卸食品的容器、包装、工具、设备必须安全，保持清洁，对食品无污染"。

企业整改措施：一是做好产品贮存的保管制度；二是做好产品的运输管理；三是做好贮存、运输等设备、工具的清洗消毒工作。

准备材料：成品库管理规定，冷库的卫生管理办法，产品运输要求、运输车清洗消毒规定等。

酸乳生产企业必须按照上述 11 个方面结合企业实际进行认真细致的整改，以达到审查的要求。

实训任务

实训主题：指导酸乳生产企业相关人员完成酸乳生产企业必备条件现场审查报告的编写。

实训提升技能点：酸乳生产加工企业的内部整改。

专业技能点：①食品生产加企业现场审查必备条件；②酸乳产品如何抽样。

职业素养技能点：①自学能力；②分析问题、解决问题的能力。

实训组织：对学生进行分组，每个组参照"必备知识"及利用网络资源，完成酸乳生产企业必备条件现场审查报告的编写。

1. 依据《食品质量安全市场准入审查通则》和《企业生产乳制品许可条件审查细则》及《食品生产加工企业必备条件现场审查表》进行审查的相关记录，做出明确的现场审查结论。

2. 根据现场审查结论，指导填写《食品生产加工企业必备条件现场审查报告》。

3. 对企业现场审查存在的某个不合格项，指导填写《食品生产加工企业不合格项改进表》。

4. 对现场审查合格的企业，指导填写《产品抽样单》。

实训成果：完成《食品生产加工企业必备条件现场审查报告》《食品生产加工企业不合格项改进表》和《产品抽样单》的编写。

实训评价：酸乳企业或主讲教师进行评价。

学生姓名	编写材料的完整性(20分)	内容的正确性(30分)	编写的规范性(30分)	其他(20分)

任务4　学习食品生产许可体系文件编写方法

●●●● **知识目标**

• 能够指导酸乳企业编制体系文件

●●●●● 技能目标

- 能够申请生产许可所需要的文件
- 能够为企业编制质量手册

必备知识

一、酸乳企业生产许可证申请需要的体系文件

(一)生产许可证体系文件的作用

1. QS 文件确定了职责的分配和活动的程序。

2. QS 文件是企业内部的"法规"。

3. QS 文件是企业开展内部培训的依据。

4. QS 文件是 QS 审查的依据。

5. QS 文件使质量改进有章可循。

(二)生产许可证体系文件的层次

第一层：质量手册。

第二层：程序文件。

第三层：三级文件。

三级文件通常又可分为：管理性第三层文件(如车间管理办法、仓库管理办法、文件和资料编写导则、产品标志细则等)和技术性第三层文件(如产品标准、原材料标准、技术图纸、工序作业指导书、工艺卡、设备操作规程、抽样标准、检验规程等)(注：表格一般归为第三层文件)。生产许可证体系文件及其作用见表 4-5。

表 4-5　生产许可证体系文件及其作用

编号	文件目录	作　用
1	质量手册	规定企业质量管理体系的要求
2	程序文件	规定主要质量安全活动必须经历的步骤
3	部门管理制度	规定各部门的管理要求
4	技术操作规程	规定各技术的操作方法
5	作业指导书	规定关键控制环节的作业要求
6	记录表格	记录体系运行的证据

(三)QS 认证体系文件目录

QS 认证需要的体系文件有很多，具体见表 4-6。

表 4-6　QS 认证体系文件目录

编号	文件目录	文件子目录
1	质量方针、质量目标	
2	质量负责人任命书	
3	机构设置	
4	岗位职责	

续表

编号	文件目录	文件子目录
5	资源的提供与管理	(1)质量有关人员能力要求规定 (2)人员培训管理制度 (3)设备、设施管理规定 (4)检测设备、计量器具管理制度 (5)设备操作维护规程 (6)检测仪器操作规程
6	产品设计	(1)工艺流程图 (2)工艺规程
7	原材料提供	(1)采购管理制度 (2)采购质量验证规程 (3)原辅料、成品仓库管理制度
8	生产过程的质量控制	(1)生产过程的质量控制制度 (2)关键工序管理制度
9	产品质量检验	(1)检验管理制度 (2)产品质量检验规程
10	不合格的管理	(1)不合格管理办法 (2)不合格品管理制度
11	技术文件管理制度	
12	卫生管理制度	
13	质量记录	
14	产品召回记录	

二、编制《QS 质量手册》

《QS 质量手册》是按照食品质量安全市场准入审查通则的要求，在总体上是企业产品质量方针的质量体系的通用文件。它是企业为实现其质量方针和质量目标的需要，建立和实施质量体系所编制的质量手册，其内容包括：前言、术语、质量手册的管理、质量方针、组织机构图、质量管理体系结构图、组织领导、质量目标、管理职责、厂区要求、车间要求、库房要求、生产设备人员要求、技术标准、工艺文件、文件管理、采购制度、采购文件、采购验证、过程管理、产品防护、检验设备、检验管理、过程检验及出厂检验等。

(一)质量手册的结构(手册范例)

——封面

——前言(企业简介，手册介绍)

——目录

1.——颁布令

2.——质量方针和目标

3.——组织机构

3.1——行政组织机构图

3.2——质量保证组织机构图

3.3——质量职能分配表

4.——质量体系要求

4.1——管理职责

——目的

——范围

——职责

——管理要求

——引用程序文件

4.2——质量体系

5.——质量手册管理细则

6.——附录

(二)质量手册内容概述

1.封面：质量手册封面。

2.企业简介：简要描述企业名称、企业规模、企业历史沿革；隶属关系；所有制性质；主要产品情况(产品名称、系列型号)；采用的标准、主要销售地区；企业地址、通信方式等内容。

3.手册介绍：介绍本质量手册所依据的标准及所引用的标准；手册的适用范围；必要时可说明有关术语、符号、缩略语。

4.颁布令：以简练的文字说明本公司质量手册已按选定的标准编制完毕，并予以批准发布和实施。颁布令必须以公司最高管理者的身份叙述，并予亲笔手签姓名、日期。

5.质量方针和目标：(略)。

6.组织机构：行政组织机构图、质量保证组织机构图指以图示方式描绘出本组织内人员之间的相互关系。质量职能分配表指以表格方式明确体现各质量体系要素的主要负责部门、若干相关部门。

7.质量体系要求：根据质量体系标准的要求，结合本公司的实际情况，简要阐述对每个质量体系要素实施控制的内容、要求和措施。力求语言简明扼要、精炼准确，必要时可引用相应的程序文件。

8.质量手册管理细则：简要阐明质量手册的编制、审核、批准情况；质量手册修改、换版规则；质量手册管理、控制规则等。

9.附录：质量手册涉及之附录均放于此(如必要时，可附体系文件目录、质量手册修改控制页等)，其编号方式为附录 A、附录 B，以此顺延。

(三)程序文件的编制

1.程序文件描述的内容

程序文件描述的内容往往包括"5W1H"：开展活动的目的(Why)、范围，做什么(What)，何时(When)，何地(Where)，谁(Who)来做；应采用什么材料、设备和文件，如何对活动进行控制和记录(How)等。

2.程序文件结构(程序文件范例)

封面

正文部分：

(1)目的

(2)范围

(3)职责

(4)程序内容

(5)质量记录

(6)支持性文件

(7)附录

3. 程序文件内容概述

封面：程序文件封面格式企业可根据自己的情况设计。

正文：程序文件正文参考格式参考相应文件。

目的：说明为什么开展该项活动。

范围：说明活动涉及的(产品、项目、过程、活动……)范围。

职责：说明活动的管理和执行、验证人员的职责。

程序内容：详细阐述活动开展的内容及要求。

质量记录：列出活动用到或产生的记录。

支持性文件：列出支持本程序的第三层文件。

附录：本程序文件涉及之附录均放于此，其编号方式为附录 A、附录 B，以此顺延。

(四)第三层文件的编制要求

第三层文件为企业具体的规章制度等。

实训任务

实训主题：完成酸乳生产企业 QS 质量管理手册的编写。

专业技能点：①QS 质量管理手册的结构；②质量管理手册的内容；

职业素养技能点：①自学能力；②分析问题、解决问题的能力；

实训组织：对学生进行分组，每个组参照"必备知识"及利用网络资源，完成酸乳生产企业 QS 质量管理手册的编写。

1. 从互联网上搜索到某酸乳生产企业 QS 质量管理手册示例，熟悉 QS 质量管理手册的基本结构和内容。

2. 参考《QS 质量手册》示例，列出酸乳生产企业质量管理手册的标题，明确其应用的领域。

3. 分组对选择的质量体系要素进行描述。

4. 交流列出质量手册的标题和质量体系要素的描述情况，交流过程中，其他组可以质疑和补充。

5. 对描述结果进行点评。

6. 以学生小组为单位完成。

实训成果：完成酸乳生产企业 QS 质量管理手册的编写。

实训评价：酸乳生产企业或主讲教师进行评价。

学生姓名	编写材料的完整性(20 分)	内容的正确性(30 分)	编写的规范性(30 分)	其他(20 分)

任务5　学习《食品生产许可证申请书》填写方法

●●●● 知识目标

· 掌握《食品生产许可证申请书》填写知识点

●●●● 技能目标

· 能够指导酸乳生产企业正确填写酸乳《食品生产许可证申请书》

必备知识

一、《食品生产许可证申请书》范本

食品生产许可证申请是企业正式申办食品生产许可的标志，填写必须规范，具体按照以下示范文本进行。

《食品生产许可证申请书》
（填写要求及示范文本）

申请食品品种类别及申证单元：产品种类(产品单元)

企业名称：填写企业营业执照上的注册名称或预核准名称

住　　所：有营业执照的，按营业执照上住所填写；持企业名称预核准通知书的由企业进行承诺，按承诺的住所填写

生产场所地址：填写申请企业的实际生产场地的详细地址，要注明市(地)、区(县)、路(街道、社区、乡、镇)、号(村)等[即×市(地)×区(县)×乡(镇)×路(街道)]

联 系 人：王××(填写企业负责办理生产许可证工作人员)

联系电话：手机和固定电话(企业负责办理生产许可证工作人员)

传　　真：×××××××

电子邮件：×××××××@××××××

申请日期：××××年　××月　××日

首次申请☐　延续换证☐　变更☐
(根据实际申请的需要在☐打"√")
(格式文本，自行下载，按法律规定和后附注意事项填写)

注 意 事 项

1. 填写要实事求是，不得弄虚作假。

2. 申请书应打印，不得涂改。

3. 申请书中的署名、印章应与工商行政管理部门预先核准或登记注册的一致(印章复印无效)。

4. 申请生产食品品种类别及申证单元按照相应审查细则的规定填写。

5. 每个申证单元必须对应一套申请材料。

6. 计量单位应使用行业通用的法定计量单位。

7. 企业提交本申请书(包括申请书要求的附件)一式两份,同时提供内容一致的电子文本。

8. 申请许可证变更的,应同时填写《食品生产许可证变更申请书》。

《食品生产许可证申请书》目录

1. 企业陈述

2. 企业基本条件和申请生产食品情况表

3. 企业治理结构

4. 企业生产加工场所有关情况

5. 企业有权使用的主要生产设备、设施一览表

6. 企业有权使用的主要检测仪器、设备一览表

7. 企业具有的主要管理人员、技术人员一览表

8. 企业主要原材料、包装材料一览表

9. 企业各项质量安全管理制度清单

企 业 陈 述

1. 本企业名称已经□预先核准、□登记注册。附有效期内名称预先核准通知书(或营业执照)复印件。

2. 本企业已组成治理结构。附结构图及法定代表人、负责人或投资人的资格证明或身份证明复印件。

3. 本企业已获必要的生产加工场所。附生产加工场所有权使用的证明材料、生产加工场所平面图(标尺寸、面积等主要参数)。

4. 本企业生产加工场所周围环境符合相关规定。附周围环境平面图。

5. 本企业生产加工场所各功能间布局符合相关规定。附各功能间布局图复印件(标尺寸、面积等主要参数)。

6. 本企业生产工艺流程符合相关规定。附示意图复印件。

7. 本企业生产加工场所已拥有必要的生产设备设施。附设备设施清单(关键设备标有参数,委托检验的附委托检验合同)、设备布局图。

8. 本企业已拥有必要的专业技术人员、管理人员。附一览表。

9. 本企业已制定必要的质量安全管理制度。附文件清单及文本。

10. 本企业按审查细则要求,提供附件相关材料。

11. 本企业拥有的以上资源,符合规定条件,能够适应申请生产的食品品种,单班生产八小时:日产量可以达到_____、月产量可以达到_____、年产量可以达到_____。

本企业承诺:对申请材料内容真实性负责,并承担相应的法律责任。

负责人签名/盖章:

年　　月　　日

表 4-7　企业基本条件和申请生产食品情况表

企业基本条件汇总	企业名称或预核准名称	填写企业营业执照上的注册名称或预核准名称 （应与营业执照或预核准名称、公章填写严格一致）		
	食品生产许可证编号	（许可延续申请和扩项申请时填写）		
	生产场所地址	填写申请企业的实际生产场地的详细地址，要注明市（地）、区（县）、路（街道、社区、乡、镇）、号（村）等		
	法定代表人或负责人	（应与营业执照或企业名称预核准通知书一致）	联系电话（手机和固话）	×××××××××× ××× ×××××× ××
	电子邮箱	××@××××	经济性质	填写营业执照或企业名称预核准上的经济类型
	营业执照编号（如有时）	营业执照上注册的编号	企业代码（如已设立时）	按组织机构代码证填写
	主要管理和技术人员数	×××人　按实际情况填写	生产厂房建成时间	×年×月×日
	占地面积	×××m²	建筑面积	×××m²
申请生产食品情况	申证单元及食品品种明细	申证单元：按细则规定的单元名称填写		
		食品品种明细： 　如饮用天然矿泉水；瓶装饮用纯净水 （列出生产该单元产品所执行的所有产品标准的名称）		
	执行食品安全标准或企业标准	如饮用天然矿泉水：GB 8537—1995 瓶装饮用纯净水：GB 17323—1998 （列出该单元产品的全部产品标准号，企业标准要注明备案号）		
	年设计能力	×××t	年实际产量（企业已设立时）	×××t

注：本表需附拟设立企业的《名称预先核准通知书》；已设立企业的营业执照复印件（换证、变更企业需同时提供《食品生产许可证》正、副本，副页）。企业执行的产品标准文本。

表 4-8　企业治理结构

	职责	身份证号码
法定代表人	姓名（职责）	个人身份证号码
负责人	姓名（职责）	个人身份证号码
投资人	股权人姓名	个人身份证号码

注：本表需附治理结构图，法定代表人、负责人或投资人的资格证明或身份证（明）复印件。

表 4-9 企业生产加工场所有关情况

序号	企业各生产场点、工艺、工序名称	该生产场点、工艺、工序所在地	该所在地有权使用证明材料
	企业有多个生产场点的应逐一填写，（如生产场点 A、生产场点 B 等） 按企业申报产品的具体工艺流程的顺序来填写	填写生产场点地名或车间名称	房产证、土地证、租赁合同、由具有发放权属资格的乡镇及以上政府开具的土地使用权证明等

注：1. 本表所报工序必须覆盖审查细则规定的各工艺要求。

2. 本表需附生产加工场所有权使用的证明材料复印件、生产加工场所平面图、场所周围环境平面图、功能间布局图、工艺流程图。

表 4-10 企业有权使用的主要生产设备、设施一览表

序号	设备设施名称	规格型号	数量	安装使用场所	生产厂及国别	生产日期	完好状态	购置或租用日期，购置资产证明或租用证明
	注：对照该产品实施细则规定的要求，填写企业实际具备的生产设备。按生产工艺流程顺序填写	注：指设备铭牌、说明书中标明的规格型号	注：按企业实际所配备的生产设备的数量填写	注：指设备实际使用的场所或工序，如配料车间等	注：对国产设备，填写生产企业的全称；对进口设备，可只填写国家名称；对自行设计、制造的设备、填写自制	注：按设备铭牌、合格证或说明书中主要的生产日期填写	注：指设备的完好程度，一般分为完好、待修和报废三种，按照设备的实际状态填写	注：1. 按设备台账中设备购进日期填写；自制设备按设备档案中竣工使用日期填写 2. 附购买发票、收据、设备生产企业出具的证明材料（如无上述证明，企业需上交自我承诺）

注：本表需附设备设施布局图，设备设施有权使用的证明材料复印件。

表 4-11 企业有权使用的主要检测仪器、设备一览表

类别	序号	名称	型号规格	精度等级	数量	检定有效截止日期	使用场所	生产厂及国别	生产日期
自行购置的仪器、设备		按与申报产品单元相关的采购、过程和出厂检验所需的检测仪器、设备的实际名称填写	按检测仪器、设备铭牌或说明书标明的规格型号填写	按检测仪器、设备所具备的精度等级填写	按企业实际所配备的检测仪器、设备的数量填写	以仪器检定证书上的有效期为准（没有检定证书的填写设备的出厂检验合格日期）	按检测仪器、设备的实际使用场所填写，如在生产线或实验室使用	对国产设备，填写生产企业的全称；对进口设备，可只填写国家名称	按设备铭牌、合格证或说明书中的生产日期填写
				以上企业自行检验时填写					
委托检验的（同时附委托合同）仪器、设备		委托检验提供市局审核意见							
				以下企业委托检验时填写					

表 4-12 企业具有的主要管理人员、技术人员一览表

序号	姓名	身份证号	性别	年龄	职务	职称	文化程度、专业	负责领域工序
	如实填写（应包括企业负责人、质量负责人、技术负责人、检验人员、关键岗位操作人员）	如实填写	如实填写	如实填写	一般应填写担任的行政职务，如总经理、总工程师、车间主任、检验室主任（主管）等	一般按工程技术人员职称资格证书填写	如实填写	一般按其所在的部门或者岗位填写

表 4-13　企业各项质量安全管理制度清单

序号	质量安全管理制度	相应文本编号(根据企业实际编号填写)
1	企业组织机构图	
2	质量安全目标	
3	质量岗位职责	
4	生产和质量工作人员资格能力规定	
5	人员培训管理制度(企业员工培训档案)	
6	生产设备管理制度	
7	文件管理制度	
8	生产场所卫生管理制度	
9	产品标志管理制度	
10	采购管理制度	
11	仓库管理制度	
12	过程检验管理制度	
13	关键质量控制点管理制度	
14	食品添加剂使用管理制度	
15	化验室管理制度	
16	检测设备管理制度	
17	设备清洗消毒管理制度	
18	纠正预防措施制度	
19	从业人员卫生管理制度	
20	设备维护保修管理制度	
21	出厂检验管理制度	
22	从业人员健康检查管理制度	
23	不合格品管理制度	
24	食品召回管理制度	
25	食品安全事故处置方案	
26	原辅材料进货查验记录制度	
27	从业人员健康档案制度	
28	产品贮存管理制度	
29	生产过程安全管理制度(应包含考核内容)	
	以上仅供参考	

注：本表需附管理制度文本。

实训任务

实训主题：填写酸乳生产企业酸乳《食品生产许可证申请书》。

职业素养技能点：①自学能力；②分析问题解决问题的能力。

实训组织：对学生进行分组，每个组参照"必备知识"及利用网络资源，填写一份酸乳生产企业《食品生产许可证申请书》。

实训成果：酸乳生产企业《食品生产许可证申请书》。

实训评价：由酸乳生产企业质量负责人或主讲教师进行评价。

学生姓名	编写材料的完整性(20分)	内容的正确性(30分)	编写的规范性(30分)	其他(20分)

任务 6　学习迎接食品生产许可现场核查方法

●●●● 知识目标

- 知道食品生产许可现场核查的依据
- 熟知酸乳生产企业申请生产许可现场核查的主要内容

●●●● 技能目标

- 能够帮助企业完成生产许可的"模拟审核"
- 对审查结果的正确判定
- 能够指导企业填写《对设立食品生产企业的申请人规定条件审查记录表》

必备知识

根据食品质量安全市场准入制度的规定，对酸乳生产企业申证材料书面审查合格的酸乳生产企业，审查组应按照食品生产许可证审查规则，在 40 个工作日内完成对企业必备条件的 QS 现场审查，对 QS 现场审查合格的企业，由审查组现场抽样和封样。

企业 QS 现场审查工作，是审查组对材料审查合格后的食品企业开展的下一项工作。审查组应当自《食品生产许可证受理通知书》发出之日起 40 个工作日内，依据食品生产许可证审查规则按时完成企业必备条件的现场审查。

一、食品质量安全市场准入审查规则

《食品质量安全市场准入审查通则》(以下简称《审查通则》)是审查组对食品生产加工企业保证产品质量必备生产条件 QS 现场审查活动的工作依据。在酸乳生产企业 QS 现场审查中，审查员应同时使用《审查通则》和《企业生产乳制品许可条件审查细则》，以完成对酸乳生产企业的质量安全市场准入审查。

二、现场审查工作程序

企业 QS 现场审查工作过程主要有：召开预备会议，召开首次会议，进行现场审查，

审查组内部会议，召开末次会议等五个步骤。

1. 预备会议

到食品企业进行现场审查之前，审查组长需召开一次审查预备会议，也叫"碰头会"。

2. 首次会议

召开首次会议，是审查组进入企业进行现场审查的第一项正式活动，也是现场审查活动的正式开始。首次会议由审查组组长主持召开。

3. 现场审查

现场审查的审查进度依照《关于印发〈食品质量安全市场准入审查通则〉的通知》（国质检监函〔2010〕88号）中的《食品生产加工企业必备条件现场审查表》进行。

现场审查的方法主要为"问、看、查"。

"问"，就是面谈、交谈。审查员与企业人员面谈时，应和蔼、耐心，切忌态度死板生硬，不要增加被谈话人员的心理压力。在提问时，应掌握主导性，但决不能诱导对方。

"看"，就是查看文件，查看记录等。审查员不仅要会查看文件、记录的真实性，是否与企业实际情况相符合，还应会查看文件、记录的合理性和科学性。

"查"，就是观察。审查员应对现场的生产设备、出厂检验设备以及现场生产控制等情况进行仔细查看，以便获得真实可靠的现场审查信息。

一般来说，在现场审查中"问、看、查"三大方法的使用比例为："问"占50％左右，"看"占30％左右，"查"占20％左右。

现场核查结论的确定原则见表4-14：

表4-14　现场审查结论判定依据表

核查结论	严重不合格项	一般不合格项	其中：重点项目一般不合格项	备注
合格（A级）	0	≤2	0	三项均满足方可判定
合格（B级）	0	≤4	2	三项均满足方可判定
		≤5	1	三项均满足方可判定
		≤6	0	三项均满足方可判定
合格（C）级	0	≤8	≤4	三项均满足方可判定
不合格	≥1	>8	≥4	有一项满足即可判定

现场审查为合格时，审查组按照《企业生产乳制品许可条件审查细则》规定进行抽样。

4. 内部会议

内部会议即指审查组自己召开的内部会议。

5. 末次会议

审查组内部会议开过之后，审查组组长负责召开末次会议。末次会议是宣布现场审查结论的会议。

三、《对设立食品生产企业的申请人规定条件审查记录表》

《对设立食品生产企业的申请人规定条件审查记录表》

申请人名称：_____

申证食品品种类别：_____

申请生产食品申证单元：_____

生产场所地址：_____

审查日期：　　　年　　　月　　　日

使用说明

1. 本审查记录表适用于对设立食品生产企业的申请人规定条件中申请材料的审核和生产场所核查。

2. 本审查记录表分为：申请材料审核和生产场所核查两个部分共 37 个项目。对每一个审查项目均规定了"符合""基本符合""不符合"的判定标准。

3. 审查组应按照对每一个审查项目的审查情况和判定标准，填写审查结论。

4. "审查记录"一栏应当填写审查发现的基本符合和不符合情况。

一、申请材料审核

序号	内容	审查项目	判定标准	审查方法	审查结论	审查记录
1.1	组织领导	1. 申请人治理结构中至少有一人全面负责质量安全工作	制度规定了该人负责质量安全工作的职能，符合；制度对质量安全工作负责人规定不清楚，基本符合；制度未规定质量安全工作负责人，不符合	查看文件	□符合 □基本符合 □不符合	(1)
		2. 申请人应设置相应的质量管理机构或人员，负责质量管理体系的建立、实施和保持工作	申请人有明确的机构或专职人员负责质量管理工作，符合；有机构和兼职人员负责质量管理工作，基本符合；无机构和人员负责企业的质量管理工作，不符合	查看文件	□符合 □基本符合 □不符合	(2)
1.2	质量目标	申请人应制订明确的质量安全目标	有明确的质量安全目标，符合；质量安全目标不明确，基本符合；无质量安全目标，不符合	查看文件	□符合 □基本符合 □不符合	(3)

续表

序号	内容	审查项目	判定标准	审查方法	审查结论	审查记录
1.3	管理职责	1. 申请人制定各有关部门质量安全职责、权限等情况的管理制度	制定了管理制度，并规定各有关部门质量职责、权限，且内容合理，符合；规定的内容不全面，基本符合；未制定质量管理制度或制定了部门质量管理制度但内容不合理，不符合	查看文件	□符合 □基本符合 □不符合	(4)
		2. 申请人应当制定对不符合情况的管理办法，对企业出现的各种不符合情况及时进行纠正或采取纠正措施	制定了不符合情况管理办法，符合；制定了不符合情况管理办法，但内容不合理，基本符合；未制定不符合情况管理办法，不符合	查看文件	□符合 □基本符合 □不符合	(5)
1.4	人员要求	1. 申请人应规定生产管理者职责，明确其责任、权力和义务，生产管理者的资格应符合有关规定	符合资格规定，责任、权力或者义务规定明确，符合；符合资格规定，责任、权力或者义务规定不明确，基本符合；资格不符合规定，或未明确责任、权力和义务，不符合	查看文件和证件	□符合 □基本符合 □不符合	(6)
		2. 申请人应规定质量管理人员的职责，明确其责任、权力和义务。质量管理人员资格应符合有关规定	符合资格规定，责任、权力或者义务规定明确，符合；符合资格规定，责任、权力或者义务规定不明确，基本符合；资格不符合规定，或未明确责任、权力和义务，不符合	查看文件和证件	□符合 □基本符合 □不符合	(7)

续表

序号	内容	审查项目	判定标准	审查方法	审查结论	审查记录
1.4	人员要求	3. 申请人应规定技术人员的职责，明确其责任、权力和义务。技术人员资格应符合有关规定	明确，符合； 符合资格规定，责任、权力或者义务规定不明确，基本符合； 资格不符合规定，或未明确责任、权力和义务，不符合	查看文件和证件	□符合 □基本符合 □不符合	(8)
		4. 申请人应规定生产操作人员的职责。明确其责任、权力和义务。生产操作人员资格应符合有关规定	明确，符合； 符合资格规定，责任、权力或者义务规定不明确，基本符合； 资格不符合规定，或未明确责任、权力和义务，不符合	查看文件和证件	□符合 □基本符合 □不符合	(9)
1.5	技术标准	1. 申请人应具备审查细则中规定的现行有效的国家标准、行业标准及地方标准	具有审查细则中规定的产品标准和相关标准，符合； 缺少个别标准，基本符合； 缺少若干个标准，不符合	查看标准	□符合 □基本符合 □不符合	(10)
		2. 明示的企业标准应按《食品安全法》的要求，经卫生行政部门备案，纳入受控文件管理	符合要求，符合； 已经过备案，但未纳入受控文件管理，基本符合； 未经过备案，不符合	查看标准查看证明、标志	□符合 □基本符合 □不符合	(11)
1.6	工艺文件	申请人应具备生产过程中所需的各种产品配方、工艺规程、作业指导书等工艺文件。产品配方中使用食品添加剂规范、合理	企业完全符合规定要求，符合； 部分符合规定要求，基本符合； 不符合规定要求，不符合	查看文件	□符合 □基本符合 □不符合	(12)

序号	内容	审查项目	判定标准	审查方法	审查结论	审查记录
1.7	采购制度	应制定原辅材料及包装材料的采购管理制度。企业如有外协加工或委托服务项目，也应制定相应的采购管理办法（制度）	有完善的采购管理制度，及外协加工及委托服务的采购管理办法（制度），符合；采购管理制度以及外协加工及委托服务的采购管理办法（制度）制定得不够完善，基本符合；无采购管理制度以及外协加工及委托服务的采购管理办法（制度），不符合	查看文件	□符合 □基本符合 □不符合	（13）
1.8	采购文件	应制定主要原辅材料、包装材料的采购文件，如采购计划、采购清单或采购合同等，并根据批准的采购文件进行采购。应具有主要原辅材料产品标准	企业符合规定要求，符合；部分符合规定要求，基本符合；不符合规定要求，不符合	查看文件	□符合 □基本符合 □不符合	（14）
1.9	采购验证制度	申请人应制定对采购的原辅材料、包装材料以及外协加工品进行检验或验证的制度。食品标签标志应当符合相关规定	符合要求，符合；有制度，但有缺陷，基本符合；无制度，不符合	查看文件	□符合 □基本符合 □不符合	（15）
1.10	过程管理	申请人应制定生产过程质量管理制度及相应的考核办法	有生产过程质量管理制度及相应的考核办法，符合；有生产过程质量管理制度，无相应的考核办法，基本符合；无生产过程质量管理制度及相应的考核办法，不符合	查看文件	□符合 □基本符合 □不符合	（16）

续表

序号	内容	审查项目	判定标准	审查方法	审查结论	审查记录
1.11	质量控制	申请人应根据食品质量安全要求确定生产过程中的关键质量控制点，制定关键质量控制点的操作控制程序或作业指导书	关键控制点确定合理并有相应的控制管理规定，控制记录规范，符合； 关键控制点确定不太合理，记录不规范，基本符合； 未明确关键控制点，不能满足生产质量控制要求，不符合	查看文件	□符合 □基本符合 □不符合	(17)
1.12	产品防护	1. 申请人应制定在食品生产加工过程中有效防止食品污染、损坏或变质的制度	符合要求，符合； 制度制定不合理，基本符合； 未制定相关制度，不符合	查看文件	□符合 □基本符合 □不符合	(18)
		2. 申请人应制定在食品原料、半成品及成品运输过程中有效防止食品污染、损坏或变质的制度。有冷藏、冷冻运输要求的，申请人必须满足冷链运输要求	符合要求，符合； 制度制定不合理，有冷藏冷冻运输要求且符合的，基本符合； 未制定相关制度，有冷藏冷冻运输要求，但达不到的，不符合	查看文件	□符合 □基本符合 □不符合	(19)
1.13	检验管理	申请人应具有独立行使权力的质量检验机构或专（兼）职质量检验人员，并具有相应检验资格和能力	有独立行使权力的检验机构或专（兼）职检验人员，检验人员具有相应检验资格和技术，符合； 检验人员的检验技术存在部分不足，基本符合； 无独立行使权力的检验机构或专（兼）职检验人员或无相应检验资格和技术的检验人员，不符合	查看文件、查看证明、企业自检时核查操作验证	□符合 □基本符合 □不符合	(20)

续表

序号	内容	审查项目	判定标准	审查方法	审查结论	审查记录
1.13	检验管理	申请人应制定产品质量检验制度（包括过程检验和出厂检验）以及检测设备管理制度	有产品检验制度和检测设备管理制度，符合； 有制度但内容不全面，基本符合； 无产品检验制度和检测设备管理制度，不符合	查看文件	□符合 □基本符合 □不符合	(21)
		无检验项能力的，应当委托有资质的检验机构进行检验	有委托合同，内容合理，符合； 有合同，内容不合理，基本符合； 无委托合同，不符合	查看文件	□符合 □基本符合 □不符合	(22)

二、生产场所核查

序号	内容	审查项目	判定标准	审查方法	审查结论	审查记录
2.1	厂区要求	1. 申请人厂区周围应无有害气体、烟尘、粉尘、放射性物质及其他扩散性污染源	无各种污染源，符合； 略有污染，基本符合； 污染较重，不符合	现场查看	□符合 □基本符合 □不符合	(23)
		2. 厂区应当清洁、平整、无积水；厂区的道路应用水泥、沥青或砖石等硬质材料铺成	厂区清洁、平整、无积水，道路用硬质材料铺成，符合； 厂区不太清洁、平整，基本符合； 厂区不清洁或有积水或无硬质道路，不符合	现场查看	□符合 □基本符合 □不符合	(24)
		3. 生活区、生产区应当相互隔离；生产区内不得饲养家禽、家畜；坑式厕所应距生产区25 m以外	生活区、生产区隔离较远，符合； 生活区、生产区隔离较近，基本符合； 生活区、生产区无隔离或生产区内饲养家禽、家畜或坑式厕所距生产区25 m以内，不符合	现场查看	□符合 □基本符合 □不符合	(25)
		4. 厂区内垃圾应密闭式存放，并远离生产区，排污沟渠也应为密闭式，厂区内不得散发出异味，不得有各种杂物堆放	厂区内垃圾、排污沟渠为密闭式，无异味，无各种杂物堆放，符合； 略有不足，基本符合； 达不到要求，不符合	现场查看	□符合 □基本符合 □不符合	(26)

续表

序号	内容	审查项目	判定标准	审查方法	审查结论	审查记录
2.2	车间要求	1. 生产车间或生产场地应当清洁卫生；应有防蝇、防鼠、防虫等措施和洗手、更衣等设施；生产过程中使用的或产生的各种有害物质应当合理置放与处置	企业达到规定要求，符合；略微欠缺，基本符合；达不到规定要求，不符合	现场查看	□符合 □基本符合 □不符合	(27)
		2. 生产车间的高度应符合有关要求；车间地面应用无毒、防滑的硬质材料铺设，无裂缝，排水状况良好；墙壁一般应当使用浅色无毒材料覆涂；房顶应无灰尘；位于洗手、更衣设施外的厕所应为水冲式	企业达到规定要求，符合；位于洗手、更衣设施外的厕所为水冲式，其他略微欠缺，基本符合；达不到规定要求，不符合	现场查看	□符合 □基本符合 □不符合	(28)
		3. 生产车间的温度、湿度、空气洁净度应满足不同食品的生产加工要求	生产车间的温度、湿度、空气洁净度能满足食品生产加工要求，符合；略有误差，基本符合；满足不了食品生产加工要求，不符合	现场查看	□符合 □基本符合 □不符合	(29)
		4. 生产工艺布局应当合理，各工序应减少迂回往返，避免交叉污染	生产工艺布局合理，各工序前后衔接，无交叉污染，符合；生产工艺布局不太合理，略有交叉，基本符合；生产工艺相互交叉污染，不符合	查看文件、现场查看	□符合 □基本符合 □不符合	(30)
		5. 生产车间内光线充足，照度应满足生产加工要求。工作台、敞开式生产线及裸露食品与原料上方的照明设备应有防护装置	生产车间内光线充足，工作台、敞开式生产线及裸露食品与原料上方的照明设备有防护装置，符合；略有不足，基本符合；严重不足，不符合	现场查看	□符合 □基本符合 □不符合	(31)

续表

序号	内容	审查项目	判定标准	审查方法	审查结论	审查记录
2.3	库房要求	1. 库房应当整洁，地面平滑无裂缝，有良好的防潮、防火、防鼠、防虫、防尘等设施。库房内的温度、湿度应符合原辅材料、成品及其他物品的存放要求	企业的库房符合规定，符合； 略有不足，基本符合； 严重不足，不符合	现场查看	□符合 □基本符合 □不符合	(32)
		2. 库房内存放的物品应保存良好，一般应离地、离墙存放，并按先进先出的原则出入库。原辅材料、成品(半成品)及包装材料库房内不得存放有毒、有害及易燃、易爆等物品	库房内存放的物品保存良好，无有毒有害及易燃、易爆物品，符合； 保存一般，无有毒有害及易燃、易爆物品，基本符合； 保存不好，库房内存放有毒、有害及易燃、易爆等物品，不符合	现场查看	□符合 □基本符合 □不符合	(33)
2.4	生产设备	1. 申请人必须具有审查细则中规定的必备的生产设备，企业生产设备的性能和精度应能满足食品生产加工的要求	具备审查细则中规定的必备的生产设备，设备的性能和精度能满足食品生产加工的要求，符合； 具备必备的生产设备，但个别设备需要完善，基本符合； 不具备审查细则中规定的必备的生产设备或具备的生产设备的性能和精度不能满足食品生产加工的要求，不符合	现场查看核对设备清单	□符合 □基本符合 □不符合	(34)
		2. 直接接触食品及原料的设备、工具和容器，必须用无毒、无害、无异味的材料制成，与食品的接触面应边角圆滑、无焊疤和裂缝	完全符合规定，符合； 直接接触食品及原料的设备、工具和容器的材料符合规定，但与食品的接触面偶有微小焊疤、裂缝等情况，基本符合； 不符合规定，不符合	现场查验查阅材料	□符合 □基本符合 □不符合	(35)

续表

序号	内容	审查项目	判定标准	审查方法	审查结论	审查记录
2.4	生产设备	3. 食品生产设施、设备、工具和容器等应加强维护保养，及时进行清洗、消毒。使用的清洗消毒剂应符合国家相关规定	食品生产设施、设备、工具和容器保养良好，使用前后按规定进行清洗、消毒，符合； 食品生产设施、设备、工具和容器的维护保养和清洗、消毒工作存在一些不足，基本符合； 存在严重不足，不符合	现场查验	□符合 □基本符合 □不符合	(36)
2.5	检验设备	申请人应具备审查细则中规定的必备的出厂检验设备设施，出厂检验设备设施的性能、准确度应能达到规定的要求。有合格计量检定证书。实验室布局合理，满足相应检验条件。实行委托检验的，应签订合法的委托合同或协议	具有审查细则规定的出厂检验设备，且能满足出厂检验需要，实验室布局合理，满足相应检验条件，符合； 具备必备的出厂检验设备，但比较陈旧或有少许误差，或实验室布局不太合理，基本符合； 不具备审查细则规定的出厂检验设备，或不能满足出厂检验需要，不符合 实行委托检验的，签订合法的委托合同或协议的，符合； 有委托合同或协议，且规范的，基本符合； 既没有委托合同，也没有委托协议的，不符合	查看设备清单、必要时现场查看证书，查委托合同或协议	□符合 □基本符合 □不符合	(37)

实训任务

实训主题：酸乳生产企业必备条件现场模拟审查。

专业技能点：①现场审查的步骤；②现场审查注意事项。

职业素养技能点：①组织协调能力；②拓展能力。

实训组织：依据食品质量安全市场准入的有关法律、法规及《审查通则》等规定，酸乳生产企业申请《食品生产许可证》必须通过食品生产加工企业必备条件的现场审查。现场审查包括质量管理职责、生产资源提供、技术文件管理、采购质量控制、过程质量管理和产品质量检验 6 个部分 46 项内容，每一项审查内容都有"合格""一般不合格""严重不合格"

三种审查评定结论。

1. 制定《食品生产加工企业必备条件现场模拟审查工作计划表》。

2. 从互联网上搜索并熟悉《食品生产企业保证产品质量安全必备条件现场审查表》的基本结构和内容。

3. 指导学生分组，按照审查表和相应的《企业生产乳制品许可条件审查细则》对酸乳生产企业就质量管理职责、生产资源提供、技术文件管理、采购质量控制、过程质量管理和产品质量检验 6 个部分进行企业必备条件进行现场模拟审查。

实训成果：现场模拟审查确定审查结论。

实训评价：由酸乳企业质量负责人或主讲教师进行评价。

学生姓名	审查的规范性(30 分)	审查过程的完整性(30 分)	结论的准确性(20 分)	其他(20 分)

任务 7　学习食品生产许可证日常管理方法

●●●● 知识目标

• 酸乳生产企业日常管理工作

●●●● 技能目标

• 知道如何办理年审、换证变更、注销、遗失、补副本

必备知识

一、食品生产许可证的年审

我国对食品生产许可证实行年审制度。取得食品生产许可证的企业，应当在证书有效期内，每年进行一次自查，并在满 1 年前的一个月内向所在地的市(地)级以上质量技术监督部门递交《自查报告》，提出年审申请。年审工作由受理年审申请的质量技术监督部门组织实施。年审合格的，质量技术监督部门应在企业生产许可证的副本上签署年审意见。

二、食品生产许可证换证

食品生产许可证的有效期为 3 年，企业在有效期届满继续生产的，为了不影响食品生产加工企业的正常经营活动，应当在食品生产许可证有效期满 6 个月，向原受理食品生产许可证申请的质量技术监督提出换证申请。质量技术监督部门应当按规定的申请程序进行审查换证。

实训任务

实训主题：填写酸乳生产企业《食品生产许可证延续换证申请书》。

专业技能点：延续换证。

职业素养技能点：①自学能力；②分析问题解决问题的能力。

实训组织：对学生进行分组，每个组参照"必备知识"及利用网络资源，填写一份酸乳生产企业《食品生产许可证延续换证申请书》。

实训成果：酸乳生产企业《食品生产许可证延续换证申请书》。

实训评价：由酸乳生产企业质量负责人或主讲教师进行评价。

学生姓名	编写材料的完整性(20 分)	内容的正确性(30 分)	编写的规范性(30 分)	其他(20 分)

【思考题】

1. 酸乳生产加工企业要取得食品生产许可证必须经历(　　　)和(　　　)。

2. 食品生产许可证分为(　　　)和(　　　)，其有效期为(　　　)。

3. 免予现场核查的企业需要具备哪些条件？

4. 发证检验、监督检验和出厂检验有哪些区别？

5. QS 体系文件的基本内容有哪些？

6. 简述 QS 质量管理手册的作用。

7. 如何编写 QS 质量体系文件，有哪些编写要求？

8. 《食品生产许可证申请书》的价值和意义。

9. 《食品生产许可证申请书》填写注意事项。

10. 现场审查的依据是什么？

11. 现场审查包括哪些步骤？工作如何开展？

12. 现场审查过程中"首次会议"的基本内容是什么？

13. 现场抽样是如何规定的？

14. QS 标志的含义。

15. QS 编号有几位数字？各代表什么含义？

16. 《食品生产加工企业保证产品质量安全必备条件现场审查表》包括哪几个方面的基本内容？

17. 如何理解 QS 标志与产品质量检验合格证二者的关系？

18. 食品生产加工企业在其生产的食品上使用 QS 标志，必须符合哪些条件？

19. 食品生产许可证申请企业整改的依据是什么？

20. 发证检验、监督检验和出厂检验有哪些区别？

21. 为什么已获得食品生产许可证企业还要接受监督检查？

22. 对实施生产许可证管理的食品及其生产企业进行监督管理的主要内容有哪些？

23. 食品生产许可证如何进行年审和换证？

【拓展学习网站】

1. 国家食品药品监督管理总局(http://www.sda.gov.cn)

2. 北京市食品药品监督管理局(http:// www.bjda.gov.cn)

3. 各省食品药品监督管理局网站

项目 5

学习如何进行 ISO 9001 质量管理体系的建立与认证

● ● ● ● **项目概述**

本项目介绍了在企业内部建立 ISO 9001 质量管理体系的重要性，通过实施、认证，从而使企业强化管理，提高人员素质和企业文化，并使企业的形象和市场份额得到提升。

任务 1   了解质量管理体系对食品企业质量管理的价值

● ● ● ● **知识目标**

• 掌握质量管理体系在食品企业质量管理中的优势和价值

● ● ● ● **技能目标**

• 能够正确认识食品企业取得 ISO 9001 认证的重要意义

必备知识

一、取得 ISO 9001 认证对食品企业的意义

1. 强化品质管理，提高企业效益

通过国家认可的权威机构，对食品企业的质量管理体系进行严格的审核，使其达到国际标准化的要求。对于企业来说，真正达到法治化、科学化的要求，能够极大地提高工作效率和产品合格率，迅速提高企业的经济效益和社会效益。

2. 提高企业质量信誉，增强客户信心，扩大市场份额

食品企业取得了 ISO 9001 认证，对于企业外部来说，当顾客得知供方按照国际标准

实行管理，拿到了 ISO 9001 品质体系认证证书，并且有认证机构的严格审核和定期监督，就可以确信该企业是能够稳定地提供合格产品或服务，从而放心地与企业订立供销合同，从而扩大了企业的市场占有率。

3. 消除国际贸易壁垒，增强产品的竞争力

许多国家为了保护自身的利益，设置了种种贸易壁垒，包括关税壁垒和非关税壁垒。其中非关税壁垒主要是技术壁垒，技术壁垒中又主要是产品品质认证和 ISO 9001 品质体系认证的壁垒。特别是在世界贸易组织内，各成员国之间相互排除了关税壁垒，只能设置技术壁垒，所以，获得认证是消除贸易壁垒的主要途径。我国"入世"以后，失去了区分国内贸易和国际贸易的严格界限，所有贸易都有可能遭遇上述技术壁垒，所以取得 ISO 9001 认证对排除贸易障碍起到了十分积极的作用。

4. 节省第二方审核的精力和费用

在现代贸易实践中，经销商审核早就成为惯例，其存在很大的弊端：一方面，一个食品企业通常要为经销商供货，经销商审核无疑会给食品企业带来沉重的负担；另一方面，经销商也需支付相当的费用，同时还要考虑派出或雇佣人员的经验和水平问题，否则，花了费用也达不到预期的目的。有了 ISO 9001 认证就可以排除这样的弊端。因为食品企业申请了 ISO 9001 认证并获得了认证证书以后，众多的经销商就不必再对食品企业进行重复审核了。这样，不管是食品企业还是经销商都可以节省很多精力或费用。还有，如果企业在获得了 ISO 9001 认证之后，再申请 UL、CE 等产品品质认证，还可以免除认证机构对企业的质量管理体系进行重复认证的开支。

5. 有利于国际的经济合作和技术交流

按照国际经济合作和技术交流的惯例，合作双方必须在产品（包括服务）品质方面有共同的语言、统一的认识和共守的规范，方能进行合作与交流。ISO 9001 质量管理体系认证正好提供了这样的信任，有利于双方迅速达成协议。

二、质量管理 8 项原则

原则 1：以顾客为中心

组织依存于他们的顾客，因而组织应理解顾客当前和未来的需求，满足顾客需求并争取超过顾客的期望。

与所确定的顾客要求保持一致。了解顾客现有的和潜在的需求和期望。测定顾客的满意度并以此作为行动的准则。

原则 2：领导作用

领导者建立组织相互统一的宗旨、方向和内部环境。所创造的环境能使员工充分参与实现组织目标的活动。

设立方针和可证实的目标、方针的展开，提供资源，建立以质量为中心的企业环境。明确组织的前景，指明方向，价值共享。设定具有挑战性的目标并加以实现。对员工进行训练、提供帮助并给予授权。

原则 3：全员参与

各级人员都是组织的根本，只有他们的充分参与才能使他们的才干为组织带来收益。

划分技能等级，对员工进行培训和资格评定。明确权限和职责。利用员工的知识和经验，通过培训使得他们能够参与决策和对过程的改进，让员工以实现组织的目标为己任。

原则 4：过程方法

将相关的资源和活动作为过程来进行管理，可以更高效地达到预期的目的。

建立、控制和保持文件化的过程。清楚地识别过程内/外部的顾客和供方。着眼于过程中资源的使用，追求人员、设备、方法和材料的有效使用。

原则 5：系统管理

针对制定的目标，识别、理解并管理一个由相互联系的过程所组成的体系，有助于提高组织的有效性和效率。

建立并保持实用有效的文件化的质量体系。识别体系中的过程，理解各过程间的相互关系。将过程与组织的目标相联系。针对关键的目标测量其结果。

原则 6：持续改进

持续改进是一个组织永恒的目标。

通过管理评审、内/外部审核以及纠正/预防措施，持续地改进质量体系的有效性。设定现实的和具有挑战性的改进目标，配备资源，向员工提供工具、机会并激励他们持续地为改进过程做出贡献。

原则 7：以事实为决策依据

有效的决策是建立在对数据和信息进行合乎逻辑和直观的分析基础上。

以审核报告、纠正措施、不合格品、顾客投诉以及其他来源的实际数据和信息作为质量管理决策和行动的依据。把决策和行动建立在对数据和信息分析的基础之上，以期最大限度地提高生产率，降低消耗。通过采用适当的管理工具和技术，努力降低成本，改善业绩和市场份额。

原则 8：互利的供方关系

组织和供方之间保持互利关系，可增进两个组织创造价值的能力。

适当地确定供方应满足的要求并将其文件化。对供方提供的产品和服务的情况进行评审和评价。与供方建立战略伙伴关系，确保其在早期参与确立合作开发以及改进产品、过程和体系的要求。相互信任、相互尊重，共同承诺让顾客满意并持续改进。

质量管理八项原则是一个组织在质量管理方面的总体原则，这些原则需要通过具体的活动得到体现。其应用可分为质量保证和质量管理两个层面。

就质量保证来说，主要目的是取得足够的信任以表明组织能够满足质量要求。因而所开展的活动主要涉及：测定顾客的质量要求、设定质量方针和目标、建立并实施文件化的质量体系，最终确保质量目标的实现。

质量管理则要考虑，作为一个组织经营管理（这里说的不是营销管理）的重要组成部分，怎样保证经营目标的实现。组织要生存、要发展、要提高效率和效益，当然离不开顾客，离不开质量。因而，从质量管理的角度，要开展的活动就其深度和广度来说，要远胜于质量保证所需开展的活动。

实训任务：

某食品企业为通过 ISO 9001：2008 质量管理体系的认证，要在企业内部建立质量管理体系，请你按照质量管理体系建立的原则，给企业安排质量管理体系建立的具体实施步骤。

任务 2　学习质量管理认证标准——ISO 9001：2008《质量管理体系——要求》

● ● ● ● **知识目标**

• 掌握 ISO 9001：2008《质量管理体系——要求》的基本内涵

● ● ● ● **技能目标**

• 了解 ISO 9001：2008 质量管理体系对食品企业质量管理的价值

必备知识

组织者应按照本标准的要求，建立质量管理体系，形成文件，加以实施和保持，并持续改进其有效性。

一、ISO 9001 质量管理体系的十二项基础

(1)质量管理体系理论说明；

(2)质量管理体系要求与产品要求；

(3)质量管理体系方法；

(4)过程方法；

(5)质量方针和质量目标；

(6)最高管理者在质量管理体系中的作用；

(7)文件；

(8)质量管理体系评价；

(9)持续改进；

(10)统计技术的作用；

(11)质量管理体系与其他管理体系的关注点；

(12)质量管理体系与组织优秀模式之间的关系。

二、ISO 9001：2008 版最新标准

(一)范围

1. 总则

本标准为有下列需求的组织规定了质量管理体系要求：

(1)需要证实其有能力稳定地提供满足顾客和适用的法律法规要求的产品；

(2)通过体系的有效应用，包括体系持续改进的过程以及保证符合顾客与适用的法律法规要求，旨在增强顾客满意。

注 1：在本标准中，术语"产品"仅适用于：

——预期提供给顾客或顾客所要求的产品；

——产品实现过程所产生的任何预期输出。

注 2：法律法规要求可称作法定要求。

2. 应用

本标准规定的所有要求是通用的，旨在适用于各种类型、不同规模和提供不同产品的组织。

当本标准的任何要求由于组织及其产品的特点不适用时，可以考虑对其进行删减。

(二)规范性引用文件

下列文件中的条款通过本标准的引用而成为本标准的条款。凡是注日期的引用文件，其随后所有的修改单(不包括勘误的内容)或修订版均不适用于本标准，然而，鼓励根据本标准达成协议的各方研究是否可使用这些文件的最新版本。凡是不注日期的引用文件，其最新版本适用于本标准。

(三)术语和定义

本标准采用 GB/T 19000 中所确立的术语和定义。

本标准中所出现的术语"产品"，也可指"服务"。

(四)质量管理体系

1. 总要求

组织应按本标准的要求建立质量管理体系，形成文件，加以实施和保持，并持续改进其有效性。

组织应：

(1)确定质量管理体系所需的过程及其在整个组织中的应用；

(2)确定这些过程的顺序和相互作用；

(3)确定为确保这些过程的有效运作和控制所需的准则和方法；

(4)确保可以获得必要的资源和信息，以支持这些过程的运作和监视；

(5)监视、测量(适用时)和分析这些过程；

(6)实施必要的措施，以实现对这些过程所策划的结果和对这些过程的持续改进。

组织应按本标准的要求管理这些过程。

针对组织所选择的任何影响产品符合要求的外包过程，组织应确保对其实施控制。对此类外包过程控制的类型和程度应在质量管理体系中加以规定。

注1：上述质量管理体系所需的过程包括与管理活动、资源提供、产品实现和测量、分析和改进有关的过程。

注2：外包过程是经组织识别为质量管理体系所需的，但选择由组织的外部方实施的过程。

注3：确保对外包过程的控制并不免除组织满足顾客和法律法规要求的责任。对外包过程控制的类型和程度可受下列因素影响：

(1)外包过程对组织提供满足要求的产品的能力的潜在影响；

(2)对外包过程控制的分担程度。

2. 文件要求

(1) 总则

质量管理体系文件应包括：

a. 形成文件的质量方针和质量目标；

b. 质量手册；

c. 本标准所要求的形成文件的程序和记录；

d. 组织确定的为确保其过程有效策划、运作和控制所需的文件，包括记录。

注 1：本标准出现"形成文件的程序"之处，即要求建立该程序，形成文件，并加以实施和保持。一个文件可包括一个或多个程序的要求。一个形成文件的程序的要求可以被包含在多个文件中。

注 2：不同组织的质量管理体系文件的多少与详略程度取决于：

a. 组织的规模和活动的类型；

b. 过程及其相互作用的复杂程度；

c. 人员的能力。

注 3：文件可采用任何形式或类型的媒体。

（2）质量手册

组织应编制和保持质量手册，质量手册包括：

a. 质量管理体系的范围，包括任何删减的细节与理由；

b. 为质量管理体系建立的形成文件的程序或对其引用；

c. 质量管理体系过程之间的相互作用的表述。

（3）文件控制

质量管理体系所要求的文件应予以控制。

应编制形成文件的程序，以规定以下方面所需的控制：

a. 文件发布前得到批准，以确保文件是充分与适宜的；为文件的充分性与适宜性，在文件发布前进行批准。

b. 必要时对文件进行评审与更新，并再次批准；

c. 确保文件的更改和现行修订状态得到识别；

d. 确保在使用处可获得有关版本的适用文件；

e. 确保文件保持清晰、易于识别；

f. 确保组织所确定的策划和运行质量管理体系所需的外来文件得到识别，并控制其分发；

g. 防止作废文件的非预期使用，若因任何原因而保留作废文件时，对这些文件进行适当的标志。

（4）记录的控制

为符合要求和质量管理体系有效运行提供证据而建立的记录，应予以控制。

组织应编制形成文件的程序，以规定记录的标志、贮存、保护、检索、保存和处置所需的控制。

记录应保持清晰、易于识别和检索。

3. 管理职责

（1）管理承诺

最高管理者应通过以下活动，对其建立、实施质量管理体系并持续改进其有效性的承诺提供证据：

a. 向组织传达满足顾客和法律法规要求的重要性；

b. 制定质量方针；

c. 确保质量目标的制订；

d. 进行管理评审；

e. 确保资源的获得。

（2）以顾客为关注焦点

最高管理者应以增强顾客满意为目的，确保顾客的要求得到确定。

（3）质量方针

最高管理者应确保质量方针：

a. 与组织的宗旨相适应；

b. 包括对满足要求和持续改进质量管理体系有效性的承诺；

c. 提供制订和评审质量目标的框架；

d. 在组织内得到沟通和理解；

e. 在持续适宜性方面得到评审。

（4）策划

①质量目标

最高管理者应确保在组织的相关职能和层次上建立质量目标，质量目标包括满足产品要求所需的内容。质量目标应是可测量的，并与质量方针保持一致。

②质量管理体系策划

最高管理者应确保：

a. 对质量管理体系进行策划，以满足质量目标的要求。

b. 在对质量管理体系的变更进行策划和实施时，保持质量管理体系的完整性。

（5）职责、权限和沟通

①职责和权限

最高管理者应确保组织内的职责、权限得到规定和沟通。

②管理者代表

最高管理者应指定一名本组织的管理者，无论该成员在其他方面的职责如何，应具有以下方面的职责和权限：

a. 确保质量管理体系所需的过程得到建立、实施和保持；

b. 向最高管理者报告质量管理体系的业绩和任何改进的需求；

c. 确保在整个组织内提高满足顾客要求的意识。

注：管理者代表的职责可包括与质量管理体系有关事宜的外部联络。

③内部沟通

最高管理者应确保在组织内建立适当的沟通过程，并确保对质量管理体系的有效性进行沟通。

（6）管理评审

①总则

最高管理者应按策划的时间间隔评审质量管理体系，以确保其持续的适宜性、充分性和有效性。评审应包括评价质量管理体系改进的机会和变更的需要，包括质量方针和质量目标。

应保持管理评审的记录。

②评审输入

管理评审的输入应包括以下方面的信息：

a. 审核结果；

b. 顾客反馈；

c. 过程的业绩和产品的符合性；

d. 预防和纠正措施的状况；

e. 以往管理评审的跟踪措施；

f. 可能影响质量管理体系的变更；

g. 改进的建议。

③评审输出

管理评审的输出应包括与以下方面有关的任何决定和措施：

a. 质量管理体系及其过程有效性的改进；

b. 与顾客要求有关的产品的改进；

c. 资源需求。

4. 资源管理

(1)资源的提供

组织应确定并提供以下方面所需的资源：

a. 实施、保持质量管理体系并持续改进其有效性；

b. 通过满足顾客要求，增强顾客满意。

(2)人力资源

①总则

基于适当的教育、培训、技能和经验，从事影响产品与要求的符合性工作的人员应是能够胜任的。

注：在质量管理体系中承担任何任务的人员都可能直接或间接地影响产品与要求的符合性。

② 能力、培训和意识

组织应：

a. 确定从事影响产品与要求的符合性工作的人员所必要的能力；

b. 适用时，提供培训或采取其他措施以获得所需的能力；

c. 评价所采取措施的有效性；

d. 确保组织的人员认识到所从事活动的相关性和重要性，以及如何为实现质量目标做出贡献；

e. 保持教育、培训、技能和经验的适当记录。

(3)基础设施

组织应确定、提供并维护为达到产品符合要求所需的基础设施。适用时，基础设施包括：

a. 建筑物、工作场所和相关的设施；

b. 过程设备(硬件和软件)；

c. 支持性服务(如运输、通信或信息系统)。

（4）工作环境

组织应确定和管理为达到产品符合要求所需的工作环境。

注：术语"工作环境"是指工作时所处的条件，包括物理的、环境的和其他因素（如噪声、温度、湿度、照明或天气）。

5. 产品实现

（1）产品实现的策划

组织应策划和开发产品实现所需的过程。产品实现的策划应与质量管理体系其他过程的要求相一致。

在对产品实现进行策划时，组织应确定以下方面的适当内容：

a. 产品的质量目标和要求；

b. 针对产品确定过程、文件和资源的需求；

c. 产品所要求的验证、确认、监视、测量、检验和试验活动，以及产品接收准则；

d. 为实现过程及其产品满足要求提供证据所需的记录。

策划的输出形式应适于组织的运作方式。

（2）与顾客有关的过程

①与产品有关的要求的确定

组织应确定：

a. 顾客规定的要求，包括对交付及交付后活动的要求；

b. 顾客虽然没有明示，但规定的用途或已知的预期用途所必需的要求；

c. 适用于产品的法律法规要求；

d. 组织认为必要的任何附加要求。

注：交付后活动包括诸如担保条件下的措施、合同规定的维护服务、附加服务（回收或最终处置）等。

②与产品有关的要求的评审

组织应评审与产品有关的要求。评审应在组织向顾客做出提供产品的承诺之前进行（如：提交标书、接受合同或订单及接受合同或订单的更改），并应确保：

a. 产品要求得到规定；

b. 与以前表述不一致的合同或订单的要求已予解决；

c. 组织有能力满足规定的要求。

评审结果及评审所引起的措施的记录应予保持。

若顾客提供的要求没有形成文件，组织在接受顾客要求前应对顾客要求进行确认。

若产品要求发生变更，组织应确保相关文件得到修改，并确保相关人员知道已变更的要求。

注：在某些情况中，如网上销售，对每一个订单进行正式的评审可能是不实际的。而代之对有关的产品信息，如产品目录、产品广告内容等进行评审。

③顾客沟通

组织应对以下有关方面确定并实施与顾客沟通的有效安排：

a. 产品信息；

b. 问询、合同或订单的处理，包括对其的修改；

c. 顾客反馈，包括顾客抱怨。

（3）设计和开发

① 设计和开发策划

组织应对产品的设计和开发进行策划和控制。

在进行设计和开发策划时，组织应确定：

a. 设计和开发阶段；

b. 适于每个设计和开发阶段的评审、验证和确认活动；

c. 设计和开发的职责和权限。

组织应对参与设计和开发的不同小组之间的接口实施管理，以确保有效的沟通，并明确职责分工。

根据设计和开发的进展，在适当时，策划的输出应予以更新。

注：设计和开发评审、验证和确认具有不同的目的。根据产品和组织的具体情况，可以单独或任意组合的形式进行并记录。

② 设计和开发输入

应确定与产品要求有关的输入，并保持记录。这些输入应包括：

a. 功能和性能要求；

b. 适用的法律法规要求；

c. 适用时，以前类似设计提供的信息；

d. 设计和开发所必需的其他要求。

应对设计和开发输入进行评审，以确保其充分性与适宜性。要求应完整、清楚，并且不能自相矛盾。

③ 设计和开发输出

设计和开发输出的方式应适合于针对设计和开发的输入进行验证，并应在放行前得到批准。

设计和开发输出应：

a. 满足设计和开发输入的要求；

b. 给出采购、生产和服务提供的适当信息；

c. 包含或引用产品接收准则；

d. 规定对产品的安全和正常使用所必需的产品特性。

注：生产和服务提供的信息可能包括产品防护的细节。

④ 设计和开发评审

在适宜的阶段，应依据所策划的安排对设计和开发进行系统的评审，以便：

a. 评价设计和开发的结果满足要求的能力；

b. 识别任何问题并提出必要的措施。

评审的参加者应包括与所评审的设计和开发阶段有关的职能的代表。评审结果及任何必要措施的记录应予保持。

⑤ 设计和开发验证

为确保设计和开发输出满足输入的要求，应依据所策划的安排对设计和开发进行验证。验证结果及任何必要措施的记录应予保持。

⑥设计和开发确认

为确保产品能够满足规定的使用要求或已知的预期用途的要求，应依据所策划的安排对设计和开发进行确认。只要可行，确认应在产品交付或实施之前完成。确认结果及任何必要措施的记录应予保持。

⑦设计和开发更改的控制

应识别设计和开发的更改，并保持记录。在适当时，应对设计和开发的更改进行评审、验证和确认，并在实施前得到批准。设计和开发更改的评审应包括评价更改对产品组成部分和已交付产品的影响。

更改评审结果及任何必要措施的记录应予保持。

(4) 采购

①采购过程

组织应确保采购的产品符合规定的采购要求。对供方及采购的产品控制的类型和程度应取决于采购的产品对随后的产品实现或最终产品的影响。

组织应根据供方按组织的要求提供产品的能力评价和选择供方。应制定选择、评价和重新评价的准则。评价结果及评价所引起的任何必要措施的记录应予保持。

②采购信息

采购信息应表述拟采购的产品，适当时包括：

a. 产品、程序、过程和设备的批准要求；

b. 人员资格的要求；

c. 质量管理体系的要求。

在与供方沟通前，组织应确保规定的采购要求是充分与适宜的。

③采购产品的验证

组织应确定并实施检验或其他必要的活动，以确保采购的产品满足规定的采购要求。

当组织或其顾客拟在供方的现场实施验证时，组织应在采购信息中对拟验证的安排和产品放行的方法做出规定。

(5)生产和服务提供

①生产和服务提供的控制

组织应策划并在受控条件下进行生产和服务提供。适用时，受控条件应包括：

a. 获得表述产品特性的信息；

b. 必要时，获得作业指导书；

c. 使用适宜的设备；

d. 获得和使用监视和测量设备；

e. 实施监视和测量；

f. 产品放行、交付和交付后活动的实施。

②生产和服务提供的过程确认

当生产和服务提供的过程输出不能由后续的监视或测量加以验证，致使问题在产品投入使用后或服务已交付后才显现时，组织应对任何这样的过程实施确认。

确认应证实这些过程实现所策划的结果的能力。

组织应规定确认这些过程的安排，适用时包括：

　　a. 为过程的评审和批准所规定的准则；

　　b. 设备的认可和人员资格的鉴定；

　　c. 使用特定的方法和程序；

　　d. 记录的要求；

　　e. 再确认。

　　③标志和可追溯性

　　适当时，组织应在产品实现的全过程中使用适宜的方法识别产品。

　　组织应在产品实现的全过程中，针对监视和测量要求识别产品的状态。

　　在有可追溯性要求的场合，组织应控制产品的唯一性标志，并保持记录。

　　注：在某些行业，技术状态管理是保持标志和可追溯性的一种方法。

　　④顾客财产

　　组织应爱护在组织控制下或组织使用的顾客财产。组织应识别、验证、保护和维护供其使用或构成产品一部分的顾客财产。若顾客财产发生丢失、损坏或发现不适用的情况时，组织应报告顾客，并保持记录。

　　注：顾客财产可包括知识产权和个人信息。

　　⑤产品防护

　　组织应在内部处理和交付到预定的地点期间对产品提供防护，以保持与要求的符合性。适用时，这种防护应包括标志、搬运、包装、贮存和保护。

　　防护也应适用于产品的组成部分。

　　(6)监视和测量设备的控制

　　组织应确定需实施的监视和测量以及所需的监视和测量设备，为产品符合确定的要求提供证据。

　　组织应建立过程，以确保监视和测量活动可行并以与监视和测量的要求相一致的方式实施。

　　当有必要确保结果有效的场合时，测量设备应：

　　a. 对照能溯源到国际或国家标准的测量标准，按照规定的时间间隔或在使用前进行校准和(或)验证。当不存在上述标准时，应记录校准或检定的依据；

　　b. 必要时进行调整或再调整；

　　c. 能够识别，以确定其校准状态；

　　d. 防止可能使测量结果失效的调整；

　　e. 在搬运、维护和贮存期间防止损坏或失效。

　　此外，当发现设备不符合要求时，组织应对以往测量结果的有效性进行评价和记录。组织应对该设备和任何受影响的产品采取适当的措施。

　　校准和验证结果的记录应予保持。

　　当计算机软件用于规定要求的监视和测量时，应确认其满足预期用途的能力。确认应在初次使用前进行，并在必要时予以重新确认。

　　注：确认计算机软件满足预期用途能力的典型方法包括验证和保持其适用性的配置管理(技术状态管理)。

6. 测量、分析和改进

(1)总则

组织应策划并实施以下方面所需的监视、测量、分析和改进过程：

a. 证实与产品要求的符合性；

b. 确保质量管理体系的符合性；

c. 持续改进质量管理体系的有效性。

应包括对统计技术在内的适用方法及其应用程度的确定。

(2)监视和测量

①顾客满意

作为对质量管理体系业绩的一种测量，组织应监视顾客关于组织是否满足其要求的感受的相关信息，并确定获取和利用这种信息的方法。

注：监视顾客感受可以包括从诸如顾客满意度调查、来自顾客的关于交付产品质量方面数据、用户意见调查、业务损失分析、顾客赞扬、担保索赔、经销商报告之类的来源获得输入。

②内部审核

组织应按策划的时间间隔进行内部审核，以确定质量管理体系是否：

a. 符合策划的安排、本标准的要求以及组织所确定的质量管理体系的要求；

b. 得到有效实施与保持。

考虑拟审核的过程和区域的状况和重要性以及以往审核的结果，组织应对审核方案进行策划。应规定审核的准则、范围、频次和方法。审核员的选择和审核的实施应确保审核过程的客观性和公正性。审核员不应审核自己的工作。

应编制形成文件的程序，以规定审核的策划、实施以及形成记录和报告结果的职责和要求。

应保持审核及其结果的记录。

负责受审区域的管理者应确保及时采取必要的纠正和纠正措施，以消除所发现的不合格及其原因。跟踪活动应包括对所采取措施的验证和验证结果的报告。

注：作为指南，参见 GB/T 19011。

③过程的监视和测量

组织应采用适宜的方法对质量管理体系过程进行监视，并在适用时进行测量。这些方法应证实过程实现所策划的结果的能力。当未能达到所策划的结果时，应采取适当的纠正和纠正措施。

注：当确定适宜的方法时，建议组织就这些过程对产品要求的符合性和质量管理体系有效性的影响，考虑监视和测量的类型与程度。

④产品的监视和测量

组织应对产品的特性进行监视和测量，以验证产品要求已得到满足。这种监视和测量应依据所策划的安排在产品实现过程的适当阶段进行。应保持符合接收准则的证据。

记录应指明有权放行产品以交付给顾客的人员。

除非得到有关授权人员的批准，适用时得到顾客的批准，否则在策划的安排已圆满完成之前，不应向顾客放行产品和交付服务。

（3）不合格品控制

组织应确保不符合产品要求的产品得到识别和控制，以防止其非预期的使用或交付。应编制形成文件的程序，以规定不合格品控制以及不合格品处置的有关职责和权限。

适用时，组织应通过下列一种或几种途径，处置不合格品：

a. 采取措施，消除发现的不合格品；

b. 经有关授权人员批准，适用时经顾客批准，让步使用、放行或接收不合格品；

c. 采取措施，防止其原预期的使用或应用；

d. 当在交付或开始使用后发现产品不合格时，组织应采取与不合格品的影响或潜在影响的程度相适应的措施。

应对纠正后的产品再次进行验证，以证实符合要求。

应保持不合格的性质以及随后所采取的任何措施的记录，包括所批准的让步的记录。

（4）数据分析

组织应确定、收集和分析适当的数据，以证实质量管理体系的适宜性和有效性，并评价在何处可以持续改进质量管理体系的有效性。这应包括来自监视和测量的结果以及其他有关来源的数据。

数据分析应提供有关以下方面的信息：

a. 顾客满意；

b. 与产品要求的符合性；

c. 过程和产品的特性及趋势，包括采取预防措施的机会；

d. 供方。

（5）改进

①持续改进

组织应利用质量方针、质量目标、审核结果、数据分析、纠正和预防措施以及管理评审，持续改进质量管理体系的有效性。

②纠正措施

组织应采取措施，以消除不合格的原因，防止不合格的再发生。纠正措施应与所遇到不合格的影响程度相适应。

应编制形成文件的程序，以规定以下方面的要求：

a. 评审不合格（包括顾客抱怨）；

b. 确定不合格的原因；

c. 评价确保不合格不再发生的措施的需求；

d. 确定和实施所需的措施；

e. 记录所采取措施的结果；

f. 评审所采取的纠正措施的有效性。

③预防措施

组织应确定措施，以消除潜在不合格的原因，防止不合格的发生。预防措施应与潜在问题的影响程度相适应。

应编制形成文件的程序，以规定以下方面的要求：

a. 确定潜在不合格及其原因；

b. 评价防止不合格发生的措施的需求；

c. 确定并实施所需的措施；

d. 记录所采取措施的结果；

e. 评审所采取的预防措施的有效性。

实训任务

请给相关企业按照 ISO 9001：2008 质量管理体系的要求编写质量管理体系文件。

任务 3　学习质量管理体系建立方法

●●●● 知识目标

• 掌握质量管理体系在食品企业中建立的方法及步骤

●●●● 技能目标

• 能够正确掌握食品企业建立质量管理体系的四个阶段

必备知识

建立、完善质量体系一般要经历质量体系的策划与设计、质量体系文件的编制、质量体系的试运行、质量体系的审核和评审四个阶段，每个阶段又可分为若干具体步骤。

一、质量体系的策划与设计

该阶段主要是做好各种准备工作，包括教育培训，统一认识；组织落实，拟订计划；确定质量方针，制订质量目标；现状调查和分析；调整组织结构，配备资源等方面。

(一)教育培训，统一认识

质量体系建立和完善的过程，是始于教育终于教育的过程，也是提高认识和统一认识的过程，教育培训要分层次，循序渐进地进行。

第一层次为决策层，包括党、政、技(术)领导。主要培训：

1. 通过介绍质量管理和质量保证的发展和本单位的经验教训，说明建立、完善质量体系的迫切性和重要性；

2. 通过 ISO 9000 族标准的总体介绍，提高按国家(国际)标准建立质量体系的认识；

3. 通过质量体系要素讲解(重点应讲解"管理职责"等总体要素)，明确决策层领导在质量体系建设中的关键地位和主导作用。

第二层次为管理层，重点是管理、技术和生产部门的负责人，以及与建立质量体系有关的工作人员。这个层次的人员是建设、完善质量体系的骨干力量，起着承上启下的作用，要使他们全面接受 ISO 9000 有关内容的培训，在方法上可采取讲解与研讨结合。

第三层次为执行层，即与产品质量形成全过程有关的作业人员。对这一层次人员主要培训与本岗位质量活动有关的内容，包括在质量活动中应承担的任务，完成任务应赋予的权限，以及造成质量过失应承担的责任等。

(二)组织落实，拟订计划

尽管质量体系建设涉及一个组织的所有部门和全体职工，但对多数单位来说，成立一个精干的工作班子可能是需要的，根据一些单位的做法，这个班子也可分三个层次。

第一层次：成立以最高管理者(厂长、总经理等)为组长，质量主管领导为副组长的质量体系建设领导小组(或委员会)。其主要任务包括：

1. 体系建设的总体规划；

2. 制订质量方针和目标；

3. 按职能部门进行质量职能的分解。

第二层次：成立由各职能部门领导(或代表)参加的工作班子。这个工作班子一般由质量部门和计划部门的领导共同牵头，其主要任务是按照体系建设的总体规划具体组织实施。

第三层次：成立要素工作小组。根据各职能部门的分工明确质量体系要素的责任单位，例如，"设计控制"一般应由设计部门负责，"采购"要素由物资采购部门负责。

组织和责任落实后，按不同层次分别制订工作计划，在制订工作计划时应注意：

1. 目标要明确。要完成什么任务，要解决哪些主要问题，要达到什么目的。

2. 要控制进程。建立质量体系的主要阶段要规定完成任务的时间表、主要负责人和参与人员、以及他们的职责分工及相互协作关系。

3. 要突出重点。重点主要是体系中的薄弱环节及关键的少数。这少数可能是某个或某几个要素，也可能是要素中的一些活动。

(三)确定质量方针，制订质量目标

质量方针体现了一个组织对质量的追求、对顾客的承诺，是职工质量行为的准则和质量工作的方向。

制定质量方针的要求是：

1. 与总方针相协调；

2. 应包含质量目标；

3. 结合组织的特点；

4. 确保各级人员都能理解和坚持执行。

(四)现状调查和分析

现状调查和分析的目的是为了合理地选择体系要素，内容包括：

1. 体系情况分析。即分析本组织的质量体系情况，以便根据所处的质量体系情况选择质量体系要素的要求。

2. 产品特点分析。即分析产品的技术密集程度、使用对象、产品安全特性等，以确定要素的采用程度。

3. 组织结构分析。组织的管理机构设置是否适应质量体系的需要。应建立与质量体系相适应的组织结构并确立各机构间隶属关系、联系方法。

4. 生产设备和检测设备能否适应质量体系的有关要求。

5. 技术、管理和操作人员的组成、结构及水平状况的分析。

6. 管理基础工作情况分析。即标准化、计量、质量责任制、质量教育和质量信息等工作的分析。

对以上内容可采取与标准中规定的质量体系要素要求进行对比性分析。

(五)调整组织结构,配备资源

因为在一个组织中除质量管理外,还有其他各种管理。组织机构设置由于历史沿革多数并不是按质量形成客观规律来设置相应的职能部门的,所以在完成落实质量体系要素并展开成对应的质量活动以后,必须将活动中相应的工作职责和权限分配到各职能部门。一方面是客观展开的质量活动,另一方面是人为的现有的职能部门,两者之间的关系处理,一般地讲,一个质量职能部门可以负责或参与多个质量活动,但不要让一项质量活动由多个职能部门来负责。

目前我国企业现有职能部门对质量管理活动所承担的职责、所起的作用普遍不够理想,总的来说应该加强。

在活动展开的过程中,必须涉及相应的硬件、软件和人员配备,根据需要应进行适当的调配和充实。

二、质量体系文件的编制

质量体系文件的编制内容和要求,从质量体系的建设角度讲,应强调几个问题:

1. 体系文件一般应在第一阶段工作完成后才正式制订,必要时也可交叉进行。如果前期工作不做,直接编制体系文件就容易产生系统性、整体性不强,以及脱离实际等弊病。

2. 除质量手册需统一组织制订外,其他体系文件应按分工由归口职能部门分别制订,先提出草案,再组织审核,这样做有利于今后文件的执行。

3. 质量体系文件的编制应结合本单位的质量职能分配进行。按所选择的质量体系要求,逐个展开为各项质量活动(包括直接质量活动和间接质量活动),将质量职能分配落实到各职能部门。质量活动项目和分配可采用矩阵图的形式表述,质量职能矩阵图也可作为附件附于质量手册之后。

4. 为了使所编制的质量体系文件做到协调、统一,在编制前应制订"质量体系文件明细表",将现行的质量手册(如果已编制)、企业标准、规章制度、管理办法以及记录表式收集在一起,与质量体系要素进行比较,从而确定新编、增编或修订质量体系文件项目。

5. 为了提高质量体系文件的编制效率,减少返工,在文件编制过程中要加强文件的层次间、文件与文件间的协调。尽管如此,一套质量好的质量体系文件也要经过自上而下和自下而上地多次反复。

6. 编制质量体系文件的关键是讲求实效,不走形式。既要从总体上和原则上满足ISO 9000族标准,又要在方法上和具体做法上符合本单位的实际。

三、质量体系的试运行

质量体系文件编制完成后,质量体系将进入试运行阶段。其目的是通过试运行,考验质量体系文件的有效性和协调性,并对暴露出的问题采取改进措施和纠正措施,以达到进一步完善质量体系文件的目的。

在质量体系试运行过程中,要重点抓好以下工作:

1. 有针对性地宣贯质量体系文件。使全体职工认识到新建立或完善的质量体系是对过去质量体系的变革,是为了向国际标准接轨,要适应这种变革就必须认真学习、贯彻质量体系文件。

2. 实践是检验真理的唯一标准。体系文件通过试运行必然会出现一些问题,全体职工应将实践中出现的问题和改进意见如实反映给有关部门，以便采取纠正措施。

3. 将体系试运行中暴露出的问题，如体系设计不周、项目不全等进行协调、改进。

4. 加强信息管理，不仅是体系试运行本身的需要，也是保证试运行成功的关键。所有与质量活动有关的人员都应按体系文件要求，做好质量信息的收集、分析、传递、反馈、处理和归档等工作。

四、质量体系的审核与评审

质量体系审核在体系建立的初始阶段往往更加重要。在这一阶段，质量体系审核的重点主要是验证和确认体系文件的适用性和有效性。

1. 审核与评审的主要内容一般包括：

(1)规定的质量方针和质量目标是否可行；

(2)体系文件是否覆盖了所有主要质量活动，各文件之间的接口是否清楚；

(3)组织结构能否满足质量体系运行的需要，各部门、各岗位的质量职责是否明确；

(4)质量体系要素的选择是否合理；

(5)规定的质量记录是否能起到见证作用；

(6)所有职工是否养成了按体系文件操作或工作的习惯，执行情况如何。

2. 该阶段体系审核的特点是：

(1)体系正常运行时的体系审核重点在符合性，在试运行阶段，通常是将符合性与适用性结合起来进行；

(2)为使问题尽可能地在试运行阶段暴露无遗，除组织审核组进行正式审核外，还应有广大职工的参与，鼓励他们通过试运行的实践，发现和提出问题；

(3)在试运行的每一阶段结束后，一般应正式安排一次审核，以便及时对发现的问题进行纠正，对一些重大问题也可根据需要适时地组织审核；

(4)在试运行中要对所有要素审核覆盖一遍；

(5)充分考虑对产品的保证作用；

(6)在内部审核的基础上，由最高管理者组织一次体系评审。

应当强调，质量体系是在不断改进中得以完善的，质量体系进入正常运行后，仍然要采取内部审核，管理评审等各种手段以使质量体系能够保持和不断完善。

实训任务

按企业内审要求，为某食品企业编写内审文件。

1. 内审检查表；

2. 内审报告；

3. 内审不合格报告单。

任务 4　学习质量管理体系文件编写方法

●●●●●知识目标

• 掌握 ISO 9001 质量管理体系文件的基本内容及编写方法

●●●●● 技能目标

• 能够熟练掌握食品企业质量管理体系文件的编写要求

必备知识

质量管理体系文件是描述质量管理的一整套文件，是质量管理体系运行的依据。

一、质量管理体系文件内容

a) 形成文件的质量方针和质量目标；

b) 质量手册；

c) 本标准所要求的形成文件的程序和记录；

d) 组织确定的为确保其过程有效策划、运行和控制所需的文件，包括记录。

注1：本标准出现"形成文件的程序"之处，即要求建立该程序，形成文件，并加以实施和保持。一个文件可包括对一个或多个程序的要求。一个形成文件的程序的要求可以被包含在多个文件中。

注2：不同组织的质量管理体系文件多少与详略程度可以不同，取决于：

a) 组织的规模和活动的类型；

b) 过程及其相互作用的复杂程度；

c) 人员的能力。

注3：文件可采用任何形式或类型的媒介。

二、质量管理体系文件编写的原则

1. 系统性

质量管理体系文件反映一个组织质量管理体系运行的全过程。文件的各个层次间、文件与文件之间应做到层次清楚、接口明确、结构合理。

2. 法规性

质量管理体系文件是必须执行的法规性文件，应保持其相对的稳定性和连续性。

3. 协调性

应保证质量管理体系文件与其他管理性文件的协调统一，保证质量管理体系文件之间的协调一致。

4. 高增值性

质量管理体系文件不是质量管理体系现状的简单写实，质量管理体系文件随着质量管理体系的不断改进而完善。

5. 继承性

在编制质量管理体系文件时，要继承以往有效的经验的做法。

6. 可操作性

应发动各部门有实践经验的人员，集思广益、共同参与，确保文件的可操作性，切忌照搬照抄，闭门造车。

7. 唯一性

对一个组织来说，质量管理体系只有一个，因此质量管理体系文件也应该是唯一的，要杜绝不同版本并存的现象。

8. 见证性

质量管理体系文件可作为本组织质量管理体系有效运行并得到保持的客观证据,向顾客、第三方证实本组织质量管理体系的运行情况。

9. 适宜性

质量管理体系文件的编制和形式应考虑企业的产品特点、规模、管理经验等。文件的详略程度应与人员的素质,技能和培训等因素相适宜。

为了确保质量手册的有效实施,使企业取得良好的效益,在编制质量手册的过程中,应注意以下问题:

(1)要注重从企业自身需要出发编制手册,防止走形式;

(2)注意总结本企业质量管理的经验;

(3)充分利用现有管理标准、工作标准;

(4)要注意让职工积极参与;

(5)注意使用符合本国文化传统的语言。

三、质量管理体系文件编写的准备

文件编制前应完成质量管理体系结构的设计(包括质量方针、质量目标的制定,ISO 9001条款的确定,企业现状的诊断,质量责任分配及资源配备等),同时应进行下列准备:

1. 设立文件编写的主管机构(一般为 ISO 9001 推进小组),指导和协调文件编写工作;

2. 收集整理企业现有文件;

3. 对编写人员进行培训,明确编写的要求、方法、原则和注意事项;

4. 编写指导性文件。

为了使质量管理体系文件统一协调,达到规范化和标准化要求,应编制指导性文件,就文件的要求、内容、格式等做出规定。

四、质量管理体系手册的结构

1. 封面。

2. 手册发布令。

3. 目录。

4. 手册说明。

5. 手册版序控制。

6. 术语与定义。

7. 企业概况。

8. 质量方针与质量目标。

9. 组织结构与职责。

10. 过程的描述。

11. 支持性资料附录。

五、质量管理体系文件的编号

1. 质量手册的格式

质量手册内页格式应既方便查阅又有利于实施文件的更改;质量手册应写明文件编号、版次、文件章节号、标题、页次和更改次数,有利于手册更改的控制。手册附录应附有"质量管理体系程序文件目录"和"质量记录目录",具有序号、文件编号、文件名称、版次、主要责任部门、备注等内容,这主要是把质量与整个管理性体系文件联系起来。

2. 编号

质量管理体系文件的编号十分重要,直接影响到文件的有效管理和控制。文件编号应反映出组织的名称、文件的类别、文件的主管责任部门、文件分类号及序号,使文件的种类、主要负责部门、对应过程要点及数量都能一目了然;凡体系文件均应有编号并做到唯一性,以利于实施分类管理以及更改、再版工作的有序进行。

文件编号方法:

①组织代号,一般用缩写的拼音字母表示。

②文件类别号,按标准要求分五类:

质量方针与质量目标——QO;

质量手册——QM;

程序文件——QP;

作业指导书——WI(指管理性文件,技术性文件另定);

质量记录——FM。

③主管责任部门代号,可按责任部门缩写的拼音字母或英文字母表示,其作用是为了方便文件中职责的归口管理,如:

办公室——O,质管部门——Q,技术部门——T,生产部门——P,销售部门——S,设备部门——E,人力资源部门——H,财务部门——F。

中小型企业因人员较少,部门较为简单,这一代号可以视情形予以省略。

六、质量管理体系文件的编写

(一)质量手册

以下按照质量手册的编写要求及顺序,举例说明其编写方法。

1. 封面

××食品厂

质 量 手 册

第×版

文件编号:

受控状态:

发放编号:

编制:＿＿＿＿＿＿＿＿＿＿

审核:＿＿＿＿＿＿＿＿＿＿

批准:＿＿＿＿＿＿＿＿＿＿

发布日期:　　　　实施日期:

　　编写说明：应在封面上方写明组织名称，其下方写明"质量手册"，"质量手册"下写第×版；在手册中下部应写明质量手册编号、手册受控状态、文件发放编号；在封面下方左边写发布日期，下方右边写实施日期。

　　2. 手册颁布令和任命书

文件类型	质量手册	××食品厂		版 本 号
章 节 号		**质量手册颁布令**		修 订 号
管理部门				页　　码

颁布令

　　依据GB/T 19001—2008 idt ISO 9001：2008《质量管理体系——要求》编制完成《质量手册》，经过审核和批准，现予以正式发布，自二○○×年×月×日起实施。

　　本手册是我厂质量管理体系的法规性文件，是建立并实施质量管理体系的纲领和行动准则。工厂全体员工必须遵照执行。

总经理：×××

二○○×年×月×日

　　编写说明：颁布令是质量手册的第 2 章，是质量手册的发布令，通常用本组织的红头文件正式发布，由最高管理者签发，也可以不用文件而直接在手册上签字发布。应说明本手册符合 ISO 9001：2008 标准要求，结合组织实际，明确手册的作用、性质、适用产品范围、用途及对全体员工的要求，明确在××××年××月××日实施，由企业最高管理者签字批准。

文件类型	质量手册	××食品厂		版 本 号
章 节 号		**任命书**		修 订 号
管理部门				页　　码

任命书

　　为贯彻执行 GB/T 19001—2008 idt ISO 9001：2008《质量管理体系——要求》，加强对管理体系运作的领导，特任命×××先生为我厂的管理者代表。管理者代表的职责是：略。

总经理：×××

二○○×年×月×日

编写说明：本项是由工厂的最高管理者在本组织内任命一名管理者代表。同时，将管理者代表职责和权限以书面形式在组织内部发布，以利于管理者代表在其授权范围内行使职权，确保质量管理体系的建立和有效实施。

3. 目录

文件类型　　质量手册	××食品厂	版　本　号
章　节　号	目　　录	修　订　号
管理部门		页　　码

章节号　标题	章节号　标题
0.1　目录	6.0　资源管理
0.2　质量方针	6.1　资源提供
0.3　质量手册修改控制	6.2　人力资源
0.4　质量手册说明	6.3　基础建设
0.5　工厂概况	6.4　工作环境
0.6　工厂组织架构图	7.0　产品实现
0.7　质量管理体系架构图	7.1　产品实现的策划
0.8　质量管理体系过程责任分配表	7.2　与顾客有关的过程
1.0　范围	7.4　采购
1.1　总则	7.5　生产和服务提供
1.2　应用	7.6　监视和测量装置的控制
2.0　引用标准	8.0　测量、分析和改进
3.0　术语和定义	8.1　总则
4.0　质量管理体系	8.2　监视和测量
4.1　总要求	8.3　不合格品控制
4.2　文件要求	8.4　数据分析
5.0　管理职责	8.5　改进
5.1　管理承诺	附件1　工艺流程图
5.2　以顾客为关注焦点	附件2　程序文件清单
5.3　质量方针	附件3　三级文件清单
5.4　策划	
5.5　职责、权限与沟通	
5.6　管理评审	

编写说明：质量手册的目录分为章节序号、章节内容、页数，必要时可再列入ISO 9001：2008标准对应条款号。它是工厂质量管理体系文件的总体架构。

4. 质量方针与质量目标

文件类型　　质量手册	××食品厂	版 本 号
章 节 号	**质量方针**	修 订 号
管理部门		页　　码

质量求精，开拓市场；
完善服务，忠诚守信

　　质量求精，开拓市场：表明了我公司在食品质量日益得到广大消费者关注的今天，对消费者的承诺和我们公司的战略方针，我们要以产品的质量来赢得市场，要在质量上做到精益求精。

　　完善服务，忠诚守信：在提供产品的各类服务里不断完善自身，以提高我们的生产、管理和服务的水平，制造和提供让人们放心消费的食品。对消费者忠诚守信，才能得到更多的消费群体的支持。

　　编写说明：质量方针是企业最高管理者正式发布的组织总的质量宗旨和质量方向。要体现出组织产品或服务的特点，给人以深刻的印象。要求有概括性、简练通畅、文字生动富有号召力。质量方针的下面可以进行适当的注解。

5. 质量手册修改控制

文件类型　　质量手册	××食品厂	版 本 号
章 节 号	**质量手册修改控制**	修 订 号
管理部门		页　　码

修改一览表

章节号	修改条款	修改日期	修改人	审核	批准

　　编写说明：质量手册是质量管理体系的重要文件，应如实、及时填写"修改一览表"，可确定质量手册的更改和修订状态得到识别。

6. 质量手册说明

文件类型　　质量手册	××食品厂	版 本 号
章 节 号	**质量手册说明**	修 订 号
管理部门		页　　码

　　1. 手册内容、适用范围
　　2. 手册的管理控制

　　编写说明：对质量手册的内容、使用领域进行介绍。明确手册的管理部门和手册的适用范围。

7. 工厂概况

文件类型　质量手册	××食品厂	版　本　号
章 节 号	**工厂概况**	修　订　号
管理部门		页　　　码

　　编写说明：质量手册的作用之一是对外宣传、证实工厂的质量管理体系的存在，所以工厂概况的描述最好能将工厂的经营理念、产品、服务、实力、资源、发展前景以及在同行中的地位、市场份额等重要信息对外充分展示。最后要注明：工厂名称、地址、电话、传真等信息。

8. 工厂组织结构图

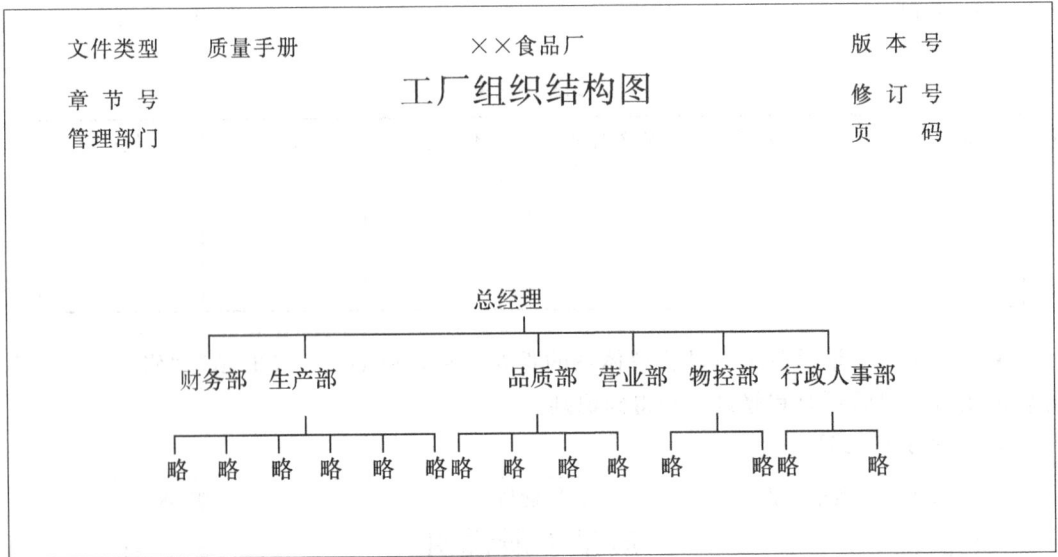

文件类型　质量手册	××食品厂	版　本　号
章 节 号	**工厂组织结构图**	修　订　号
管理部门		页　　　码

```
                              总经理
        ┌────────┬──────────┬────────┬────────┬────────┐
      财务部  生产部      品质部  营业部  物控部  行政人事部
      ┌─┬─┬─┬─┬─┐  ┌─┬─┬─┐   ┌─┬─┬─┐
      略 略 略 略 略 略 略 略 略  略  略 略 略
```

　　编写说明：此为以最高管理者为领导的企业各个部门的组织结构。此结构图也可以放在质量手册的最后附录中。

9. 质量管理体系结构图

文件类型　质量手册	××食品厂	版　本　号
章　节　号	**质量管理体系结构图**	修　订　号
管理部门		页　　码

```
                        总经理
                        └─管理者代表

        生产部              品质部    营业部  物控部  行政人事部

  略 略 略 略 略 略    略 略 略 略     略   略略   略
```

编写说明：质量管理体系结构图是专门针对组织的质量管理而设置的，质量管理结构图更突出管理者代表的作用。如果组织中的某些部门（如财务部）未被所建立的质量管理体系所覆盖，将不在质量管理体系结构图中体现。此结构图也可以放在质量手册的最后附录中。

10. 质量管理体系过程职责分配表

文件类型　质量手册	××食品厂	版　本　号
章　节　号	**质量管理体系过程职责分配表**	修　订　号
管理部门		页　　码

序号	体系要求＼职能分配	总经理	管理者代表	生产部	品质部	物控部	营业部	行政人事部
1	4.1　总要求	▲	▲	△	△	△	△	△
2	4.2.1　总则	▲	△	△	△	△	△	△
3	4.2.2　质量手册	▲	▲	△	▲	△	△	△
…	…							
33	8.5　改进	△	△	△	▲	△	△	△
备注：▲表示主管，主要职能　　△表示相关职能								

编写说明：按照 ISO 9001：2008 质量体系的要求内容将职责分配到各个部门，以表格的形式表现出来，一目了然。此项表格也可以放在质量手册的最后附录中。

11. 范围

文件类型 质量手册	××食品厂	版 本 号
章 节 号	**范围**	修 订 号
管理部门		页 码
1.1 总则		
1.2 应用		

编写说明：1.1 总则是质量手册正文的第一章内容，总则明确质量手册依照的质量管理体系，规定了工厂质量管理体系要求达到的标准。1.2 应用中首先说明质量手册在工厂里的适用范围，其次当企业及其产品的性质导致标准的任何要求不适用时，可以考虑进行删减。

12. 引用标准

文件类型 质量手册	××食品厂	版 本 号
章 节 号	**引用标准**	修 订 号
管理部门		页 码
2.1 GB/T 19000－2008 idt ISO 9000：2008《质量管理体系——基础和术语》		
2.2 GB/T 19001－2008 idt ISO 9001：2008《质量管理体系——要求》		

编写说明：表明质量手册在编写过程中所引用的标准，如果手册的内容描述涉及相关行业标准、条例、法律、法规则应予以引用，同时应注意引用标准的有效性和适宜性。

13. 术语和定义

文件类型 质量手册	××食品厂	版 本 号
章 节 号	**术语和定义**	修 订 号
管理部门		页 码
3.1 本手册采用 GB/T 19000－2008 idt ISO 9000：2008 中的术语和定义		
3.2 略		

编写说明：质量手册中常会出现一些术语、产品名称、设备名称等，有些名词如果不做说明，有可能妨碍沟通，因此在定义中应予以解释。

14. 质量管理体系

文件类型　　质量手册	××食品厂	版　本　号
章　节　号	**质量管理体系**	修　订　号
管理部门		页　　　码

4.1　总要求：略
4.2　文件要求：略
4.2.1　总则：略
4.2.2　质量手册：略
4.2.3　文件控制：略
4.2.4　记录控制：略
支持性文件：
1. 文件控制程序
2. 记录控制程序

编写说明：本条款给出建立、实施、保持和持续改进质量管理体系的总体思路。要求组织系统识别组织运作所需要的过程，并对这些过程加以管理。编写的时候要求按照标准的条款逐一列出。文件控制、记录控制因为有程序文件支持，所以可以简略表述。

15. 管理职责

文件类型　　质量手册	××食品厂	版　本　号
章　节　号	**管理职责**	修　订　号
管理部门		页　　　码

5.1　管理承诺
5.2　以顾客为关注焦点
5.3　质量方针
5.4　策划
5.5　职责、权限和沟通
5.6　管理评审
支持性文件：
管理评审控制程序

编写说明：根据质量标准的要求，从 6 个方面对组织的最高管理者提出其应承担的管理责任，要求最高管理者在质量管理体系中应发挥积极作用，创造一个能吸引全员参与并能持续改进的环境，以确保顾客的要求得到满足。编写时要按照标准的条款逐一表述。管理评审因为有管理评审控制程序文件的支持，所以在这里可以简略表述。

16. 资源管理

文件类型　　质量手册	××食品厂 **资源管理**	版　本　号
章　节　号		修　订　号
管理部门		页　　　码

6.1　资源提供

6.2　人力资源

6.3　基础设施

6.4　工作环境

支持性文件：

1. 岗位人员任职要求

2. 人力资源控制程序

3. 设备维修保养制度

4. 基础设施和工作环境控制程序

编写说明：资源管理首先要确定本组织所需的资源，确定时不但要考虑组织内部的需要，还要考虑国家对行业的有关规定及顾客的要求，并充分提供，这是最高管理者的职责。编写时按照标准条款，根据企业的具体实际情况逐一表述清楚。有支持文件的条款可以在这里简要表述。

17. 产品实现

文件类型　　质量手册	××食品厂 **产品实现**	版　本　号
章　节　号		修　订　号
管理部门		页　　　码

7.1　产品实现的策略：略

7.2　与顾客有关的过程：略

7.4　采购：略

7.5　生产和服务提供：略

7.6　测量和监视器具：略

支持性文件：

1. 与顾客有关的过程控制程序

2. 采购控制程序

3. 生产和服务提供控制程序

4. 设备维修、保养制度

5. 标志和可追溯性控制程序

6. 顾客财产控制程序

7. 产品防护控制程序

编写说明：本章是对企业常规业务的策划，反映在工艺技术文件中，按照这些文件规范作业即可满足顾客的需求。编写时，按照标准条款的要求，逐一进行标示完整。有支持文件的条款可以在这里简要表述。

18. 测量、分析和改进

文件类型 质量手册	××食品厂	版 本 号
章 节 号	测量、分析和改进	修 订 号
管理部门		页 码

8.1 总则

8.2 监视和测量

8.3 不合格品控制

8.4 数据分析

8.5 改进

支持性文件：

1. 顾客满意度测量程序

2. 内部审核控制程序

3. 过程和产品监视、测量控制程序

4. 不合格品控制程序

5. 改进控制程序

编写说明：为证实产品的符合性，采取措施，发现体系运行中的不足，并实施有效的措施加以解决。编写时，按照标准条款的要求，逐一进行标示完整。有支持文件的条款可以在这里简要表述。

(二)附件

1. 工艺流程图

文件类型 质量手册	××食品厂	版 本 号
章 节 号	工艺流程图	修 订 号
管理部门		页 码

编写说明：以生产加工流程图的形式体现生产的全过程，并在每个生产环节表明质量控制点。

2. 程序文件清单

文件类型	质量手册		××食品厂		版 本 号
章 节 号			**程序文件清单**		修 订 号
管理部门					页　　码

序号	标准条款	文件名称	文件编号	编制及实施部门
1	4.2.3	文件控制程序	FH－PD－4.2.3－01	品质部
2	4.2.4	记录控制程序	FH－PD－4.2.4－01	品质部
…	…	…	…	…
16	8.5	改进控制程序	FH－PD－8.5－01	品质部

编写说明：所有质量手册支持性程序文件的目录。

3. 三级文件清单

文件类型	质量手册		××食品厂		版 本 号
章 节 号			**任命书**		修 订 号
管理部门					页　　码

A. 任职要求

序号	文件类型	文件名称	文件编号	编制及实施部门
1				
2				
…	…	…	…	…

B. 岗位职责

序号	文件类型	文件名称	文件编号	编制及实施部门
1				
2				
…	…	…	…	…

以下内容略

编写说明：对所有三级文件的目录进行分类记录。包括：任职要求、岗位职责、管理制度、机械设备的保养制度、作业指导书、检验指导书、行业标准、法律法规、质量记录等。

(三)程序文件

编写说明：质量管理体系所需要的文件应予以控制，明确文件的批准、更新、再次批准、更改和现行状态的识别、发放、保存以及外来文件和作废文件的控制等所有过程的管理,要具有可操作性。

程序文件编写时,要按照相关标准条款的要求,并结合企业的具体操作程序形成文件,并注意保留原始记录、单据等。

(四)工作手册

包括各部门的工作手册首页、目录、组织结构图、任职要求、岗位职责、管理制度、作业指导书等内容。

实训任务

按照质量评审的要求和步骤为某食品企业安排和编写某一年度的质量评审文件。

任务 5　学习内审和管理评审

●●●● 知识目标

• 掌握 ISO 9001 质量管理体系食品企业内审、管理评审的要求及步骤

●●●● 技能目标

• 能够掌握企业内审及管理评审的文件编写

必备知识

一、质量体系内部审核

(一)内部审核控制程序

1. 目的

确保本公司质量管理体系的有效性和符合性,并及时采取纠正预防措施,以实现体系的持续改进。

2. 适用范围

适用于本公司质量管理体系覆盖的所有过程、部门和场所的审核。

3. 定义

第一方审核又称内部审核,用于内部的目的,由组织自己或以组织的名义进行,可作为组织自我合格声明的基础。内部审核是质量管理体系的一种质量体系认证审核。

4. 职责

(1)管理者代表及品质部负责内部质量审核(以下简称内审)的组织、管理、领导工作。

(2)内审小组负责内审的准备、实施、报告、验证等工作。

(3)公司各部门积极配合,接受内审;并对内审中出现的不合格项采取纠正与预防措施。

5. 作业内容

(1)内审的策划

①每年年初,管理者代表应根据标准和实际需要编制一份该年度审核计划,呈报总经

理批准后组织实施，内审应覆盖质量管理体系所有过程、部门和场所，每年至少二次。

②如下特殊情况时可提出内审要求：

a. 当合同要求或客户需要评价质量管理体系时；

b. 当机构和职能有所重大变更时；

c. 发现严重不合格而需要审查时；

d. 第三方审核认证或监督审核前；

e. 总经理提出要求时。

③管理者代表依据以上情况适时提出内审建议，总经理批准后实施。

（2）成立内审小组

①根据内审活动目的、范围、部门、过程及日程安排，管理者代表提出内审小组名单，总经理批准后组成内审小组。

②内审人员资格条件

a. 内审人员应是所在部门负责人或主要骨干；

b. 内审人员须通过质量管理体系内审课程培训并考试合格；内审人员须经总经理确认授权。

③内审人员职责

内审组长职责：

a. 协商并制订审核活动计划，准备工作文件，布置审核组成员工作；

b. 主持审核会议，控制现场审核实施，使审核按计划和要求进行；

c. 确认内审员审核发现的不合格项报告；

d. 向管理者代表和总经理提交审核报告，报告内容包括对受审核方提出改进建议和要求；

e. 做好审核实施过程中文件的分发工作。

内审员职责：

a. 根据审核要求编制检查表；

b. 按审核计划完成审核任务；

c. 将审核发现形成书面资料，编制不合格项报告；

d. 支持配合内审组长工作，协助受审核方制定纠正措施，并实施跟踪审核。

（3）编制审核工作计划

①由内审组长编制审核工作计划，经管理者代表批准后组织召开审核小组会议，明确各成员分工和要求，确保每位内审员清楚了解审核任务。

②审核工作计划包括以下内容。

a. 被审部门目的、范围、日期；

b. 依据的文件。

（二）内审检查表的编制

1. 内审检查表的编制要求

（1）按部门写：按照标准和体系文件的要求来编写，然后根据受审核部门的职能。如查文件管理部门，先根据手册职能分配表中与文件管理部门相关的要素，然后再逐步列出要查的具体内容。这样要素和部门职能就不容易遗漏。

(2)按流程写：根据企业的主要流程，一项项查流程的接口是否明确、流程职能中规定的是否都做了。

2. 内审检查表编制实例

内审检查表

版本/修改次数：01/00   No：001

部门代表		审核员	
标准章节号	检查内容	检查记录	备注
4.1 质量管理体系总要求	1. 本公司是否已建立了文件化的质量管理体系并加以实施和保持下去？ 2. 请总经理谈谈，为使公司质量管理体系正常运作，本公司建立了哪几个大的过程？ 3. 公司确定了什么准则和方法来控制这几个大的过程，以确保其有效运行。 4. 公司选择了哪些外包过程？对这些外包过程如何进行控制？		
4.2.1 文件要求总则	1. 请问公司建立文件化的质量管理体系，都包括哪些文件？ 2. 本公司共编制了多少个程序文件？其中哪几个程序文件是 ISO 9001：2008 标准要求必须编制的？ 3. 文件的多少和文件内容的详略程序是依据本公司目前的哪些因素确定的？		
4.2.2 质量手册	1. 本公司编制的《质量手册》的主要内容是什么？ 2. 本公司的《质量手册》是纳入了程序文件的内容还是对程序的引用？ 3. 本公司的《质量手册》是否符合了 GB/T 19001—2008 标准的全部内容？如有删减，删减了什么内容，为什么删减？ 4. 本公司《质量手册》是谁编制，谁审核，谁批准？ 5.《质量手册》中各过程的描述是否符合本公司产品的特点？ 6.《质量手册》是否经评审？有不适宜的地方如何进行修改？		

内审检查表

版本/修改次数：01/00　　　　No：002

标准章节号	检查内容	检查记录	备注
5.1　管理承诺	1. 总经理应当承诺要建立、实施文件化的质量管理体系，并持续改进其有效性，为了证明你已经实践了自己的承诺，你能否提供以下证据？ a)是否已向全体员工传达了满足顾客和遵守法律法规的重要性？能否提供记录？传达的内容是否包括提高员工顾客至上的意识，要求员工将自己的下一站视为至高无上的顾客，要求员工树立主人翁精神并向员工传达了相关的国家法律法规和强制性标准的基本要求等内容？ b)是否制定了公司的质量方针和质量目标？ c)总经理为使公司质量管理体系有效进行，是否确定了资源的需求并提供了充分的资源？这些资源应包括物质资源、人力资源还有财力资源		
5.2　以顾客为关注焦点	1. 总经理通过什么方式来了解顾客的需要和期望（包括顾客明示的和隐含的需求和期望）？比如可以通过市场调研、信息反馈、直接与顾客接触、媒体等方式，你能举出例子并提供相应的证据吗？ 2. 为了满足已确定的顾客的需求和期望，公司是否已将这些需求和期望转化成对产品、过程和质量管理体系的要求？请结合如何确定和评审产品要求，如何与顾客沟通以及如何监视和测量顾客满意等工作的实践米叙述		
5.3　质量方针	1. 请详细谈谈公司质量方针的内涵 2. 质量方针的内涵中是否包括了对满足顾客和遵守法律法规的承诺，也包括了持续改善质量管理体系有效性的承诺？ 3. 质量方针是否提供了制订质量目标的总体原则或框架？ 4. 通过什么方式宣传公司的质量方针，使全体员工都理解和熟悉公司的质量方针？ 5. 公司是否通过评审和修改质量方针，使其保持持续的适宜性？		

标准章节号	检查内容	检查记录	备注
5.4.1 质量目标	1. 质量目标是否依据质量方针的总体原则来制订？ 2. 质量目标的内容是否包括对产品质量的要求，并且是可以测量的(例如可以做定量描述)？ 3. 质量目标是否已分解到公司各有关职能部门，在各部门建立质量目标？ 4. 为达到公司总的质量目标，管理者代表是否建立了自己的目标？是否可以测量？		
5.4.2 质量管理体系策划	1. 为了满足质量目标以及本标准 4.1 质量管理体系总要求，总经理是否进行了质量管理体系策划工作并形成了文件？ 2. 公司是否针对产品、项目或合同的要求编制了质量计划？ 3. 公司是否确定并提供充分的资源以实现质量目标的要求？如人、财、物三方面的资源。 4. 质量管理体系策划是否体现了质量管理体系持续改进的要求？ 5. 在质量管理体系某一环节或某一过程发生变更时，是否考虑到与之相关的某些环节或过程也要做相应的变更以至需要更改相关的文件以保持质量管理体系的完整性？ 6. 能否举例说明质量管理体系策划如何进行，对质量管理体系的变更如何控制？		
5.5.1 职责和权限	1. 对应质量管理体系各职能部门是否都规定了其职责和权限？ 2. 请总经理谈谈本人的主要职责和权限是什么？		
5.5.2 管理者代表	1. 请问总经理是否指定了一名管理人员为管理者代表？有任命文件吗？ 2. 请问管理者代表除了他原有的职责和权限之外，管理者代表的身份还应被赋予什么职责和权限？		

续表

标准章节号	检查内容	检查记录	备注
5.5.3　内部沟通	1. 请问在各部门、各层次人员之间是否建立了与质量管理体系有关的各种信息的沟通渠道？采用什么方式和什么手段达到沟通和理解？ 2. 除了借助于诸如会议、简报等媒介使全体员工能了解质量管理体系的运行状况之外，各部门职责是否理顺，与其他相关部门之间工作上的接口是否清楚？		

内审检查表

版本/修改次数：01/00　　　　　No：003

标准章节号	检查内容	检查记录	备注
6.1　资源提供	1. 为实施和保持质量管理体系持续改进其有效性以达到使顾客满意及满足法律法规的要求，公司应确定资源需求并提供充分的资源。总经理是如何确定资源的需求？提供了什么资源？ 2. 提供的资源是否能确保产品达到顾客和法律法规的要求？		
6.2　人力资源	1. 是否保持教育、培训、技能和经验的适当记录； 2. 符合性工作人员如何判断，有无可测量性		
6.3　基础设施	1. 资源提供其中重要的资源之一是基础设施。公司为使产品符合要求都提供了什么基础设施？所提供的设备、设施应符合什么条件？ 2. 是否规定了对基础设施进行维护、维修的职责和方法？		

内审检查表

版本/修改次数：01/00　　　　　No：004

标准章节号	检查内容	检查记录	备注
7.4 采购	1. 依据什么制订采购计划，怎么判断和测量有能力的合格供方，依据是什么； 2. 采购产品验证不合格品怎么处理，有无相关文件程序或者记录证明； 3. 选择、评价和重新评价供方的准则是什么		
7.5.3　标志和可追溯性	1. 是否有唯一性可追溯性标志； 2. 用什么方法保证在产品的实现过程中，监视和测量得到有效识别		

内审检查表

版本/修改次数：01/00　　　　　No：005

标准章节号	检查内容	检查记录	备注
8.1　测量、分析和改进总则	1. 公司是否对监视、测量、分析和改进活动进行了策划？策划的内容是否包括对产品、过程能力、顾客满意、质量管理体系的有效性进行确认、审核、评价、监视、测量、分析和改进等活动？ 2. 通过测量、分析的活动，是否可达到持续改进质量管理体系有效性的目的？		
8.2.3　过程的监视和测量	1. 是否对生产和服务提供过程中的人员素质进行监视和测量，以满足过程要求？ 2. 是否对设备设施进行监视和测量？是否对设备和设施进行维护保养？原材料、零部件是否符合要求？如何进行监视和测量？ 3. 是否对运作方法和过程参数进行监视和测量？是否设定了控制点、检查点？过程运作是否文实相符？环境是否符合要求？是否保持一个清洁卫生、文明生产和良好的安全防护的作业环境？		
8.3　不合格品控制	1. 有没有进料检验、过程控制、出厂检验不合格品的控制程序？ 2. 有无记录可查，包括所批准的让步的记录？ 3. 让步使用、放行或接受不合格品有没有相关人员授权和客户批准？		
8.4　数据分析	1. 老七种、新七种质量工具是否在质量控制中得到使用？ 2. 数据是否真实、是否具有有效性？		
编制/日期：		审批/日期：	

（三）内审报告的编写

内审完成后，根据内审检查表需要内审员填写内部质量管理体系审核报告，具体参照下面表格填写方法。

内部质量管理体系审核报告(可另附纸陈述)

编号：

审核目的：评价本公司质量体系符合准则的程度及有效性，迎接第三方认证审核	
审核范围：涉及的所有部门、场所和过程	
审核依据：ISO 9001：2008，公司质量管理体系文件	审核时间：
受审核部门：总经理、管理者代表、技质科、生产科(含车间)、供销科、仓库	
审核组长：　　　　　　　审核员：	
审核过程综述： 1. 组织：根据内部审核程序文件有关规定要求及审核计划，由两名审核员组成审核组，审核员不审核自己的工作； 2. 计划：本次审核实施计划，按 20 ×× 年度审核计划编制，由审核组长编制，按照原定计划如期实施； 3. 按审核实施计划对本公司产品制造和服务涉及的各部门拟定了××项审核项目，编制了检查表	
不合格项统计与分析(包括：数量、严重程度、特定部门优缺点、特定要素执行情况、存在的主要问题等)： 本次内审共发现 ×× 个不合格项，其中一般不合格××个，无严重不合格。×× 个不合格项分布情况见"不合格项分布表"，通过本次内审，发现各部门在工作中对质量管理体系要求存在着差异，由于实施时间短，对文件的学习理解还不够 在体系运行过程中，技质科在文件建立中比较认真，生产科对体系运行工作抓得较紧	
对质量管理体系的评价(包括：文件化体系与标准的符合程度、实施效果、发现和改进体系运行的机制及措施等) 公司按照 ISO 9001：2008 标准建立的质量体系、文件化体系与标准基本符合，所建立的质量管理体系基本得到有效实施。为进一步提高质量管理体系的运行有效性，主要对文件反复学习，深入理解，并努力实施，相互间要加强内部沟通	
结论： 公司按 ISO 9001：2008 标准建立的质量管理体系经过 4 个月的实施运行，质量体系是适宜的、有效的，符合 ISO 9001：2008 标准，本公司能够申请 ISO 9001：2008 标准认证审核	
纠正措施要求及审核报告分发对象： 审核建议：各级领导进一步提高质量管理体系工作重要性的认识，使实施质量体系为产品质量稳定起到积极作用，确保顾客满意度不断提升，同时确保认证审核一次通过 此审核报告发受审核部门负责人及相关人员传阅。	
审核组长：　　　日期：　　　批准：　　　日期：	

(四)内审不合格项报告单的编写

1. 内审不符合(不合格)项报告的内容

①受审核方名称、受审核方的部门或人员；

②审核员、陪同人员；

③日期；

④不符合事实描述；

⑤不符合结论（违反 ISO 9001：2008 标准的条款及文件的章节号或条文）；

⑥不符合类型；

⑦受审核方的确认；

⑧不符合原因分析；

⑨拟采取的纠正措施及完成的日期；

⑩纠正措施完成情况及验证。

2. 内审不合格项报告单编写实例

××食品厂

内审不合格项报告单

No：

受审部门	审核员

不合格事实陈述：

　

不符合 ISO 9001 要素 ＿＿＿＿＿＿＿＿＿　　不符合文件 ＿＿＿＿＿＿＿＿＿

　　　　　　　　　　　　　　　　　　　严重□　　一般□　　观察项□

纠正措施建议：

　

　　　　　　　　　　　　　　　　纠正措施限定完成日期：　　　　审核员：

采取纠正措施情况描述：

　

纠正措施验证：

　

　　　　　　　　　　　　　　　　　　受审核部门：

　　　　　　　　　　　　　　　　　　审核员：

二、如何组织好 ISO 9001 管理评审工作

　　管理评审是 ISO 9001：2008 标准对组织最高管理者提出的重要活动之一，是组织的最高管理者为了解、促进、改进本组织质量体系运行的主动行为，是实施质量管理和质量控制的重要手段，是对质量体系运行的整体效果以及现状的适宜性进行综合评价的方法之一，是发现质量体系存在问题并进行质量改进的主要依据。最高管理者可以通过管理评审全面检查和评价组织的质量方针、质量目标及质量体系的适宜性、有效性和充分性，找出

质量体系运行中需要提高和改进的方面和环节，制定切实可行的纠正措施，不断提高组织在市场的竞争能力。

最高管理者的重视是搞好管理评审的关键，管理评审的重点是评审输入文件，如果出现管理评审输入文件内容单一；管理评审信息输入质量不高，避重就轻，没有关键问题和环节，那么管理评审的效果往往不理想，评审只能是流于形式。

(一)管理评审的目的

ISO 9001：2008 标准中 4.1.3 条款明确规定"负有执行职责的供方管理者，应按规定的时间间隔对质量体系进行评审，确保持续的适宜性和有效性，以满足本标准要求和供方规定的质量方针和目标"。由标准要求可以看出，进行管理评审的目的是通过评审，确保组织的质量方针、质量目标及质量体系的持续适宜性、有效性和充分性(2000 版标准要求)，从而提高企业在市场的竞争能力、市场占有率和社会信誉。

组织的最高管理者应明确管理评审的上述目的。切忌评审仅仅停留在汇报、分析标准要素和程序文件的执行上，而对组织的质量方针、质量目标及质量体系是否适应组织内部、外部的环境变化，在市场中所处的水平，是否适合本组织的实际情况不作分析和评价，从而无法对组织的质量方针、质量目标和质量体系是否持续适宜、充分和有效做出结论，也很难针对评审的目的提出需要改进的问题，更谈不上达到管理评审的目的。所以，最高管理者和参加管理评审的所有人员、都必须明确管理评审的目的，围绕目的进行评审。

(二)管理评审的内容

组织所处的客观环境(内部的、外部的)不断地变化，如新的法律、法规要求、新的市场要求，组织的人事变动、产品变换以及工艺路线调整、设备更新等，都可能影响到质量管理体系。因此，要针对内、外部环境变化及时评价质量方针、质量目标及质量管理体系的持续适宜性。

组织针对变化了的环境对质量体系做出变更，采取持续改进活动并对质量管理体系采取相应的调整，在这些过程中，难免出现这样或那样考虑不周全的问题，有的可能是过程未得到充分展开，有的可能是职责或接口关系规定的不明确，有的是资源配置不合理，有的是控制要求不落实，使相关过程未能协调有效地受控和运行。因此，应针对上述问题的出现及时评价质量方针、质量目标、质量管理体系的充分性。

组织应通过质量管理体系建立后的产品质量、过程质量的符合性，达到顾客满意的程度，质量体系是否已得到有效运行，内审、纠正和预防措施是否都正常实施来及时评价质量方针、质量目标及质量管理体系的有效性。

(三)管理评审输入文件

为使管理评审有计划、有步骤地进行并达到预期的效果和目的，在管理评审前，由主管部门在征求最高管理者的意见的前提下，列出本次评审的内容、时间、地点及各部门需输入的信息资料，各部门接到任务后，准备管理评审输入文件，一般情况下应有以下输入信息：

(1)内、外部审核结果；

(2)质量体系运行情况及改进意见(质量方针、质量目标的实现情况，质量目标修订建议和依据、质量体系运行中长期存在的问题或系统性问题，质量体系文件的符合性和可操作性，文件修改的依据和建议等）；

　　（3）产品实物质量信息；

　　（4）不合格品分布情况及处理情况信息；

　　（5）纠正和预防措施分析、实施及验证；

　　（6）服务信息（合同履约率、顾客满意度及不满意度、顾客投诉的处理等）；

　　（7）组织机构设置，资源配置状况信息（人员、设备、办公环境等）；

　　（8）上次管理评审提出的改进措施实施情况及验证信息。

　　上述信息应由组织的各职能部门在汇总、分析正常管理资料的基础上编写，提供的信息资料不能就事论事，要抓住问题的关键和实质。

　　例如：在提交产品实物质量信息资料时，不能简单地列出数据，应做加工和分析，而不能搬台账。应提供合格产品、优良产品的比例以及产品质量是否能实现质量方针和质量目标。同时还应与前期产品质量对比，发现需要调整和改进建议的依据，只有用这些数据作依据，最高管理者才能准确判断组织产品实物质量好坏，以及质量目标的适宜性和有效性。

　　又如提交不合格品分布情况及处理情况信息时，应将不合格品进行分类、排序，找出产生不合格品较多的单位或生产过程，必要时计算出产生不合格品的频次，应用统计技术找出产生不合格品频次高的主要原因，并制定纠正措施，通过以上工作总结出评审期内不合格品的数量和分布情况、产生不合格品的主要原因和采取的纠正措施、纠正措施是否实施、实施后效果如何、哪些单位或生产过程对不合格品的控制还存在问题及改进建议等上交管理评审，使最高管理者很容易就此做出评价并做出质量改进决策。

　　（四）管理评审应评审的重要问题

　　最高管理者应把管理评审的重点放在影响产品质量的关键问题、长期存在的质量问题、质量体系运行中的系统问题上，这些问题，有些是受内、外部因素的影响而难以解决的，有些是需要较大投入才能解决的，最高管理者应根据组织自身的能力和需要，协调外部因素，采取纠正措施，解决内部存在的问题。

　　（五）管理评审提出纠正措施及验证

　　针对管理评审输入文件的信息及对各种信息的分析，找出问题，制订纠正措施，管理评审中提出的纠正措施应切合实际，具有可操作性。应确保纠正措施得到有效的实施，对于那些长期存在的问题或系统性问题，有时不能急于求成，应分期采取纠正措施。对于纠正措施的效果也应分期验证，以便及时发现问题，予以调整。管理评审提出的纠正措施实施后应予以验证，并报下次管理评审。使最高管理者及时掌握纠正措施实施效果的信息，只有解决了体系中存在的系统问题和长期存在的问题，组织的质量体系才能得以完善和提高，才能更好地反映出企业质量体系的自我完善和自我提高的能力，才能反映最高管理者质量管理和质量提高的决心。

　　总之，管理评审是由组织的最高管理者定期（一般一年一次）进行的较高层次的对质量体系的正式评价，采用会议形式进行，时间有限，组织的各职能部门必须认真对待管理评审，积极参与管理评审，使管理评审更加有效。

(六)质量管理评审文件资料的编写

1. 首页内容

20××年管理评审资料

资料整理：行政部

20××年××月××日

2. 目录

(1)管理评审计划

(2)管理评审通知

(3)管理评审报告

(4)质量目标统计

(5)顾客满意度分析报告

(6)内部质量体系审核报告

(7)行政部工作报告

(8)生产部工作报告

(9)品管部工作报告

(10)业务部工作报告

(11)采购部工作报告

3. 管理评审计划

管理评审计划

日期：	时间：
地点：	主持人：
目的：	
参加人员：	

评审内容：

评审输入：

1.20××年度第一次内部审核的报告及相关改进建议；

2.20××年度用户投诉分析及相关改善意见；

3.过程的业绩和产品的符合性；

4.重大纠正及预防措施的执行状况及建议措施；

5.质量方针、目标的实施情况和适用性报告；

6.顾客满意度调查报告；

7.改进的建议。

评审工作要求：

1.由管理者代表组织资料起草小组，资料于20××年××月××日前完成；

2.各部门如有好的改善建议请于20××年××月××日前提交给管理者代表。

4. 管理评审通知单

管理评审通知单

为确保本厂的质量管理体系持续有效地满足 ISO 9001：2008 标准，于××月××日×：00 时对厂质量管理体系进行评审，请以下人员准时参加：

总经理、管理者代表、各部门主管。

望各部门提供本部门的资料，作为评审时的参考。

20××年××月××日

5. 管理评审报告

管理评审报告

时间		地点	
主持人	参加人员		
审核目的			
报告分发范围			
编制		批准	
日期		日期	

管理评审输入及内容

6. 质量方针、目标的有效性

质量方针：以质量求生存，以质量求发展，为顾客提供满意的产品。

质量目标是：1. 成品合格率≥97%；

2. 交货及时率≥95%；

3. 顾客满意度≥90%

对于此方针目标的评审，管理者代表发言如下：

质量方针、质量目标自 ISO 9001 质量管理体系在本公司实施以来，基本能被员工了解，提高全体员工的质量意识。在质量方针的指导下，本公司明确了各级人员的岗位职责，对本公司所开展的质量活动进行了策划，并依据 GB/T 19001—2008《质量管理体系——要求》建立了质量管理体系。质量管理体系运行以来，本公司始终以坚定不移的决心不断完善质量管理体系的信心，开展质量管理工作；与此同时，加大对外宣传的力度，向客户、社会不断宣传本公司的质量方针，在本公司同人的共同努力下，增强了社会新老客户对本公司产品的信心，收到了一定的社会效益和经济效益。特别是在经济大气候劣势的环境下，本公司的销售量没有下滑，半成品、成品交验合格率均达 97%，确保了公司质量目标的实现。因此，本公司的质量方针基本适应公司内外环境的需要，质量目标还要求我们要持续有效运行质量管理体系，不断完善质量管理体系以适应不同时期的内外环境的要求。

本公司自推行 ISO 9001：2008 认证以来，各部门通力协作，积极按规章方法进行采购、生产、签约、销售和服务，基本上没出现顾客投诉的情况，完成了顾客满意率的质量目标。同时全员已逐步树立了质量意识，质量检验员做到不合格的产品不交付、不出仓；

生产部做到严格按有关工艺计划组织生产；采购负责供应，保证了原材料的质量；业务员努力同客户沟通，保证了客户满意率；生产部经常性地组织培训，保证了人员素质；行政部对文件严格控制，保证了文件的有效应用。

质量方面：推行现代质量管理方法，把顾客利益放在第一位，树立了较好的质量意识，同时经常和顾客沟通，了解顾客变化的需要，寻求产品质量的不断改进。品管部对人员、设备、方法不断改进，狠抓生产全过程的检验与试验及纠正与预防措施。

改进方面：目标需要细化成年度质量方针目标，然后逐年改进、提高，会后大家再具体商定。

业务部：本部门在公司方针、目标的指引下，全员参与搞好质量，业务员定期走访、电访主要客户，及时反馈顾客信息、并进行处理，保证了顾客满意率。

本公司的物料计划及生产计划能及时得以实施，并得到了充分的贯彻。

在供应公司商方面，本公司基本实现了定点供应，保证了原材料的质量处于稳定。采购人员亦努力采购回合格的产品。对质量方针目标的实现提供了保证。

行政部：本部门严格控制外来及公司内部文件的分发、修改、评审、存档、复印等。使各使用部门使用均得到有效版本的文件，保证了采购、生产、服务的有序进行。对员工培训，本部门亦制订了年度计划，并协助各部门按计划进行管理、技术、生产工人的考核评定，使每个岗位人员满足岗位职责要求。

生产部：本部门严格遵循质量方针及目标，在组织生产上严格按计划、按工艺规程进行操作。对于顾客的投诉反馈到本部门的，本部门严格按照有关处理规定进行返工。本部门经常组织生产工人进行岗位培训并考核，保证了工人的素质，对生产设备亦定期维修保养，使设备始终处于良好的运作状态，使质量方针目标基本满足。

7. 内审结果方面

管理者代表：本次审核得到了公司老总及各部门负责人的高度重视和大力支持，审核工作得以顺利进行，按计划完成了全部的审核工作。开出的不合格项已全部关闭。综上所述，我公司的质量管理体系，经员工的努力，已逐步完善。

8. 过程业绩和产品符合性方面

采购部：(1)在原材料方面：按照采购控制程序，对直接影响质量的采购产品供方进行评价和选择，质量处负责记录其每批供货质量状况，每月将汇总结果提交给销售部，把合格供方作为供货来源，确保了进公司原材料质量达到内控标准要求。

(2)结论或纠正措施：现明确各内控指标合格率以月计算，月统计值低于内控标准时必须采取纠正措施，按班统计值连续三次不合格时必须采取纠正措施。

生产部：对本公司质量目标进行了分解，分解后的目标已下发至各部门，综合管理部按要求完成了今年的人员培训和考核计划，对培训措施的有效性进行了评价，质量管理体系知识培训率达100%，因此人员是满足产品质量要求的。

品管部：在推行 ISO 9001：2008 标准后，严格按照标准要求和公司质量管理体系文件执行，在生产过程的控制方面，按照生产控制程序对生产过程中直接影响产品质量的各种因素进行控制，确保成品质量达到内控标准要求。

在产品检验标准和图纸的规范中，还存在一定的不足，如与顾客的沟通还有待进一步加强。

9. 顾客满意程度方面

业务部：本部门在公司方针、目标的指引下，全员参与搞好质量，业务员定期走访、电访主要客户，及时反馈顾客信息、并进行处理，保证了顾客满意率。对质量方针目标的实现提供了保证。顾客反馈我公司的产品质量、价格、服务等都符合要求，前景比较好。本部门组织了公司产品质量客户满意度调查，对公司主要用户发出调查表 10 份，回收 10 份，通过调查反馈客户对本公司产品满意度较高，达 100％，同时也反映出对客户的服务存在一定问题，销售部人员要加强这方面的工作。

10. 生管部就纠正与预防措施的情况发言

我公司在建立质量体系以来，基本没有出现质量事故，在平时的质量管理中所采用的纠正预防措施都取得了较好的效果。

11. 质量管理体系的有效性、充分性和适宜性

行政部：各级人员均有岗位职责，并挂在工作现场，各项管理制度已建立，质量管理体系文件，特别是受控文件均有严格控制，能满足产品实现各过程的要求。

生产部：产品实现各过程的检验标准及管理标准已建立并实施，其文件为有效版本。品管人员，质量管理人员及生产工人检验均有工作依据，有章可循。检验有记录，并把统计技术作为质量管理的工具，使质量管理工作量化，进一步提高了质量管理的指导性。检验文件能满足产品实现过程的要求。

管理者代表：体系运行以来，原材料采购有规范，明确了技术要求，使该项工作规范化，提高了工作效率。

12. 管理者代表就可能影响质量体系的变更发言

因为我公司推行质量管理体系时间虽然不长，但内外环境变化还算满意，生产工艺、设备、人员、组织机构、材料、国家法律法规等都发生一定的变化，质量体系基本建立。

(七)评审输出及结论

1. 质量管理体系及过程的有效性的改进

对于本公司的质量管理体系，基本能实现质量目标；资源提供的方式和对象、组织机构的设置、产品实现的过程方法及设备、监视与测量的方法效果都比较理想，暂无改进的需求。

2. 与顾客要求有关的产品的改进

在营业部的调查中，顾客对我公司的产品质量、价格、运输方式、付款方式、服务方式、包装等都比较满意，产品改进准备在下一次提供。

3. 资源需求

本次评审未发现重大不符合项，产品质量稳定，客户满意度较高，因此：

a. 质量管理体系按现有体系运行；

b. 产品执行标准仍按相应的国标、行标或企业标准；

c. 按现有质量管理体系运行，本公司资源满足要求。

但由于本公司管理人员及内部质量审核员经验不足，同时企业内、外部环境仍在不断变化，因此，质量管理体系也存在不同程度未被发现的问题及在内审中发现的问题，应加强对各部门的工作人员进行质量管理体系知识的培训，并落实各个岗位的职责，我公司的管理水平望各有关部门及时采取措施予以改进。综上所述，本次管理评审证明本公司的质

量方针目标，大方向是正确的，基本上是有效、适宜、充分的，质量体系运行状况良好。总而言之，本公司质量管理体系适合本公司的发展，能满足本公司的需要；从各部门报告的情况来看，质量管理体系运行是有效的、充分的、适宜的；质量方针与质量目标符合本公司的实际状况，能有效地促进本公司的发展。

实训任务

某食品企业准备进行内审，请运用相关知识指导企业内审，并得出内审结论，形成文件，并提出改进意见，促进企业发展。

任务6　选择认证公司

●●●● 知识目标

• 了解食品企业取得 ISO 9001 认证的重要意义

●●●● 技能目标

• 掌握食品企业在 ISO 9001 质量管理体系认证前如何选择符合企业要求的认证公司

必备知识

一、认证公司

认证公司是经国务院认证认可监督管理部门批准，并依法取得法人资格，有某种资质，可从事批准范围内的认证活动的机构。

认证机构的设立要件：

(一)有固定的场所和必要的设施；

(二)有符合认证认可要求的管理制度；

(三)注册资本不得少于人民币 300 万元；

(四)有 10 名以上相应领域的专职认证人员。

从事产品认证活动的认证机构，还应当具备与从事相关产品认证活动相适应的检测、检查等技术能力(可外包)。

设立外商投资的认证机构除应当符合上述规定的条件外，还应当符合下列条件：

(一)外方投资者取得其所在国家或者地区认可机构的认可；

(二)外方投资者具有 3 年以上从事认证活动的业务经历。

设立外商投资认证机构的申请、批准和登记，按照有关外商投资法律、行政法规和国家有关规定办理。

二、认证主管部门

主管部门：中国合格评定国家认可委员会(CNAS)，只有通过 CNAS 认可的实验室才可以得到国家法规的认可及各国实验室互认。

实训任务

实地了解我国著名的几家认证公司。

任务 7　迎接认证及认证后管理

● ● ● ● **知识目标**

• 掌握食品企业在接受 ISO 9001 质量管理体系认证时具体的步骤及要求

● ● ● ● **技能目标**

• 能够掌握食品企业认证评审的全过程

必备知识

一、企业申请 ISO 9001 认证前必须具备的基本条件

1. 中国企业持有工商行政管理部门颁发的"企业法人营业执照"；外国企业持有有关部门机构的登记注册证明。

2. 产品质量稳定，能正常批量生产。质量稳定指的是产品在一年以上连续抽查合格。小批量生产的产品不能代表产品质量的稳定情况，必须正式成批生产产品的企业才能有资格申请认证。

3. 产品符合国家标准、行业标准的要求，或符合标准化行政主管部门确认的企业标准。这里所说的标准是指具有国际水平的国家标准或行业标准。产品是否符合标准需由国家质量技术监督局确认和批准的检验机构进行抽样予以证明。

4. 生产企业建立的质量体系符合 GB/T 19001 质量管理体系要求。建立适用的质量标准体系（一般选定 ISO 9001 来建立质量体系），并使其有效运行。

二、ISO 9001 认证

ISO 9001 认证分为初次认证、年度监督检查和复评认证等，具体如下。

1. 初次认证

(1)企业将填写好的《ISO 9001 认证申请表》连同认证要求中有关材料报给认证机构。认证机构收到申请认证材料后，会对文件进行初审，符合要求后发放《受理通知书》(这意味着如果材料提交不全，就取得不了受理的资格，更谈不上签合同缴费了。这一点请申请认证的企业和咨询辅导机构的工作人员给以足够重视，以免因此影响进度)，申请认证的企业根据《受理通知书》来与认证机构签订合同。

(2)认证机构收到企业的全额认证费后，向企业发出组成现场检查组的通知，并在现场检查一周前将检查组组成和检查计划正式报企业确认。

(3)现场检查按 ISO 9001：2008 标准的要求进行，审核前通知企业审核的日期和时间。审核时审核组召开首次会议和末次会议。

(4)审核组根据企业申请材料、现场检查情况、撰写审核报告，提交技术委员会审查。

(5)认证中心收到技术委员会审查意见后，汇总审查意见，认证中心总经理批准。

(6)认证中心向认证合格企业颁发 ISO 9001：2008 质量管理体系认证证书，组织公告和宣传。

(7)获证企业如需标志，可向认证中心订购；如有特殊印制要求，应向认证中心提出申请并备案。

(8)年度监督审核每年一次。

2. 年度监督检查

(1)认证中心根据企业认证证书发放时间，制订年检计划，提前向企业下发年检通知。企业按合同要求缴纳年度监督管理费，认证中心组成检查组，到企业进行现场检查工作。

(2)现场检查时，对需要进行检验的产品，由检查组负责对申请认证的产品进行抽样并封样，送指定的检验机构检验。

(3)检查组根据企业材料、检查报告、产品检验报告撰写综合评价报告，报认证中心总经理批准。

(4)年度监督检查每年一次。

3. 复评认证

3 年到期的企业，应重新填写《ISO 9001 认证申请表》，连同有关材料报认证中心。其余认证程序同初次认证。

三、质量体系认证的实施步骤

提交申请→签订合同→审核文件→现场审核→纠正措施→认证批准→注册颁证→定期监督检查→证书期满申请复评。

(一)质量体系认证的申请

1. 申请人提交一份正式的应由其授权代表签署的申请书。申请书或其附件应包括：

(1)申请方简况，如组织的性质、名称、地址、法律地位以及有关人力和技术资源；

(2)申请认证的覆盖的产品或服务范围；

(3)法人营业执照复印件，必要时提供资质证明、生产许可证复印件；

(4)咨询机构和咨询人员名单；

(5)最近一次国家产品质量监督检查情况；

(6)有关质量体系及活动的一般信息；

(7)申请人同意遵守认证要求，提供评价所需要的信息；

(8)对拟认证体系所适用的标准其他引用文件说明。

2. 认证中心根据申请人的需要提供有关公开文件。

3. 认证中心在收到申请方申请材料之日起，经合同评审以后 30 天内做出受理、不受理或改进后受理的决定，并通知委托方(受审核方)，以确保：

a. 认证的各项要求规定明确，形成文件并得到理解；

b. 认证中心与申请方之间在理解上的差异得到解决；

c. 对于申请方申请的认证范围，运作场所及一些特殊要求，如申请方使用的语言等，认证机构有能力实施认证；

d. 必要时认证中心要求受审核方补充材料和说明。

4. 双方签订"质量体系认证合同"

当某一特定的认证计划或认证要求需要做出解释时，由认证中心代表负责按认可机构承认的文件进行解释，并向有关方面发布。

5. 对收到的信息将用于现场审核评定的准备。认证中心承诺保密并妥善保管。

(二)现场审核前的准备

(1)在现场审核前，申请方的 ISO 9001 标准建立的文件化质量体系，运行时间应达到 3 个月，至少提前 2 个月向认证中心提交质量手册及所需相关文件。

(2)认证中心准备组建审核组，指定专职审核员或审核组长作为正式审核的一部分进行质量手册审查、审查以后填写《质量手册审查表》通知受审核方，并保存记录。

(3)认证中心应准备在文件审查通过以后，与受审核方协商确定审核日期并考虑必要的管理安排。在初次审核前，受审核方应至少提供一次内部质量审核和管理评审的实施记录。

(4)认证中心任命一个合格的审核组，确定审核组长、组成审核组代表认证中心实施现场审核。

a. 审核组成员由国家注册审核员担任；

b. 必要时聘请专业的技术专家协助审核；

c. 审核组成员、专家姓名。由认证中心提前通知受审核方并提醒受审核方对所指派审核员和专家是否有异议。如以上人员与受审核方可能发生利益冲突时，受审方有权要求更换人员，但必须征得认证中心的同意。

(5)认证中心正式任命审核组，编制审核计划，审核计划和日期应得到受审核方的同意，必要时在编制审核计划之前安排初访受审核方，察看现场，了解特殊要求。

(三)现场审核

审核依据受审核方选定的认证标准，在合同确定的产品范围内审核受审核方的质量体系，主要程序为：

(1)召开首次会议

a. 介绍审核组成员及分工；

b. 明确审核目的，依据文件和范围；

c. 说明审核方式，确认审核计划及需要澄清的问题。

(2)实施现场审核

收集证据对不符合项写出不符合报告单。对不符合项类型评价的原则是：

a. 严重不符合项：质量体系与约定的质量体系标准或文件的要求不符；造成系统性区域性严重失效的不符合或可造成严重后果的不符合，可直接导致产品质量不合格。

b. 轻微的(或一般的)不符合项：孤立的人为错误；文件偶尔未被遵守造成后果不严重，对系统不会产生重要影响的不符合等。

(3)审核组编写审核报告做出审核结论，审核结论有三种情况：

a. 没有或仅有少量的一般不符合，可建议通过认证；

b. 存在多个严重不符合，短期内不可能改正，则建议不予通过认证；

c. 存在个别严重不符合，短期内可能改正，则建议推迟通过认证。

(4)向受审核方通报审核情况、结论。

（5）召开末次会议，宣读审核报告，受审方对审核结果进行确认。

（6）认证中心跟踪受审方对不符合项采取纠正措施的效果。

(四)认证批准

（1）认证中心对审核结论进行审定、批准，自现场审核后一个月内最迟不超过二个月通知受审核方，并纳入认证后的监督管理。

（2）认证中心负责认证合格后注册、登记、颁发由认证中心总经理批准的认证证书，并在指定的出版物上公布质量体系认证注册单位名录。

公布和公告的范围包括：认证合格企业名单及相应信息（产品范围、质量保证模式标准、批准日期、证书编号等）。

（3）对不能批准认证的企业，认证中心要给予正式通知，说明未能通过的理由，企业再次提出申请，至少须经 6 个月后才能受理。

(五)认证范围的扩大、缩小和认证标准的变更

（1）获证企业若需扩大或缩小体系认证范围时，由获证方提出书面申请，提出以扩大或缩小认证范围相应的质量手册，由合同管理部审查接受后，需扩大认证范围的签订扩大认证范围合同，需缩小认证范围的，办理原合同更改手续。现场审核时将负责审核扩大认证范围相关要素和部门、生产车间，具体实施按《质量体系认证（审核）实施与控制程序》进行。审核通过后，给予更换认证证书，证书内更改覆盖范围，注明换证日期，但证书有效期不变。

（2）获证企业需变更体系认证标准时（主要指认证标准由 GB/T 19002—1994 idt ISO 9002：1994 改为 GB/T 19001—1994 idt ISO 9001，或 GB/T 19003—1994 idt ISO 9003：1994 改为 GB/T 19002—1994 idt ISO 9002：1994），须由获证方提出书面申请，并提供与认证标准相适应的质量手册。现场审核员审核认证标准变更的要素及相关部门，具体实施按《质量体系认证（审核）实施与控制程序》进行，审核通过后给予更换认证证书，更改认证标准，注明换证日期，但证书有效期不变。

实训任务

请为某食品企业编写质量管理评审文件资料。

【思考题】

1. 简述 ISO 9001 认证的优势。

2. ISO 9001 质量管理 8 项原则是什么？

3. ISO 9001 质量管理体系的十二项基础都包括什么？

4. 质量管理体系建立的四个阶段。

5. 质量手册编写的原则及所包括的内容。

6. 内审不符合（不合格）项报告的内容。

7. 企业申请 ISO 9001 认证前必须具备哪些基本条件？

8. 现场审核的主要程序包括哪些？

9. 体系认证的实施步骤是什么？

项目 6

学习食品安全危害分析及控制方法

●●●● **项目概述**

通过学习本项目食品安全危害分析及控制手段，希望学生了解、掌握良好操作规范（GMP）、卫生标准操作程序（SSOP）、危害分析与关键控制点（HACCP）七个原理、国家食品法典委员会（CAC）应用 HACCP 原理十二个步骤等食品安全管理基础知识。

任务 1　食品安全危害分析

●●●● **知识目标**

· 掌握食品安全定义

●●●● **技能目标**

· 掌握食品安全危害分析方法

必备知识

一、食品安全的基本概念

《中华人民共和国食品安全法》定义食品安全指食品无毒、无害，符合应当有的营养要求，对人体健康不造成任何急性、亚急性或者慢性危害。

世界卫生组织（WHO）在《加强国家级食品安全计划指南》中提出食品安全是"对食品按其原定用途进行制作和食用时不会使消费者受害的一种担保"。这种担保具有如下两个方面的含义：一是指食品的生产和加工以及分发销售直至最终消费的全过程中，保证都没有受到限定剂量的有毒有害物质的介入；二是在整个过程中，如果存在对营养成分的损害破坏或引起各成分间比例有所变化的话，这些变化也保证在可接受的幅度范围内。

二、食品加工中的安全性危害

(一)食品加工中的生物性危害

食品加工中的生物性危害主要是食品中微生物的污染。食品的微生物污染不仅降低食品质量，而且对人体健康产生危害。食品的微生物污染占整个食品污染比重很大，危害也很大。

食品微生物污染的来源有：食品原料本身的污染、食品加工过程中的污染以及食品贮存、运输及销售中的污染。

1. 细菌性危害

(1)致病菌

致病菌一般是指肠道致病菌和致病性球菌，主要包括沙门氏菌、志贺氏菌、金黄色葡萄球菌、致病性链球菌四种。致病菌不允许在食品中被检出。

(2)常见的食品细菌

a)肠杆菌科(*Enterobacteriaceae*)。为革兰氏阴性，需氧及兼性厌氧，包括志贺氏菌属及沙门氏菌属、耶尔森氏菌属等致病菌。

b)乳杆菌属(*Lactobacillus*)。革兰氏阳性杆菌，厌氧或微需氧，在乳品中多见。

c)微球菌属(*Micrococcus*)和葡萄球菌属(*Staphylococcus*)。本菌属为革兰氏阳性细菌，嗜中温，营养要求较低。在肉、水产食品和蛋品上常见，有的能使食品变色。

d)芽孢杆菌属(*Bacillus*)与芽孢梭菌属(*Clostridium*)。分布较广泛，尤其多见于肉和鱼。前者需氧或兼性厌氧，后者厌氧，属中温菌者多，间或嗜热菌，是罐头食品中常见的腐败菌。

e)假单胞菌属(*Pseudomonas*)。本菌属为革兰氏阴性无芽孢杆菌，需氧，嗜冷，在pH 5.0～5.2下发育，是典型的腐败细菌，在肉和鱼上易繁殖，多见冷冻食品。

2. 病毒性危害

(1)肝炎病毒

我国食品的病毒污染以肝炎病毒最为严重，主要为甲型肝炎病毒和戊型肝炎病毒。甲型肝炎病毒可以通过食品传播。1987年12月至1988年1月上海因食用含甲肝病毒的毛蚶(贝壳类水产)，引起甲型肝炎的暴发流行。究其原因是沿海或靠近湖泊居住的人们喜食毛蚶、蛏子、蛤蜊等贝壳，尤其上海人讲究取其味，因此食用毛蚶时，仅用开水烫一下，然后取贝肉，蘸调味料食用。这种吃法固然味道鲜美，但其中的甲肝病毒并没有杀死，结果引起食源性病毒病。戊型肝炎病毒不稳定，容易被破坏。

(2)朊病毒

朊病毒是一种不含核酸的蛋白感染因子，能引起哺乳动物中枢神经组织病变。朊病毒能引起人和动物的可转移性神经退化疾病，如牛海绵脑病(BSE，俗称疯牛病)、克雅氏病(CJD)等疾病。目前英国已知至少有70人死于新型克雅氏病，而医学界怀疑克雅氏病可能和食用BSE病牛制成的肉制品有关。

3. 寄生虫危害

(1)猪囊虫

猪囊虫，俗称"米猪肉"，是指带囊尾蚴的猪肉。人如果食用了没有死亡的猪肉囊虫，由于肠液和胆汁的刺激，其头结即可伸出包囊，以带钩的吸盘，牢固地吸附在人的肠壁上，从中吸取营养并发育为成虫，即绦虫，使人患绦虫病。

（2）旋毛虫

旋毛虫是一种很小的线虫，肉眼不易看见。当人误食含旋毛线虫幼虫的食品后，幼虫则从囊内溢出进入十二指肠和空肠，并迅速发育为成虫，每条成虫可产1 500个以上幼虫。幼虫穿过肠壁，随血液循环到全身，主要寄生在横纹肌肉内，使被寄生的肌肉发生变性。患者初期呈恶心、呕吐、腹痛和下痢等症状，随后体温升高。由于在肌肉内寄生，肌肉发炎，疼痛难忍。根据寄生的部位，出现声音嘶哑、呼吸和吞咽困难等症状。

（二）食品加工中的化学性危害

1. 食品中天然存在的化学危害

（1）真菌毒素

霉菌能引起农作物的病害和食品霉变，产生有毒的代谢产物——霉菌毒素。目前已知的霉菌毒素有200多种，主要有黄曲霉毒素、镰刀菌毒素、赭曲霉毒素、杂色曲霉素、展青霉素、3-硝基丙酸等。

a）黄曲霉毒素（Aflatoxins）主要是由黄曲霉和寄生曲霉物产生的次生代谢物。已发现的黄曲霉毒素有20多种，其中以黄曲霉毒素 B_1 的毒性和致癌性最强，在食品中的污染也最普遍。

b）赭曲霉毒素（Ochratoxin）是由曲霉毒属和青霉属的一些菌种产生的二次代谢产物。该毒素是异香豆素的系列衍生物，包括赭曲霉毒素 A、B 和 C，其中赭曲霉毒素 A 是植物性食品中的主要污染物，是谷物、大豆、咖啡豆和可可豆的污染物。

c）单端孢霉烯族化合物（Trichothecenes）是一组生物活性和化学结构相似的有毒代谢产物，大多数单端孢霉烯族化合物是由镰刀菌属的菌种产生的，其中最重要的菌种是产生DON和NIV的禾谷镰刀菌，单端孢霉烯族化合物的主要毒性作用为细胞毒性、免疫抑制和致畸作用，可能有弱致癌性，是污染谷物和饲料的污染物。

（2）植物食品中的天然毒素

a）红细胞凝集素和皂素。红细胞凝集素又称外源凝集素，是一种糖蛋白，存在于大豆、四季豆、豌豆、小扁豆、蚕豆和花生等食物原料中。四季豆又称菜豆、扁豆、刀豆、芸豆和豆角等。由四季豆等引起的食物中毒事件时有发生。

b）生物碱。生物碱是一类含氮的有机化合物，有类似碱的性质，遇酸可生成盐。存在于食用植物中的生物碱主要有龙葵碱、秋水仙碱和咖啡因等。

龙葵碱又称茄碱、龙葵毒素和马铃薯毒素，是由葡萄糖残基和茄啶组成的一种弱碱性糖苷。它存在于马铃薯、番茄及茄子等茄科植物中。马铃薯中龙葵碱的含量随品种、部位和季节的不同而不同。发芽马铃薯的幼芽和芽眼部分含量最高，绿色马铃薯和出现黑斑的马铃薯块茎中含量也较高。当食入0.2 g～0.4 g茄碱时即可发生中毒。

（3）动物食品中的天然毒素

a）河豚毒素。河豚是一种味道极鲜美但含剧毒的鱼类。河豚中的有毒成分是河豚毒素（TTX），其毒性比氰化钾高1 000倍，因此河豚中毒是世界上最严重的动物性食品中毒，其死亡率占食物中毒死亡率的首位。河豚毒素是一种神经毒素，能阻断神经传导，使神经麻痹，病死率高达40％～60％。河豚毒素性质比较稳定，盐腌、日晒均不被破坏。在

100℃下加热 24 h，120℃下加热 60 min 才能被完全破坏。因此，一般家庭烹调难以去除毒性，所以严禁擅自经营、加工和销售河豚。

b)动物腺体和内脏中的毒素。动物腺体和内脏中的毒素包括甲状腺素、肾上腺分泌的激素、变性淋巴结、动物肝脏中的毒素以及胆囊毒素等。为安全起见，防止甲状腺素中毒，建议烹调前应注意摘除甲状腺；无论淋巴结有无病变，消费者应将其除去为宜；要食用健康的新鲜动物肝脏，食用前充分清洗、煮熟煮透；一次摄入不能太多；如果在摘除胆囊时不小心弄破胆囊，应用清水充分洗涤、浸泡以便去除残留的胆囊毒素。

（4）毒蘑菇中的天然毒素

我国已知食用蘑菇约有 700 多种，毒蘑菇约为 190 多种。食用蘑菇和有毒蘑菇在外观上很难分辨，因此，因误食毒蘑菇而引起的中毒事件频频发生。蘑菇毒素从化学结构上可分为生物碱类、肽类（毒环肽）及其他化合物（如有机酸等），根据中毒时出现的临床症状可分为胃肠毒素、神经精神毒素、血液毒素、原浆毒素和其他毒素五类。

鉴于毒蘑种类繁多，难以识别，所以在采集野蘑菇时，要在专业人员或有识别能力的人员指导下进行，以便剔除毒蘑。对一般人来说，最有效的措施是绝对不采摘不认识的野蘑菇，也不食用没有吃过的蘑菇。

2. 环境污染导致的化学危害

（1）重金属污染

重金属是指相对密度大于 4 或 5 的金属，约有 45 种，如铜、铅、锌、铁、钴、镍、钒、铌、钽、钛、锰、镉、汞、钨、钼、金、银等。大部分重金属如汞、铅、镉等并非生命活动所必需，而且所有重金属超过一定浓度都对人体有毒。

a)汞对食品的污染。汞分为无机汞和有机汞，有机汞曾用作杀菌剂，用以拌种或田间喷粉，目前已禁止使用。通过食物进入人体的甲基汞可以直接进入血液，与红细胞血红蛋白的硫基结合，随血液分布于各组织器官，并可以透过血脑屏障侵入脑组织，严重损害小脑和大脑两半球，致使中毒患者视觉、听觉产生严重障碍。严重者出现精神错乱、痉挛死亡。

b)砷对食品的污染。砷分为无机砷和有机砷。无机砷多数为 3 价砷和 5 价砷化合物，有机砷主要为 5 价砷。长期摄入少量的砷化物可导致慢性砷中毒，症状为进行性衰弱、食欲不振、恶心、呕吐等，同时出现皮肤色素沉着、角质增生、末梢神经炎等特有体征。患者出现末梢多发性神经炎，四肢感觉异常、麻木、疼痛、行走困难，直至肌肉萎缩。

c)镉对食品的污染。镉广泛存在于自然界，但含量很低。一般食品中均可以检出镉。金属镉一般无毒，而化合物有毒。急性镉中毒出现流涎、恶心、呕吐等消化道症状。慢性镉中毒可使钙代谢失调，引起肾结石所致的肾绞痛，骨软化症或骨质疏松所致的骨骼症状。镉有致突变和致畸作用，对 DNA 的合成有强抑制作用，并可诱发肿瘤。

（2）二噁英对食品的污染

二噁英的全称为多氯代二噁英，是一类三环芳香族化合物。二噁英属于脂溶性化合物，难于生物降解。二噁英具有强烈的致肝癌毒性。二噁英的主要来源是含氯化合物的生产和使用。垃圾的焚烧，煤、石油、汽油、沥青等的燃烧也会产生二噁英。一般人群接触的二噁英 90% 以上来源于膳食，尤其是鱼、肉、蛋奶等高脂肪食物。

（3）N—亚硝基化合物对食品的污染

N—亚硝基化合物是一类具有"—N—N＝O"结构的有机化合物，对动物有较强的致癌作用，能诱发多种器官和组织的肿瘤。我国某些地区食管癌高发，被认为与当地食品中亚硝胺检出率较高有关。

3. 农药残留

农药按其用途可分为杀虫剂、杀菌剂、除草剂、杀螨剂、植物生长调节剂、粮食防虫剂、灭鼠药和昆虫不育剂等。按其化学组成又可分为有机氯、有机磷、氨基甲酸酯和拟除虫菊酯等类型。

（1）有机氯农药。有机氯农药是指在组成上含氯的有机杀虫、杀菌剂。有机氯农药包括滴滴涕（DDT，二氯二苯三氯乙烷）和六六六（BHC，六氯环乙烷）、氯丹、林丹、艾试剂和狄试剂等。虽然此类农药于1983年就已停止生产和使用，但毕竟此类农药有30多年的使用历史，而且有机氯农药化学性质稳定、不易降解，因此，其对食品的污染和残留仍普遍存在。

（2）有机磷农药。有机磷农药是指在组成上含磷的有机杀虫、杀菌剂等。多数有机磷农药化学性质不稳定，遇光和热易分解，在碱性环境中易水解。在作物中经过一段时间的自然分解转化为毒性较小的无机磷。有机磷农药对食品的污染普遍存在，主要污染植物性食品，尤其是含有芳香物质的植物，如水果、蔬菜等。主要的污染方式是直接施用农药或来自土壤的农药污染。

（3）氨基甲酸酯类农药。氨基甲酸酯类为氨基甲酸的N—甲基取代酯类，是含氮类农药。用于农业生产的主要有杀虫剂、杀菌剂和除草剂。氨基甲酸酯类杀虫剂具有致畸、致突变、致癌的可能。

（4）拟除虫菊酯类农药。拟除虫菊酯类农药是近年发展较快的一类农药，是模拟天然菊酯的化学结构而合成的有机化合物。中毒者可出现头痛、乏力、流涎、惊厥、抽搐、痉挛、呼吸困难、血压下降、恶心、呕吐等症状。该类农药还具有致突变作用。

4. 兽药残留

兽药是指用于预防和治疗畜禽疾病的药物，一些促进畜禽生长、提高生产性能、改善动物性食品品质的药用成分被开发为饲料添加剂，它们也属于兽药的范畴。常见兽药残留的种类有抗生素类、合成抗生素类、抗寄生虫类、杀虫剂和激素类药物。兽药残留的危害主要表现在急性中毒、过敏反应、致癌、致畸、致突变，激素（样）作用等方面。

5. 加工过程中加入的化学品

全世界批准使用的食品添加剂有25 000种，中国允许使用的品种有近千种。食品添加剂的使用对食品产业的发展起着重要作用，但如果不按要求科学地使用食品添加剂，也会带来很大的负面影响。

（三）食品加工中的物理性危害

物理性危害主要是由于食品中存在玻璃、金属、木头、首饰、塑料等硬物，食用时易引起口腔、牙齿甚至消化道的损伤。物理危害是客户投诉最多的问题。需要说明的是这里所讲的危害不包括发现头发、昆虫等异物。控制物理危害的措施有金属检测器检测，可查看并剔除带掺有金属片的小包装食品，X光机可查出非铁硬物等。

三、食品企业常用的质量安全控制体系

食品企业生产产品的质量安全状况不仅关系企业自身的生存与发展，更重要的是关系到国计民生与社会稳定。企业要取得公众信任就必须有公众认可的管理模式及值得相信的证明材料，这就产生了各种认证。在一个庞大的生产加工体系中，实现科学管理，保证产品的质量安全，如果没有科学的管理方法是不可能实现的。因此，从 20 世纪 90 年代以来，在国际组织的努力下，形成了一些国际公认的质量控制体系，食品企业常用的质量安全控制体系如下：

（1）良好操作规范（Good Manufacture Practice，GMP）。它是保证食品具有高度安全性的良好生产管理系统。它要求食品企业应各具有合理的生产过程、良好的生产设备、正确的生产知识、完善的质量控制和严格的管理体系。因此，GMP 是食品工业实现生产工艺合理化、科学化和现代化的必备条件。

（2）卫生标准操作程序（Sanitation Standard Operation Procedures，SSOP）。企业为了使其所加工的食品符合 GMP 要求而制定的在食品加工过程中如何具体实施清洗、消毒和卫生保持的作业指导文件，把每一种卫生操作具体化、程序化，对某人执行的任务提供足够详细的规范，并在实施过程中进行严格的检查和记录，实施不力要及时纠正。

（3）危害分析与关键控制点（Hazard Analysis Critical Control Point，HACCP）。该体系强调在食品加工的全过程中，对各种危害因素进行系统和全面的分析，然后确定关键控制点（CCP），进而确定控制、检测、纠正方案，是目前食品行业有效预防食品安全事故最先进的管理方案。

（4）ISO 质量管理体系。ISO 是国际标准化组织（International Organization for Standardization）的简称。ISO/TC 176 是国际标准化组织中的质量管理和质量保证技术委员会，负责制定世界通用的质量管理和质量保证标准。

ISO 9000 系列标准是 ISO/TC 176 成立以来第一次向全世界发布的第一项管理标准，适用于所有组织。ISO 22000 标准《食品安全管理体系——适用于食品链中任何组织的要求》是 ISO/TC 176 针对食品企业制定的食品安全管理体系。

实训任务

实训主题：思考面包可能含有的危害。

实训组织：对学生进行分组，每个组参照"必备知识"及利用网络资源，讨论面包可能含有的危害。

实训成果：面包危害清单。

实训评价：主讲教师进行评价。

任务 2　学习良好操作规范——GMP

●●●● 知识目标

• 掌握什么是 GMP

●●●●● 技能目标

• 掌握 CMP 对食品企业生产过程、设备等要求

必备知识

GMP 是一种特别注重在生产过程中实施对产品质量与卫生安全控制的自主性管理制度。食品企业实施 GMP 有利于食品质量控制，有利于企业的长远发展。企业要建立 GMP，就需要了解 GMP 的内容。GMP 的内容要求如下。

一、食品原料采购、运输及贮藏过程中的要求

（一）食品原料采购

1. 采购食品原料的一般原则

（1）负责具体采购工作的人员熟悉本企业所用的各种食品原料、食品添加剂、食品包装材料的品种及卫生标准和卫生管理方法，了解各种原辅料可能存在的卫生问题。

（2）采购食品原辅料时，应对其进行初步的感官检查，对卫生质量可疑的应随机抽样进行质量检查，合格方可采购。

（3）采购食品原辅料，应向供货方索取同批产品的检验合格证或化验单，采购食品添加剂时，还必须同时索取定点生产证明材料。

（4）采购的原辅料必须验收合格后才能入库，按品种分批存放。

（5）原辅料的采购应根据企业食品加工和贮存能力有计划地进行，防止一次采购过多，短期内用不完而造成积压变质。

2. 采购原辅料的要求

目前，我国主要的食品原料、食品辅料、食品包装材料多数有国家卫生标准、行业标准或地方标准，少数有企业标准或无标准。在订购、采购食品原料、包装材料时，应尽量按国家卫生标准执行；无国家标准的，依次执行行业标准、地方标准、企业标准；无标准原材料的，可参照类似食品的标准及卫生要求。

3. 食品原料的验收

验收各种原辅料时，除了向供货方索取产品的检验合格证或化验单外，还必须通过对原辅料色、香、味、形等感官性状的检查来判断其新鲜程度，必要时采用理化或细菌学方法来判定。同时，检查原辅料是否受有毒有害物质污染也是很重要的。

（1）感官检查

感官检查简单易行，结果可靠。如蔬菜类、水果类，采摘后新陈代谢仍在继续，随着时间推移，新鲜度下降，其功能下降，伴随着水分、色、香、味的变化，当水分减少 5% 时，鲜度明显下降，出现收缩、减重、变色或褪色，香气降低。肉类原料新鲜度下降时，由鲜红色变为褐色、灰色，失去光泽，表面发黏，香气丧失。鱼贝类等水产品，新鲜时体表光泽、保持自然色调、不失水分体形有张力、眼球充血、眼房鼓起透明、腮腺红、肉体有弹性；鲜度下降时，失去光泽和水分、腹部鼓起、肛门有分泌物流出、体表发黏、有异臭味等。

（2）理化检查

物理检查常用于食品表面的检查，如水产品表面弹力测定、农产品色调测定。常用导

电性方法测定电阻、电容量等来判定食品的鲜度。化学检查，果蔬类原料可测定叶绿素、抗坏血酸、可溶性氮等指标；动物性食品常用测定 pH、氨基氮、挥发性盐基氮、组织胺等来判定食品的新鲜度。

（3）微生物学检查

食品可因某些微生物的污染而使其新鲜度下降甚至变质，主要指标有细菌总数、大肠菌群、致病菌等。

（4）食品原辅料有毒有害物质的检测

食品应该是无毒无害的，但在食品的种植或养殖、收获、加工、运输、销售、贮存等环节上，往往受到不同程度的工业污染、农药污染、致病菌及毒素等污染。在采购食品原料时，应充分估计到这种可能性，必要时进行抽样检查，以排除污染的可能性。

（5）食品原辅料保护性措施

农副产品在采收时，难免携带来自产地的各种污染物，如附着有害微生物、寄生虫、农药、工业污染物、放射性尘埃等。所以，对采收后的产品要实施一系列保护措施。一般常采用水、表面活性剂水溶液、碱水溶液、含氯消毒液等进行洗涤和消毒。

（二）原料的运输

1. 运输工具应符合卫生要求

食品原辅料必须使用专用的车、船等运输工具，严禁与农药、化肥、化工产品及其他有毒有害化学物质混载，也不得使用运输过上述物品的车、船及其运输工具。如做不到运输工具专用，在运输食品原料前必须彻底清洗干净，确保无有毒有害物质污染，无异味。运输工具应定期清洗、消毒，保持洁净卫生。

为防止运输途中雨淋、灰尘，使食品包装及食品原辅料受潮，车、船应设置顶棚，最好采用封闭式的车厢和舱，不具备上述条件的运输工具应用油布覆盖。

2. 选择合适的运输工具

根据原辅料的特点和卫生要求，选择合适的运输工具。例如，大米、面粉、油料等原料，可用普通常温车（车厢）和船运输；运输家畜、家禽等动物的车、船应分层设置铁笼，通风透气，防止挤压也便于运输途中供给足够的饲料和饮水；水果、蔬菜类食品应装入箱子或篓中运输，避免挤压撞伤而腐烂；水产品、熟肉及其冰冻食品原料采用低温冷藏车贮运。

运输作业应避免强烈的震荡、撞击，轻拿轻放，防止损伤产品外形；且不得与有毒有害物品混装、混运，作业终了，搬运人员应撤离工作地，防止污染食品。

（三）食品原料的贮藏

1. 应设置与生产能力相适应的设施

食品原料贮藏设施的要求依据食品种类不同而不同，主要取决于原辅料的本身的性质。例如，新鲜水果、蔬菜原料应设置原料接收场地、清洗设施及场所、保鲜仓库；以生肉、水产品为原料的食品企业应设置一定容量的低温冷库；油料、面粉、大米等干燥原料贮藏设施应具有防潮功能。

2. 食品原辅料的贮藏卫生管理

（1）原料场地和仓库应设专人管理，建立管理制度，定期检查质量和卫生情况，按时清扫、消毒、通风换气。

(2)原料场地和仓库地面应平整，便于通风换气，有防鼠、防虫设施。

(3)各种原料应按品种分类分批贮存，每批原料均有明显标志，同一库内不得贮存相互影响风味的原料。

(4)原料应离地、离墙并与屋顶保持一定距离，垛与垛之间也应有适当间隔。

二、工厂设计与设施的要求

(一)食品工厂厂址选择

在选择厂址时，既要考虑来自外界环境的有毒有害因素对食品可能产生的污染，又要避免生产过程中产生的废气、废水和噪声对周围居民的不良影响。综合考虑食品企业的经营与发展，食品安全与卫生以及国家有关法律、法规等诸多因素，食品企业厂址的一般要求如下：

(1)要选择地势干燥、交通方便、有充足的水源的地区。厂区不应设于受污染河流的下游。

(2)厂区周围不得有粉尘、有害气体、放射性物质和其他扩散性污染源；不得有昆虫大量滋生的潜在场所，避免危及产品卫生。

(3)厂区要远离有害场所。生产区建筑物与外缘公路或道路应有防护地带，其距离可根据各类食品厂的特点由各类食品厂卫生规范另行规定。

(二)总平面布局

(1)各类食品厂应根据本厂特点制定整体规划。要合理布局，划分生产区和生活区，生产区应在生活区的下风向。

(2)建筑物、设备布局与工艺流程三者衔接合理，建筑结构完善，并能满足生产工艺和质量卫生要求；建筑物和设备布置还应考虑生产工艺对温度、湿度和其他工艺参数的要求，防止毗邻车间受到干扰。

(3)原料与半成品和成品、生熟食品均应杜绝交叉污染。

(4)厂区道路应通畅，便于机动车通行，有条件的应修环行路且便于消防车辆到达各车间；道路由混凝土、沥青及其他硬质材料铺设，防止积水及尘土飞扬。

(5)厂房之间，厂房与外缘公路或道路之间应保持一定距离，中间设绿化带，各车间的裸露地面应进行绿化。

(6)给排水系统应能适应生产需要，设施应合理有效，经常保持畅通，有防止污染水源和鼠类、昆虫通过排水管道潜入车间的有效措施。污水排放必须符合国家规定的标准，必要时应采取净化设施达标后才可排放。净化和排放设施不得位于生产车间主风向的上方。污物(加工后的废弃物)存放应远离生产车间，且不得位于生产车间上风向。

(7)存放设施应密闭或带盖，要便于清洗、消毒。

(8)锅炉烟筒高度和排放粉尘量应符合《锅炉大气污染物排放标准》(GB 13271—2001)的规定，烟道出口与引风机之间须设置除尘装置；其他排烟、除尘装置也应达标后再排放，防止污染环境；排烟除尘装置应设置在主导风向的下风向。季节性生产厂应设置在季节风向的下风向。

(三)建筑设施

(1)食品企业的生产厂房的高度应能满足工艺、卫生要求，以及设备安装、维护、保养的需要。

(2)生产车间人均占地面积(不包括设备占位)不能少于 $1.50 \ m^2$，高度不低于 3 m，地面应使用不渗水、不吸水、无毒、防滑材料(如耐酸砖、水磨石、混凝土等)铺砌，应有适当坡度，在地面最低点设置地漏，以保证不积水。其他厂房也要根据卫生要求进行设置。

(3)屋顶或天花板应选用不吸水、表面光洁、耐腐蚀、耐温、浅色材料覆涂或装修，要有适当的坡度，在结构上减少凝结水滴落，防止虫害和霉菌滋生，以便于洗刷、消毒。

(4)生产车间墙壁要用浅色、不吸水、不渗水、无毒材料覆涂，并用白瓷砖或其他防腐蚀材料装修，高度不低于 1.50 m 的墙裙，墙壁表面应平整光滑，其四壁和地面交界面要呈弯形，防止污垢积存，并便于清洗。

(5)车间门、窗、天窗要严密不变形，防护门要能两面开，设置位置适当，并便于卫生防护设施的设置。窗台要设于地面 1 m 以上，内侧要下斜 45°。非全年使用空调的车间、门、窗应有防蚊蝇、防尘设施，纱门应便于拆下洗刷。

(6)通道要宽畅，便于运输和卫生防护设施的设置。楼梯、电梯传送设备等处要便于维护和清扫、洗刷和消毒。

(7)生产车间、仓库应有良好通风，采用自然通风时，通风面积与地面面积之比不应小于 1∶16；采用机械通风时换气量不应小于每小时换气 3 次，机械通风管道进风口要距地面 2 m 以上，并远离污染源和排风口，开口处应设防护罩。饮料、熟食、成品包装等生产车间或工序必要时应增设水幕、风幕或空调设备。

(8)车间或工作地应有充足的自然采光或人工照明，位于工作台、食品和原料上方的照明设备应加防护罩。

(9)建筑物及各项设施应根据生产工艺卫生要求和原材料贮存等特点，相应设置有效的防鼠、防蚊蝇、防尘、防飞鸟、防昆虫的侵入、隐藏和滋生的设施，防止受其危害和污染。

(四)卫生设施

(1)洗手、消毒。洗手设施应分别设置在车间进口处和车间内适当的地点。要配备冷热水合器，其开关应采用非手动式。洗放设施还应包括干手设备(热风、消毒干毛巾、消毒纸巾等)。根据生产需要，有的车间、部门还应配备消毒手套，同时还应配备足够数量的指甲刀、指甲刷和洗涤剂、消毒液等。生产车间进口，必要时还应设有工作靴、工作鞋、消毒池。

(2)更衣室应设储衣柜或衣架、鞋箱(架)，衣柜之间要保持一定距离，离地面 20 cm以上，如采用衣架应另设个人物品存放柜。还应备有穿衣镜，供工作人员自检用。

(3)厕所设置应有利于生产和卫生，其数量应根据生产需要和人员情况适当设置。生产车间的厕所应设置在车间外侧，并一律为水冲式，备有洗手设施和排臭装置，其出入口不得正对车间门，要避开通道；其排污管道应与车间排水管道分设。

三、食品用工具、设备的要求

食品加工设备、工具对食品质量和安全有着很大的影响，因此，所有国家均在食品GMP法规中明确规定了对食品加工设备、工具的要求。要求如下：

(1)在材质上，凡接触食品物料的设备、工具、管道，必须用无毒、无味、抗腐蚀、不吸水、不变形的材料制作。

(2)在结构上，要求设备、工具管道表面要清洁，边角圆滑，无死角，不易积垢，不漏隙，便于拆卸、清洗和消毒。

（3）在安装上，应符合工艺卫生要求，与屋顶（天花板）、墙壁等应有足够的距离，设备一般应用脚架固定，与地面应有一定的距离。传动部分应有防水、防尘罩，以便于清洗和消毒。

对食品用工具和设备进行洗涤和消毒时常采用水、酸、碱洗涤剂（1％～2％硝酸溶液和1％～3％氢氧化钠溶液，在65℃～80℃时使用）、杀菌剂（含氯消毒杀菌剂）。

四、食品用水的要求

食品企业用水按其用途分为生活饮用水（一般生产用水）、特殊工艺用水、冷却用水等。

食品企业生产用水一般用于原料的清洗、蒸煮、直接冷却、清洗设备等，其水质要求符合卫生部颁布的《生活饮用水卫生标准》（GB 5749—2006）。

五、食品加工过程中的要求

食品加工过程包括从原料到成品的整个过程。食品原料经过各种形式的加工工艺，要求整个生产过程中生产设备、工具、容器、场地等在使用前后均应彻底清洗、消毒，各项工艺操作应在良好的情况下进行，防止变质和受到腐败微生物及有毒有害物的污染。

（一）设备的卫生控制

与食品接触的设备表面必须用无毒、无害、不吸水、耐腐蚀、易消毒、易于清洁的材料制作，食品接触的器具设备表面被污染时，必须立即清洗和消毒。设备在每次使用前和使用后，应正确地清洁和消毒。

（二）用具和容器的洗涤与消毒

为了保证食品卫生，避免因用具和容器不洁而导致的交叉污染，因此对用具和容器在使用前应进行彻底的清洁和消毒，食品的接触器具使用时要做到生熟分开，塑料筐要做到专筐专用。已清洗过的设备和器具应避免再受污染。

（三）食品初加工的卫生

对于不需要热加工而直接入口的水果、蔬菜类，必须设有专门的冷荤间，做到专人、专室、专消毒、专工具和专冷藏。必须用卫生部门批准的消毒剂进行浸泡消毒，然后用流水彻底清洗干净。初加工的废弃物要及时清理，做到地面、地沟无油泥、无积水、无异味。

（四）预防交叉污染和二次污染

要防止交叉污染，必须保证生、熟食品分开贮藏，原材料、半成品和成品也要使用不同的冷库，温度控制在0℃～5℃。所有冰箱和冷库都应备有温度计，温度计设在冷藏间最温暖的地方。没有包装的原材料和半成品，应覆盖一次性无毒塑料保鲜膜，并贴生产日期标签。

为了防止环境对产品造成二次污染，每天应用紫外线消毒灯进行空气消毒，工作台、设备、器具等与食品接触的所有物品均应用消毒剂消毒。

六、食品包装的要求

食品包装指采用适当的包装材料、容器和包装技术，把食品包裹起来，以使食品在运输和贮藏过程中保持其价值和原有的状态。食品经过包装后起到保护食品，方便贮运，促进销售，提高食品价值。在使用食品包装材料、容器时，应该注意到包装材料本身的安全与卫生、包装后食品的安全卫生问题。食品包装的 GMP 包括如下内容：

(1)食品企业应设有专门的食品包装间，内设空调、紫外灭菌、二次更衣间和清洗消毒等设施。

(2)成品应有固定包装，且检验合格后方可包装；包装应在良好状态下进行，防止异物带入食品。

(3)使用食品容器和包装材料时，应完好无损，符合国家卫生标准。

(4)包装上的标签应按《预包装食品标签通则》(GB 7718—2011)的有关规定执行。

(5)成品包装完毕，按批次入库、贮存，防止差错。

七、食品检验的要求

食品厂应设立与生产能力相适应的卫生和质量检验室，并配备经专业培训、考核合格的检验人员，从事卫生、质量的检验工作。卫生和质量检验室应具备所需的仪器、设备，检验室应按国家规定的卫生标准和检验方法进行检验，要逐批次对投产前的原材料、半成品和出厂前的成品进行检验，并签发检验结果单。对检验结果如有争议，应由卫生监督机构仲裁。

八、食品生产经营人员个人卫生的要求

(一)食品生产人员的健康要求

食品生产人员尤其是与食品直接接触的人员，其健康与食品卫生质量直接相关，我国《食品安全法》规定："食品生产经营人员每年必须进行身体健康检查，新参加工作和临时参加工作的食品生产经营人员必须进行身体健康检查，取得健康证明后方可参加工作"，"凡患有痢疾、伤寒、病毒性肝炎等消化道传染病(包括病原携带者)、活动性肺结核、化脓性或渗出性皮肤病以及其他有碍食品卫生的疾病的，不得参加接触直接入口食品的工作"，其他有碍食品卫生的疾病主要有流涎症状、肛瘘、腹泻、皮屑症患者等。承担健康检查的医疗机构必须是经当地卫生行政部门认可的单位，在指定范围内进行健康检查工作。

(二)食品生产人员的卫生要求

1. 保持衣帽整洁

进入车间前，必须穿戴整洁的工作服、帽、靴、鞋等。头发不得外露于帽外，以防止头发或头皮屑落入食品，不在加工场所梳理头发。接触直接入口的食品还应戴口罩。工作服应每天清洗更换，不要穿工作服、鞋进入厕所和离开生产加工场所。

2. 重视操作卫生

直接与食品原料、半成品和成品接触的人员不允许戴手表、戒指、手镯等饰物，以免妨碍清洗、消毒或落入食品中。进入车间前不宜浓艳化妆、涂抹指甲油、喷洒香水，以免玷污食品。上班前不许酗酒，工作时不许吸烟、饮酒、吃食物，不要用勺直接尝味，不要用手抓食品销售，不接触不洁物品。操作人员手部受外伤，不得接触食品或原料，经过包扎治疗戴上防护手套后，方可参加不直接接触食品的工作。

3. 培养良好的卫生习惯

从业人员应该做到勤洗手和剪指甲、勤洗澡、勤换工作服、勤洗衣服和被褥，经常保持良好个人卫生习惯。从业人员还应在一天工作结束后，及时冲洗、清扫、消毒工作场所，以保持清洁的环境，有利于保证产品的质量。

实训任务

实训主题：编写一份乳制品企业良好操作规范。

实训组织：对学生进行分组，每个组参照"必备知识"及利用网络资源，编写一份乳制品企业良好操作规范。

实训成果：乳制品企业良好操作规范。

实训评价：主讲教师进行评价。

任务 3　学习卫生标准操作程序——SSOP

●●●● 知识目标

• 掌握卫生标准操作程序的概念及其主要内容

●●●● 技能目标

• 掌握卫生标准操作程序的要求

必备知识

一、概述

卫生标准操作程序（Sanitation Standard Operation Procedure，SSOP）。它是食品加工企业为了保证达到 GMP 所规定的要求，确保加工过程中消除不良的人为因素，使其加工的食品符合卫生要求而制定的指导食品生产加工过程中如何实施清洗、消毒和卫生保持的作业指导文件。

（一）SSOP 的一般要求

1. 加工企业必须建立和实施 SSOP，以强调加工前、加工中和加工后的卫生状况和卫生行为。

2. SSOP 应该描述加工者如何保证某一个关键的卫生条件和操作得到满足。

3. SSOP 应该描述加工企业的操作如何受到监控来保证达到 GMP 规定的条件和要求。

4. 须保持 SSOP 记录，至少应记录与相关的关键卫生条件和操作受到监控和纠偏的结果。

5. 官方执法部门或第三方认证机构应鼓励和督促企业建立书面 SSOP。

（二）SSOP 的主要内容

1. 用于接触食品或食品接触面的水、冰的安全。

2. 与食品接触表面的卫生状况和清洁程度，包括工器具、设备、手套和工作服。

3. 防止发生食品与不洁物、食品与包装材料、人流和物流、高清洁区的食品与低清洁区的食品、生食与熟食之间的交叉污染。

4. 手的清洗消毒设施及卫生间设施的维护。

5. 保护食品、食品包装材料和食品接触面免受润滑剂、燃油、杀虫剂、清洗剂、冷凝水、涂料、铁锈和其他化学、物理和生物性外来杂质的污染。

6. 有毒化学物质的正确标志、贮存和使用。

7. 直接或间接接触食品的职工健康状况的控制。

8. 害虫的控制及去除(防虫、灭虫、防鼠、灭鼠)。

SSOP 应由食品生产加工企业根据卫生规范及企业实际情况编制,尤其应充分考虑到其实用性和可操作性。SSOP 文件一般应包含:监控对象、监控方法、监控频率、监控人员、纠偏措施及监控、纠偏结果的记录要求等内容。

二、SSOP 的基本要求

(一)水(冰)的安全

生产用水(冰)的卫生质量是影响食品卫生的关键因素。对于任何的食品生产加工企业,首要的一点就是要保证水的安全。

1. 水源

食品加工厂的水源一般由城市供水、自供水和海水构成。

(1)城市供水。又称公共供水或城乡生活饮用水,是由自来水厂供应的饮用水。使用城市供水具有许多优点如它具有良好的化学和微生物标准;经过了净化或处理,在决定使用前经过了检验,符合国家饮用标准等。但是它的费用也较其他种类的水源昂贵。城市供水是各种水源中最常用的。

(2)自供水。由自备水井供水。相比较而言自供水供水费用较低,但比城市供水更易污染。由于井水中含有大量的可溶性矿物质、不溶性固体、有机物质、可溶性气体及微生物,因此使用井水需进行水处理。

(3)海水。海水也是食品生产企业经常使用的一种水源。使用海水时应考虑水源周围环境、季节变化、污水排放等因素对海水的污染。

2. 水的贮存和处理

(1)水的贮存方式。包括水塔、蓄水池、贮水罐等。

(2)水的处理方式。包括物理处理(沉淀、过滤)、化学处理(离子交换)。水的消毒处理有加氯处理(自动加氯系统)、臭氧处理、紫外线消毒等几种方法。

除了对水进行处理外,还必须对水塔、蓄水池、贮水罐等水的贮存环境进行定期的清洗消毒,清洗消毒的方法和频率必须在 SSOP 中做出规定,清洗消毒的记录予以保存。

3. 设施

供水设施要完好,一旦损坏后就能立即维修好,管道的设计要防止冷凝水集聚下滴污染裸露的加工食品。

(1)防虹吸设备:水管离水面距离为 2 倍水管直径。

(2)防止水倒流:水管管道有一死水区;水管龙头真空阻断。

(3)洗手消毒水龙头为非手动开关。

(4)加工案台等工具有将废水直接导入下水道装置。

(5)备有高压水枪。

(6)有蓄水池(塔)的工厂,水池要有完善的防尘、防虫鼠措施,并进行定期清洗消毒。

4. 操作

(1)清洗、解冻用流动水,清洗时防止污水溢溅。

（2）软水管颜色要浅，使用时不能拖在地面上。

5. 监测

无论城市公用水还是自备水源都必须充分有效地加以监控，有合格的证明后方可使用。

（1）监测频率

①企业对水的余氯每天一次，一年对所有水龙头都监测到；

②企业对微生物至少每周一次；

③当地卫生部门对城市公用水全项目每年至少两次，并有报告正本；

④对自备水源监测频率要增加。

（2）取样计划。每次取样必须包括总出水口；一年内做完所有的出水口。

（3）取样方法。先对出水口进行消毒，放水 5 min 后取样。

（4）日常检测采用试纸、比色法、化学滴定方法检测余氯和 pH 以及微生物指标。

6. 污水排放

（1）污水的处理应符合国家环保部门规定；符合防疫的要求；处理池地点的选择应远离生产车间。

（2）废水排放设置

①地面处理（坡度）：为便于排水和防止周围的水逆流进入车间，车间整个地面的水平在设计和建造时应该比厂区的地面略高，并在建造时使地面有一定的坡度，一般为1°～1.5°斜坡。

②加工用水、台案或清洗消毒用水不能直接流到地面，而应直接入沟，以防止地面的污水飞溅，污染产品和工器具。

③废水流向应从清洁区向非清洁区。

④排水沟：排水沟应采用表面光滑、不渗水的材料铺砌，施工时不得出现凹凸不平和裂缝。

7. 纠偏

监控时发现加工用水存在问题，应停止使用这种水源，直到问题得到解决。

监测时发现在硬管道处有交叉连接时，须立即解决。出现问题处若不能被隔离（如用关闭的阀门），加工应终止，直到修好为止。在不合理的情况下生产的产品不能运销，除非其安全性得到验证。

8. 记录

水的监控、维护及其他问题处理都要记录、保持。

记录一般应包括：城市供水水费单、水分析报告、管道交叉污染等日常检查记录、纠偏记录等。

（二）食品接触面表面的清洁度

1. 与食品接触的表面

根据潜在的食品污染的可能来源途径，通常把食品接触面分成直接与食品接触和间接与食品接触的表面。

直接接触的表面有：加工设备、工器具、操作台案、传送带、贮冰池、内包装物料、加工人员的工作服、手套等。

间接接触的表面有：未经清洁消毒的冷库、车间和卫生间的门把手、操作设备的按钮、车间内电灯开关等。

2. 材料要求

食品接触面的材料应采用无毒（无化学物的渗出）、不吸水（不积水和或干燥）、抗腐蚀、不生锈，不与清洁剂、消毒剂产生化学反应，表面光滑易清洗的材料，如不用黄铜制品、黑铁或铸铁及含锌、铅材料、竹、木制品、纤维制品等。可采用不锈钢、无毒塑料、混凝土、瓷砖等。

3. 设计安装要求

食品接触面的设计和安装应无粗糙焊缝、破裂、凹陷，要求表面包括缝、角和边在内，无不良的关节连接、已腐蚀部件、暴露的螺丝、螺帽或其他可以藏匿水或污物的地方，真正做到表里如一，始终保持完好的维修状态，安装应满足在加工人员犯错误情况下不致造成严重后果的要求。

4. 清洗消毒

（1）方法

①物理方法。臭氧消毒：一般消毒 1 h，适用于加工车间。紫外线照射消毒法：每 10 m² ～15 m²，安装一只 3 W 紫外线灯，消毒时间不少于 30 min，车间低于 20℃，高于 40℃，湿度大于 60％时，要延长消毒时间，此方法适用于更衣室、厕所等。药物熏蒸法：用过氧乙酸、甲醛，每平方米 10 mL，适用于冷库、保温车等。肉类加工厂应首选 82℃ 热水清洗消毒。此外还有电子灭菌消毒法等。

②化学方法：一般使用含氯消毒剂，如谷氨酸纳 100 mg/kg～150 mg/kg。

（2）程序

使用化学清洗消毒剂时一般分为 5～6 个步骤：清除→预冲洗→使用清洁剂→再冲洗→消毒→最后冲洗。

首先，必须彻底地清洗、以除去微生物赖以生长的营养物质。如清除大的残渣，预冲洗去除表面附着的残渣，使用清洁剂清洗顽垢，冲洗清洁剂和去除顽垢。然后进行消毒确保消毒效果。接着再进行冲洗，去除残留的化学消毒剂。在清洗过程中应注意清洁剂的使用和浸洗都需要恰当的时间，此外清洁剂的温度也直接影响清洁效果。

清洁剂的类型包括普通清洁剂（GP）、碱、含氯的清洗剂、酸、酶等。

清洁剂的效果与接触时间、温度、物理擦洗及化学等因素有关，应对清洗效果实施监控。

（3）设备和工器具的清洗消毒及其管理

①清洗消毒频率。大型设备，每班加工结束之后。清洁区工器具，每 2 h～4 h 一次。屠宰线上用的刀具，每用一次消毒一次（每个岗位至少两把刀，交替使用），加工设备、器具被污染之后应立即进行清洗消毒。

②手和手套。每次进车间前和加工过程中手被污染时，必须洗手消毒。要做到必须在车间的入口处、车间流水线和操作台附近设有足够的洗手消毒设备，在清洁区的车间入口处还应派专人检查手的清洗消毒情况，检查是否戴首饰、是否留过长的指甲等。手套一般在一个班次结束或中间休息时更换。手套不得使用线手套，所用材料应不易破损和脱落。手套清洗消毒后贮存在清洁的密闭容器中送往更衣室。

③工作服。工作服应在专用的洗衣房进行集中清洗和消毒。洗衣设备、能力与实际需求相适应。不同清洁要求区域的工作服应分开清洗，不同清洁区的工作服分别清洗消毒。清洁工作服与脏工作服分区域放置，存放工作服的房间应设有臭氧消毒、紫外线等设备，且干净、干燥和清洁。工作服必须每天清洗消毒。一般工人至少配备两套工作服。工人出车间、去卫生间，必须脱下工作服、帽和工作鞋。

④工器具清洗消毒的注意事项。要有固定的清洗消毒场所或区域，推荐使用82℃的热水；要根据清洗对象的性质选择相应的清洗剂；在使用清洗剂、消毒剂时要考虑接触时间和温度；冲洗时要用流动的水，同时应防止清洗、消毒水溅到产品上造成污染。设有隔离的工器具洗涤消毒间，不同清洁工器具应分开清洗。

5. 监控

(1)监测对象。食品接触面的状况；食品接触面的清洁和消毒；使用消毒剂的类型和浓度；可能接触食品的手套和外衣是否清洁卫生，且状态良好。

(2)监测方法

①感官检查：表面状况良好。表面已清洁和消毒；手套和外衣清洁且保养良好。

②化学检测：消毒剂的浓度是否符合规定的要求。

③表面微生物检测：检测方法包括平板、棉拭涂抹和发光法。

(3)监测频率

①感官监测频率：每天加工前、加工过程中以及生产结束后进行。洗手消毒主要在员工进入车间时、从卫生间出来后和加工过程中检查。

②实验室监测频率：按实验室制订的抽样计划，一般每周1～2次。

6. 纠偏

在检查发现问题时应采取适当的方法及时纠正，如再清洁、消毒、检查消毒剂浓度、培训等。

7. 记录

卫生监控记录的目的是提供证据，证实工厂消毒计划充分，并已执行，此外发现问题能及时纠正。记录包括检查食品接触面状况、消毒剂浓度、表面微生物检验结果等。记录的种类包括每日记录监控记录、检查、纠偏记录等。

(三)防止交叉污染

交叉污染是指通过生的食品、食品加工人员和食品加工环境把生物的、化学的污染物转移到食品上去的过程。防止交叉污染的途径包括防止员工操作造成的产品污染，生的和即食食品的隔离，内外包装材料存放的隔离以及外包装与内包装操作间的隔离，防止工厂设计造成的污染。

1. 污染的来源

交叉污染的来源包括：工厂选址、设计、车间不合理，加工人员个人卫生不良，清洁消毒不当，卫生操作不当，生、熟产品未分开，原料和成品未隔离。

2. 预防

(1)工厂选址、设计

①为了使工厂和车间的选址、设计、布局尽量合理，企业应提前与有关政府主管部门取得联系，了解有关规定和要求。

②车间的布局既要便于各生产环节的相互联结，又要便于加工过程的卫生控制，防止交叉污染的发生。

③加工工艺布局合理，能采取物理隔离的地方尽量采取物理隔离。应遵守如下原则：前后工序，如生熟之间、不同清洁度要求的区域之间应完全隔离；原料库、辅料库、成品库、内包装材料库、外包装材料库、化学品库、杂品库等应专库专用。

④同一车间不能同时加工不同类别的产品。

⑤明确人流、物流、水流、气流的方向。人流应从高清洁区到低清洁区；物流应不造成交叉污染，可用时间、空间分隔；水流应从高清洁区到低清洁区；气流应采用进气控制、正压排气、鼓风排气、非抽气等措施控制，注意采用负压排气时需有一个回气孔，以免从下水道抽气。

(2)卫生操作防止交叉污染

生的与煮熟或即食食品加工活动的充分隔离；贮藏中的产品的充分隔离或保护；食品处理或加工区域的设备充分的清洁和消毒；员工卫生、衣着和手清洗操作，员工食品加工操作和工器具；员工在厂区附近的活动。

(3)隔离生的和即食产品

当接收产品或辅料时；在加工整理操作期间；贮存期间；运输期间。

(4)防止加工中的交叉污染

指定区域将生的和即食产品的加工区分隔；控制设备由一个加工区域向另一个加工区域的移动；控制人员由一个加工区域通往另一个加工区域。

3．监控

①在开工时，交接时，餐后继续加工进入生产车间。

②采用生产连续监控。

③产品贮存区域(如冷库)每回检查。

4．纠偏

(1)发生交叉污染，采取措施防止再发生，必要时停产直到改进，如有必要需对产品的安全性进行评估。

(2)必要时对车间布局进行改造，避免不同清洁区人员交叉流动及工器具的交叉使用。

(3)清除顶棚上的冷凝物，调节空气流通和房间温度以减少水的凝结，安装遮盖物防止冷凝物落到食品、包装材料或食品接触面上。

(4)清扫地板，清除地面上的积水。

(5)及时清洗消毒被污染的食品接触面。

(6)在非产品区域操作有毒化合物时，设立遮蔽物以保护产品。

(7)增加培训程序，加强对员工的培训，纠正不正确的操作。

(8)转移或丢弃没有标签的化学品。

5．记录

(1)消毒控制记录。

(2)改正措施记录。

(四)手的清洗与消毒，厕所设备的维护与卫生保护

1. 洗手消毒设施

(1)洗手消毒设施应设在车间入口处、车间内加工岗位的附近和卫生间。

(2)洗手消毒设施包括非手动开关的水龙头、冷热水、皂液器、消毒槽、干手设施、流动消毒车等。此外还应注意温水一般 43℃ 为宜；每 10~15 人设一水龙头为宜。洗手消毒液应保持清洁且有效氯含量至少为 100 mg/kg。

2. 厕所设施

(1)位置：与车间相连接或不连接；门不能直接朝向车间；卫生间的门应能自动关闭；卫生间最好不在更衣室内，确保在更衣室脱下工作服和工作鞋后方能上厕所。

(2)数量：与加工人员相适应，每 15~20 人设一个为宜。

(3)结构：严禁使用无冲水的厕所；避免使用大通道冲水式厕所，应采用蹲便器或坐便器。

(4)配套设备：包括冲水装置、手纸和纸篓、洗手消毒设备、干手设施。

(5)卫生要求：通风良好，地面干燥，保持清洁卫生，光照充足，不漏水，有防蝇、防虫设施，进入厕所前要脱下工作服和换鞋，方便之后要进行洗手和消毒。

以上要求适用于所有的厂区、车间和办公楼厕所。

3. 设备的维护与卫生保持

(1)设备保持正常运转状态。

(2)卫生保持良好不造成污染。

4. 监测

(1)每天至少检查一次设施的清洁与完好状况。

(2)卫生监控人员巡回监督。

(3)化验室定期做表面样品检验。

(4)检查消毒液的浓度。

5. 纠偏

检查发现不符合时应立即纠正。纠正可以包括：修理或补充厕所和洗手处的洗手用品；若手部消毒液浓度不适宜，则将其倒掉并配新的消毒液；当发现有令人不满意的条件出现时，记录所进行的纠正措施；修理不能正常使用的厕所。

6. 记录

每日卫生监控记录包括洗手间或洗手池和厕所设施的状况，包括洗手间或洗手池和厕所设施的状况及其位置；手部消毒间、池或浸手消毒液的状况；洗手消毒液的浓度；当发现有令人不满意的状况出现时所采取的纠正措施。

(五)防止食品被污染

防止食品、食品包装材料和食品所有接触表面被微生物、化学品及物理的污染物沾污，例如，清洁剂、燃料、杀虫剂、废弃物、冷凝物以及各种污物等。

1. 污染物的来源

(1)物理性污染物：包括无保护装置的照明设备的碎片、天花板和墙壁的脱落物；工具上脱落大漆片、铁锈，竹木器具上脱落的硬质纤维；头发等。

(2)化学性污染物：润滑剂、清洁剂、杀虫剂、燃料、消毒剂等。

（3）微生物污染物：被污染的水滴和冷凝水、空气中的灰尘、颗粒、外来物质、地面污物、不卫生的包装材料、唾液、喷嚏等。

2. 防控

（1）水滴和冷凝水的控制。应保持车间的通风，避风量要大于排风量，防止空调管道形成冷凝水。在有水蒸气产生的车间，要安装适当的排气装置。此外还应采取控制车间温度，尤其控制温差；顶棚呈圆弧形；提前降温，尽量缩小温差等措施。

（2）防止污染的水溅到食品上。及时清扫，保持车间干燥。车间内设有专用工器具清洗消毒间；待加工原料或半成品远离加工线或操作台；车间内没有产品时才冲洗台面、地面；车间内的洗手消毒池旁没有产品；车间台面、池子中的水不能直接排到地面，应排进管道并引入下水道。

（3）包装物料的控制。包装物料存放库要保持干燥、清洁、通风、防霉，内外包装分别存放，上有盖布下有垫板，并设有防虫鼠设施。每批包装物进雨水后要进行微生物检验（细菌数<100个$/cm^2$，致病菌不得检出），必要时进行消毒。

3. 监控

任何可能污染食品或食品接触面的掺杂物，如潜在的有毒化合物、不卫生的水（包括不流动的水）和不卫生的表面所形成的冷凝物，建议在开始生产时及工作时间每4h检查一次。

4. 纠偏

①除去不卫生表面的冷凝物。②用遮盖方法防止冷凝物落到食品、包装材料及食品接触面上。③清除地面积水、污物、清洗化合物残留。④评估被污染的食品。⑤对员工培训正确使用化合物。

5. 记录

每日卫生控制记录。

（六）有毒化学物质的标记、贮存和使用

食品加工企业使用的化学物质包括洗涤剂、消毒剂、杀虫剂、润滑剂、实验室用品、食品添加剂等，它们是工厂正常运转所必需的，但在使用中必须做到按照产品说明书使用、正确标记、安全贮存，否则存在企业加工的食品会被污染的风险。

1. 常用有毒化学物质

食品加工厂有可能使用的有毒化学物质包括清洗剂、消毒剂如次氯酸钠、杀虫剂如1605、灭害灵、除虫菊酯等、机械润滑剂、实验室用品如检查化验用的各种试剂、食品添加剂如亚硝酸钠等。

2. 有毒化学物质的贮存和使用

（1）有毒化学物质的贮存

①食品级化学品与非食品级化学品分开存放。②清洗剂、消毒剂与杀虫剂分开存放。③一般化学品与剧毒化学品分开存放。④贮存区域应远离食品加工区域。⑤化学品仓库应上锁，并有专人保管。

（2）有毒化学物质的正确管理和使用

①原包装容器的标签应标明：容器中化学品的名称、生产厂名、厂址、生产日期、批准文号、使用说明和注意事项等。

②工作容器的标签应标明：容器中的化学品名称、浓度、使用说明和注意事项。

③建立化学物品台账(入库记录)，以"有毒化学物质一览表"的形式标明库存化学物品的名称、有效期、毒性、用途、进货日期等。

④建立化学物品领用、核销记录。

⑤建立化学物品使用登记记录，如配制记录、用途、实际用量、剩余配制液的处理等。

⑥制定化学物品进厂验收制度和标准，建立化学物品进厂验收记录。

⑦制定化学物品包装容器回收、处理制度，严禁将化学物品的容器用来包装或盛放食品。

⑧对化学物品的保管、配制和使用人员进行必要的培训。

⑨化学物品应采用单独的区域贮存，使用带锁的柜子，防止随便乱拿。

3. 有毒化学物质的监控

(1)监控内容应包括标志、贮藏及使用过程。

(2)经常检查确保符合要求。

(3)建议一天至少检查一次。

(4)全天都应注意。

4. 纠偏

(1)转移存放错误的化合物。(2)标签不全、标记不清的应退还给供应商。(3)对于不能正确辨认内容物的工作容器应重新标记。(4)不适合或已损坏的工作容器弃之不用或销毁。(5)评价不正确使用有毒有害化合物所造成的影响，判断食品是否已遭污染，以确定是否销毁。(6)加强对保管、使用人员的培训。

5. 记录

应设有进货、领用、配制记录以及化学物质批准使用证明、产品合格证。

(七)雇员的健康卫生控制

食品生产企业的生产人员(包括检验人员)是直接接触食品的人，其身体健康及卫生状况直接影响产品卫生质量。根据《食品卫生管理法》规定，凡从事食品生产的人员必须经过体检，合格获有健康证方能上岗，并每年进行一次体检。

1. 雇员的健康卫生的日常管理

(1)食品加工人员不能患有以下疾病，如病毒性肝炎、活动性肺结核、肠伤寒及其带菌者、细菌性痢疾及其带菌者、化脓性或渗出性脱屑、皮肤病患者、手外伤未愈合者等。

(2)应对工人上岗前进行健康检查，发现有患病症状的员工，应立即调离食品工作岗位，并进行治疗，待症状完全消失，并确认不会对食品造成污染后才可恢复正常工作。

(3)对加工人员应定期进行健康检查，每年进行一次体检，并取得县级以上卫生防疫部门的健康证明。此外食品生产企业应制订有体检计划，并设有健康档案。

(4)生产人员要养成良好的个人卫生习惯，按照卫生规定从事食品加工，进入加工车间更换清洁的工作服、帽、口罩、鞋等，不得化妆、戴首饰、手表等。

(5)食品生产企业应制订卫生培训计划，定期对加工人员进行培训，并记录存档。应教育员工认识到疾病对食品卫生带来的危害，并主动向管理人员汇报自己和他人的健康状况。

2. 监督

监督的目的是控制可能导致食品、食品包装材料和食品接触面的微生物污染。

（1）健康检查

员工的上岗前健康检查；定期健康检查，每年进行一次体检；每日健康状况检查，观察员工是否患病或有伤口感染的迹象，要注意加工厂员工的一般症状和状况，如发烧伴有咽喉疼痛、黄疸症（眼结膜或皮肤发黄）、手外伤未愈合等现象。

（2）员工个人卫生监控

洗手、消毒程序执行情况；工作服是否干净、整齐，是否身上粘有异物，指甲是否过长，手面是否有伤或化脓现象；与生产无关的物品严禁带入车间，员工不得穿戴首饰，不得化妆，涂指甲油等；生产车间严禁吸烟，吃食品，喝饮料；进入卫生间更衣洗手情况；工作人员不得乱串岗；工作过程中每个环节按要求定时洗手、消毒执行情况。

3. 纠偏

将患病员工调离生产岗位直至痊愈。

4. 记录

（1）健康检查记录。（2）每日上岗前及生产线上员工卫生健康检查记录。（3）出现不满意状况和相应纠正措施记录。

(八)虫、鼠害防治

昆虫、鸟、鼠等东西会带一定种类病原菌，还会直接消耗、破坏食品并在食品中留下令人厌恶的东西如粪便或毛发。因此虫害的防治对食品加工厂来说是至关重要的。

1. 防治计划

防治范围包括全厂范围，生活区甚至包括厂周围也在灭鼠工作计划之内。应编制灭鼠分布图、清扫消毒执行规定等。

防治计划应考虑厂房和地面、结构布局、工厂机械、设备和工器具、原料、物料库及室内环境的管理、废物处理和杀虫剂的使用和其他控制措施。

2. 重点

虫、鼠害防治的重点包括厕所、下脚料出口、垃圾箱、原料、成品库周围和食堂。

3. 防治措施

（1）清除滋生地及周边环境，包装物、原材料防虫、鼠是第一位的。

（2）采用风幕、水幕、纱窗、门帘、挡鼠板、翻水弯等预防虫、鼠进入车间。

（3）厂区采用杀虫剂。

（4）车间入口用灭蝇灯。

（5）防鼠用粘鼠胶、鼠笼不能用灭鼠药。

4. 纠偏

（1）增加设施。

（2）加强环境卫生控制。

（3）增加杀灭频率。

实训任务

实训主题：编写食品接触面控制程序。

实训组织：对学生进行分组，每个组参照"必备知识"相关知识及利用网络资源，每组编写一份食品接触面控制程序。

实训成果：食品接触面控制程序

实训评价：主讲教师进行评价。

任务 4 学习危害分析与关键控制点——HACCP 七个原理

●●●● 知识目标

- 掌握 HACCP 概念及其基本术语

●●●● 技能目标

- 掌握 HACCP 的七个原理

必备知识

HACCP 是一种质量保证体系，是一种预防性策略，是一种简便、易行、合理、有效的食品安全保证系统，其为政府机构实行食品安全管理提供了实际内容和程序。HACCP 是确定、评估和控制重要的食品安全危害的一个系统。

一、HACCP 体系的基本术语

食品法典委员会（CAC）在《HACCP 体系及其应用准则》中规定的 HACCP 基本术语有：

控制（Control，动词）指采取一切必要行动，以保证和保持符合 HACCP 计划所制订的指标。

控制（Control，名词）指遵循正确的方法和达到安全指标时的状态。

控制措施（Control Measure）指用以防止或消除食品安全危害或将其降到可接受的水平所采取的任何行动和活动。

纠偏行动（Corrective Action）指监测结果表明关键控制点（CCP）失控时，在 CCP 上所采取的措施。

关键控制点（Critical Control Point）指可进行控制，并能有效防止或消除食品安全危害，或将其降低到可接受水平的必需的步骤。

关键限值（Critical Limit）指区分可接受与不可接受水平的指标。

偏离（Deviation）指不符合关键限值。

流程图（Flow Diagram）指生产或制造特定食品所用操作顺序的系统表达。

HACCP 计划（Hazard Analysis Critical Control Point）指对食品安全显著危害加以识别、评估以及控制的体系。

危害（Hazard）指食品中产生的潜在的对人体健康有危害的生物、化学或物理因子或状态。

危害分析（Hazard Analysis）指收集信息和评估危害及导致其存在的条件的过程，以便

决定哪些对食品安全有显著意义，从而应被列入 HACCP 计划中。

监控(Monitor)指为了评估 CCP 是否处于控制之中，对被控制参数所做的有计划的、连续的观察或测量活动。

步骤(Step)指包括原材料及从初级生产到最终消费的食品链中的某个点、程序、操作或阶段。

确认(Validation)指获得证据，证明 HACCP 计划的各要素是有效的过程。

验证(Verification)指除监控外，用以确定是否符合 HACCP 计划所采用的方法、程序、测试和其他评估方法的应用。

二、HACCP 的基本原理

1999 年，食品法典委员会(CAC)在《食品卫生总则》附录《危害分析和关键控制点(HACCP)体系应用准则》中，将 HACCP 的七个原理确定为：

原理一：进行危害分析

危害分析是指分析那些可能发生以及一旦发生就会造成消费者不可接受的健康风险的危害。判断一个危害是否是显著危害，通常情况下有两个依据：一是它极有可能发生(可能性)；二是它一旦发生，就可能对消费者导致不可接受的健康风险(严重性)。通常情况根据工作经验、流行病学数据、客户投诉及技术资料的信息来评估危害的可能性，用政府部门、权威研究机构向社会公布的风险分析资料、信息来判断危害的严重性。

危害分析表能用来确定食品安全危害的思路。危害分析表的示例见表 6-1，加工流程图的每一步被列在第(1)栏，危害分析的结果被记录在第(2)栏中，显著危害的判定结果记录在第(3)栏，在第(4)栏对第(3)栏的判断提出了依据。

表 6-1　危害分析表

(1) 配料、加工步骤	(2)确定本步骤中引入的受控制的或增加的潜在危害	(3)潜在的食品安全危害是显著的吗(是、否)	(4)对第(3)栏的判断提出依据	(5)能用于显著危害的预防措施是什么	(6)该步骤是关键控制点吗(是、否)
1					
2					
3					
4					
5					
6					
公司名称：　　　　　　产品名称：					
公司地址：					
贮藏和销售方式：　　　预期用途和客户：					
签名：					
日期：					

当危害分析证明没有发生食品安全危害的可能时，可以没有 HACCP 计划，但危害分析表必须予以记录和保存，它是 HACCP 计划验证和审核(内审和外审)的依据。

原理二：确定关键控制点(CCP)

CCP 是食品安全危害能被控制的，能预防、消除或降低到可接受水平的一个点、步骤或过程。换言之，只有某个点是用来控制显著的食品安全危害时，这个点才被认为是关键控制点。通常情况下，一个关键控制点可以用于控制一种以上的危害，也可以用几个关键控制点来同时控制一种危害，但是生产和加工的特殊性决定了 CCP 具有特异性。

原理三：确定关键限值(CL)

关键限值(CL)是与一个 CCP 相联系的每个预防措施所必须满足的标准，它是确保食品可以接受与不可接受的界限。必须对在危害分析中建立的每个 CCP 设立关键限值。

通常情况下，建立 CL 应注意以下几点：对每个 CCP 都必须设立 CL；CL 是一个数值，而不是一个数值范围；CL 应具有可操作性，在实际操作当中，应该多用一些物理的、化学的指标，而不要用微生物学指标；CL 应符合相关的国家标准、法律法规的要求；CL 应具有科学的依据。

原理四：关键控制点的监控

监控是指对每个 CCP 点对应的 CL 的定期测量或观察，以评估一个 CCP 是否受控，并且为将来验证时提供准确的记录。监控需要形成文件的监控程序，其目的是跟踪加工过程，查明和注意可能偏离关键限值的趋势，并及时采取措施进行加工调整，使整个加工过程在关键限值发生偏离前恢复到控制状态；同时当一个 CCP 发生偏离时，可以很快查明何时失控，以便及时采取纠偏行动；另外监控记录可以为将来的验证提供必需的资料。通常情况下，每个监控程序必须包括 4 个要素，即监控什么、怎样监控、何时监控、谁来监控。

(1)"监控什么"是指通过观察和测量产品加工过程的特性，来评估一个 CCP 是否在关键限值内进行操作。监控对象也可以包括检查一个 CCP 的预防措施是否实施。例如，检查原料供应商的许可证；检查原料肉表面或包装上的屠宰场注册证号，以保证其是自己注册的屠宰场。

(2)"怎样监控"是指对于定量的关键限值，通过物理或化学的检测方法，对于定性的关键限值采用检查的方法来进行监控。由于生产中没有时间等待长时间的分析实验结果，而且关键限值的偏离要快速判定，必须在产品销售之前采取适当的纠偏行动。通常物理和化学的测量手段快速、方便，是较理想的监控方法。

(3)"何时监控"，监控时间可以是连续的，也可以是间断的，如果有可能的话要尽量采取连续监控。但是一个能连续记录监控值的监控仪器本身并不能控制危害，还需要定期观察连续的监控记录，必要时采取适当的措施，这也是监控的一个组成部分。当出现 CL 偏离时，检查间隔的时间长短将直接影响到返工和产品损失的数量。在所有情况下，检查必须及时进行以确保不正常产品在出厂前被分离出来。当不可能连续监控一个 CCP 时，也可以实施非连续监控(间断性监控)，但应尽量缩短监控的时间间隔，以便及时发现可能的偏离。

(4)"谁来监控"指制订 HACCP 计划时，应该明确由谁来监控，从事 CCP 监控的人员可以是流水线上的人员、设备操作者、监督员、维修人员或质量保证人员。作业的现场人员进行监控是比较合适的，因为这些人能比较容易地发现异常情况的发生。负责 CCP 监控的人员必须方便岗位上作业；能够对监控活动提供准确的报告；能够及时报告 CL 值偏离情况，以便迅速采取纠正措施。监控人员的责任是及时报告异常事件和 CL 值偏离情况，以便在加工过程中采取调整。所有 CCP 的有关记录必须有监控人员的签名。

下面是一个 HACCP 计划表示例(表 6-2)，其中监控程序的内容填写在计划表的第(4)(5)(6)(7)栏中。

表 6-2　HACCP 计划表

CCP (1)	显著危害 (2)	关键限值 (3)	监控				纠正措施 (8)	验证(9)	记录 (10)
			对象 (4)	方法 (5)	频率 (6)	人员 (7)			
蒸制	致病菌残存	蒸制温度：≥105℃ 蒸制时间：≥15 min	蒸制时间和温度	观察数字式温度计、计时器	连续观察每 3 min 记录 1 次，发现异常随时记录	蒸制时间记录人员	调整温度和时间，确认偏离的产品，隔离待评估，延长蒸制时间	每日审核记录，每周用标准温度计对数字式温度计校正一次，每年检定标准温度计，每周抽取蒸制后的产品进行微生物化验	蒸制记录

企业名称：××食品有限公司
企业地址：××省××市××路××号
产品种类：速冻蒸熟猪肉包子，塑料袋包装后装纸箱
销售和贮存方法：−18℃以下冷藏
预期用途和消费者：解冻后加热食品，一般公众
签署：　　　　　　　日期：

原理五：纠正措施

纠正措施是指在关键控制点上，监控结果表明失控时所采取的任何措施。纠正措施的目的是使 CCP 重新受控。纠正措施既应考虑眼前需解决的问题，又要提供长期的解决办法。眼前需要解决的问题主要是使生产恢复控制，并使加工不再出现 CL 值偏离的情况。对在加工中出现偏差时所生产的产品必须进行处理。可以通过以下 4 个步骤进行处理：①确定产品是否存在安全方面的危害；②如果产品不存在危害，可以解除隔离，放行出厂。③如产品存在潜在的危害，则需要确定产品可否再加工、再杀菌，或改作其他用途的安全使用；④如果不能按第三步进行处理，产品必须予以销毁。这样做付出的代价最高，通常到最后才选择该处理方法。

通常情况下，纠正措施应在制订 HACCP 计划时预先制订，并将其填写在 HACCP 计划表(表 6-2)的第(8)栏里。纠正措施应由对过程、产品和 HACCP 计划有全面理解、有权力做出决定的人来负责实施。如果有可能的话，在现场纠正问题，会带来满意的结果。有效的纠正措施依赖于充分的监控程序。

HACCP 计划应包含一份独立的文件，其中所有的偏离和相应的纠正措施要以一定的格式记录进去。这些记录可以帮助企业确认再发生的问题和 HACCP 计划被修改的必要性。以下是一份纠正措施报告示例，见表 6-3。

表 6-3 纠正措施报告

公司名称：		编　号：		
地　　址：		日　期：		
加工步骤：		关键限值：		
监控人员		发生时间	报告时间	
问题及发生问题描述				
采取措施				
问题解决及现状				
HACCP 小组意见				
审核人：			日期：	

原理六：建立有效的验证程序

验证是指除监控外，用以确定是否符合 HACCP 计划所采用的方法、程序、测试和其他评价方法的应用。"验证才足以置信"，验证程序的正确制订和执行是 HACCP 计划成功实施的基础。HACCP 计划的宗旨是防止食品安全的危害，验证的目的是提供置信水平。一是证明 ACCP 计划是建立在严谨、科学的基础上的，它足以控制产品本身和工艺过程中出现的危害；二是证明 HACCP 计划所规定的控制措施能被有效实施，整个 HACCP 体系在按规定有效运转。

一般来说，验证程序的要素包括：HACCP 计划的确认，CCP 的验证，对 HACCP 系统的验证，执法机构强制性验证。

原理七：建立记录保存程序

"说到必须做到"，建立有效的记录保存程序，是一个成功的 HACCP 体系的重要组成部分。记录提供了关键限值得到满足或当关键限值发生偏离时所采取的适用的纠正措施。同样，记录也为加工过程调整，防止 CCP 失控提供了监控手段。记录应明确显示监控程序已被遵循，并应包括监控中获得的真实数值。它是 HACCP 计划审核的依据。在 HACCP 体系中至少应保存以下 4 个方面的记录：HACCP 计划以及支持文件、关键控制点(CCP)监控记录、采取纠正措施的记录、验证记录。记录保存的内容填写在 HACCP 计划表(表6-2)的第(10)栏中。

实训任务

实训主题：制订一份面包危害分析工作单和 HACCP 计划表。

实训组织：对学生进行分组，每个组参照"必备知识"及利用网络资源，每组制订一份面包危害分析工作单和 HACCP 计划表。

实训成果：面包危害分析工作单和 HACCP 计划表。

实训评价：主讲教师进行评价。

任务 5 学习应用 HACCP 原理的十二个步骤

●●●● 知识目标

• 了解 HACCP 实施的条件和步骤

●●●● 技能目标

• 掌握 HACCP 各步骤要点

必备知识

常规的实施 HACCP 体系计划由十二个步骤组成，如图 6-1 所示。

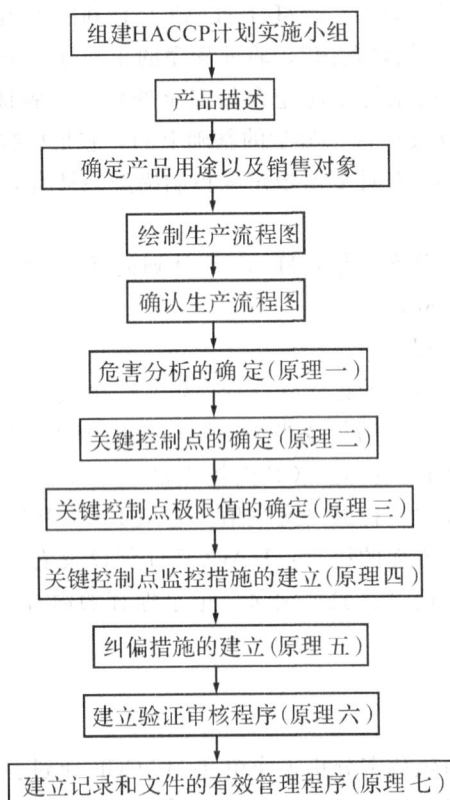

图 6-1 HACCP 体系计划实施步骤

一、HACCP 体系实施的必备程序与条件

要实施 HACCP 体系计划必须具备一些必备程序和基本条件，必备程序有：GMP 和 SSOP、管理层的支持、人员的素质要求和培训、校准程序、产品标志的可追溯性、产品回收计划的实施。除此之外，还应该在生产设备、过程方法等方面具备一定条件。

二、实施 HACCP 体系计划的步骤

1. 组建 HACCP 计划实施小组

HACCP 体系涉及的学科内容有食品方面的生产、技术、管理、贮运、采购、营销、环境、统计等，因而 HACCP 计划实施小组应由多个成员组成。组建一支相互支持、相互鼓励、团结协作、专业素质好、业务能力强、技术水平高的 HACCP 计划实施小组，是有效实施 HACCP 系统及体系的核心保障。

2. 产品描述

产品描述是 HACCP 体系实施小组对产品的名称、成分、产品的重要性能等进行说明。描述包括与食品安全有关的特性（含盐量、酸度、水分活度等）、加工方式（热处理、冷冻、盐渍、烟熏等）、计划用途（主要消费对象、分销方法）、食用方法、包装形式、保质期、销售点、标签说明、特殊贮运要求（环境湿度、温度）、装运方式等，尤其对某些产品应该有警示声明，如"本产品未经巴氏杀菌，可能含有导致儿童、老人和免疫力差人群疾病的有害细菌"。产品描述示例见表6-4。

表 6-4　桑果浓缩汁的产品描述

产品名称	桑果浓缩汁
重要特征（含水量、pH、矿物质、主要维生素量）	固形物：$50°Bx \pm 1°Bx$；总酸：$11 \sim 16$ g/100 g；维生素 C；有机酸；$pH < 4.6$
食用方法	即时用水调配（$13°Bx$）饮用或与其他饮料调配饮用
包装形式	复合袋密封罐装
保质期	18 个月
销售点及对象	批发、零售；销售对象无特殊规定
标签说明	开封后，请冷藏保存
特殊贮运要求	贮藏温度：$-18℃$

对产品进行必要的表述，可以帮助消费者或后续的加工者识别产品在形成过程中以及包装材料中可能存在的危害，便于考虑易感人群是否接受该产品。

3. 确定产品用途以及销售对象

确定产品预定用途以及销售对象是确定产品的预期消费者和消费者如何消费产品（如该产品是直接食用还是加热后食用或者再加工后才能食用等）、产品的销售方法等。对于不同的用途和不同的消费者，食品的安全保证程度不同。尤其是婴儿、老人、体弱者、免疫功能不全者等社会困难群体以及对该产品实行再加工的食品企业，更要充分了解和把握产品的特性。

4. 绘制生产流程图

生产流程图由 HACCP 计划实施小组制订，是对从原辅料购入到产品贮存的全过程所做的简单明了而且全面的情况说明。它概括了整个生产、产品贮存过程的所有要素和细节，准确地反映了从原辅料到产品贮存全过程中的每一个步骤。流程图表明了产品形成过程的起点、加工步骤、终点，确定了危害分析和制订 HACCP 计划的范围，是建立和实施

HACCP体系计划的起点和焦点。

一张完整的实用型流程图，要有以下一些必要的技术性资料作支持：

(1)原辅料及包装材料的物理、化学、微生物学方面的数据。

(2)加工工艺步骤及顺序。

(3)所有工艺参数。

(4)生产中的温度—时间对应图。

(5)产品的循环或再利用线路。

(6)设备类型和设计特征，有无卫生或清洗死角存在。

(7)高、低危害区的分隔。

(8)产品贮存条件。

生产流程图无统一格式要求，以简明扼要、易懂、实用、无遗漏、清晰、准确为原则，形式可以多样化，通常见的是由简洁的文字表述配以方框图和若干的箭头按顺序组成。

生产流程图是危害分析的基础，要能反映出每一个技术环节。流程图中对应的加工步骤，应有适当的文字性工艺表述，这样有利于对危害的识别。对于一些用流程图描述不太清楚的技术内容，如环境或加工过程中出现的其他危害(冰、水、清洗、消毒过程、工作人员、厂房结构、设备特点等)，要以文字性的形式附在流程图后面，作为流程图的补充内容列出。

5.确认生产流程图

HACCP计划实施小组对于已制作的流程图进行生产现场确认，以验证流程图中表达的各个步骤与实际是否一致。发现有不一致或有遗漏，就应对流程图做相应的修改和补充。

现场确认可分为：

(1)对比阶段。将拟定的生产流程图与实际操作过程作对比，在不同的操作时间查对工艺过程与工艺参数、生产流程图中的有关内容，检验生产流程图对生产全过程的实效性、指导性、权威性。

(2)查证阶段。查证与实际生产不吻合部分，对生产流程图做适当修改。

(3)调整阶段。在出现配方变动或设备变换时，也要适时调整生产流程图，以确保生产流程图的准确性和完整性，使之更具可操作性和科学性。

(4)确认阶段。通过前面三个阶段的工作，对生产流程图做出客观的确认与定夺，作为生产中的执行规范，下发企业各个部门和所有人员，并监督执行。

6.危害分析的确定(原理一)

(1)危害分析与危害程度判别

危害是指一切使食品变得不安全的因素，一半来自于生物、化学、物理三个方面。HACCP体系计划实施小组进行的危害分析就是：要确定食品中每一种潜在的危害及其可能出现的诞生点，尤其要注意危害具有变动性的特征；而且，还应对危害达到什么样的程度做出评价。

一般来说，食品中的危害通常来自于下面几个方面：

a)原辅材料，如食品生产所用动植物原辅材料的生长环境会带来物理性(土块、石屑、杂草、玻璃、金属等异物)、化学性(农药、抗生素、杀虫剂)、生物性(微生物、致病菌)污染。

b)加工引起的食品成分理化特性变化,如微生物或制品中酶类的存在及加工条件等使食品特性发生变化,造成毒素的生成、颜色的改变、酸度的增加等。

c)车间设施及设备,如设备、仪器仪表运行不正常时出现机油渗漏、碎玻璃、金属碎片等,以及设备消毒不彻底,卫生未达标等。

d)人员健康状况,如个人卫生不符合要求、操作不符合卫生规范等。

e)包装方面,包装材料及包装方式不卫生,包装标签内容含混不清。

f)食品的贮运与销售,如光照、不密封等,不适当的贮运条件往往导致或加重危害程度。

g)消费者对食品不正确的消费行为也会导致或加重危害的产生。

h)消费对象的身体健康状况和体质特异性或体质差异,同样会导致或显现出危害。

(2)危害分析的步骤

危害分析一般遵循以下顺序:

a)确定产品品种和加工地点。

b)根据流程图,确认加工工序的数量。当存在两个以上不同加工工序时,应分别进行危害分析。

c)复查每一个加工工序对应的流程图是否准确,对存在偏差的,要做出调整。

d)列出污染源:对照加工工序,从生物性、化学性、物理性污染三个方面考虑并确定在每一个加工步骤上可能引入的、增加的或受到限制的食品危害,属于 SSOP 范畴的潜在危害也应一并列出。

e)明显危害的判定:判定原则为潜在危害风险性和严重性的大小。属于 SSOP 范畴的潜在危害若能由 SSOP 计划消除的,就不属于明显危害,否则将对其进行判定。判定的依据应科学、正确、充分,应针对每一个工序和每一个步骤进行。

f)预防措施的建立:对已确定的每一种明显危害,要制定相应的预防控制措施,要求是列出控制组合、描述控制原理、确认控制的有效性。

危害分析的确定是一个 HACCP 计划实施小组广泛讨论、广泛发表科学见解、广泛听取正确观点、广泛达成共识的集思广益、经历思维风暴的必然过程。

按照危害分析的顺序,完成分析过程后,形成危害分析结果。经过确定后,可以以危害分析工作单的形式记录下来。表 6-5 所示是美国 FDA 推荐的一份表格式危害分析工作单。

表 6-5　危害分析工作表(FDA)

企业名称:　　　　　　　　　　企业地址:

加工步骤	食品安全危害	危害显著(是/否)	判断依据	预防措施	关键控点(是/否)
	生物性				
	化学性				
	物理性				

续表

加工步骤	食品安全危害	危害显著(是/否)	判断依据	预防措施	关键控点(是/否)
	生物性				
	化学性				
	物理性				
	生物性				
	化学性				
	物理性				

危害分析报告单形成后，纳入 HACCP 记录。

7. 关键控制点的确定(原理二)

控制点是指食品整个过程中那些能防止物理性、化学性、生物性危害产生的任意一个步骤或工艺，它也包括对食品的风味、色泽等非安全危害要素的控制。

关键控制点判定的一般原则：

(1)在某点或某个步骤中存在 SSOP 无法消除的明显危害。

(2)在某点或某个步骤中存在能够将明显危害防止、消除或降低到允许水平以下的控制措施。

(3)在某点或某个步骤中存在的明显危害，通过本步骤中采取的控制措施的实施，将不会再现于后续的步骤中；或者在以后的步骤中没有有效的控制措施。

(4)在某点或某个步骤中存在的明显危害，必须通过本步骤中与后序步骤中控制措施的联动才能被有效遏制。

只有符合上述判断原则中的某几条以及同时符合上述四条的点或加工步骤，才能判断为关键控制点(CCP)。

根据关键控制点的概念，通常将其分为一类关键控制点(CCP1)和二类关键控制点(CCP2)两种。CCP1 是指可以消除或预防危害的控制点；CCP2 是指可以将危害最大限度减少或降低到能够接受的水平以下的控制点。

8. 关键控制点极限值的确定(原理三)

关键控制点的极限值又称为关键限值(CL)，是指所用措施达到使危害消除、防止或减低到允许水平以下的最大或最小参数值，也即食品安全无危害的生产、销售全过程中的最大或最小参数值。

关键限值(CL)确定的原则是能尽可能地有效、简捷、经济。有效是指此限值确实能将危害防止、消除或降低到允许水平以下。便于操作，可以在不停产的情况下快速监控，这就是简捷。投入较少的人力、物力、财力即为经济。

关键限值确认步骤是：

(1)确认在本 CCP 上需要控制的明显危害与相应措施的对应关系。

(2)分析明确此项措施对明显危害的控制原理。

(3)根据原理，确定实现关键限值的最佳载体和种类，如温度、纯度、酸度、水分、活度、厚度、残留农药限量，等等。

(4)确定关键限值的数值。关键限值可以是根据法规、法典和权威组织公布的数据，如残留农药限量；也可根据科学文献和科技书籍的记载；还可以根据现场实验的准确结论而得。

完成关键限值的确定后，应紧接着进行关键限值技术报告的编制，并把它纳入 HACCP 支持文件。

9. 关键控制点监控措施的建立(原理四)

监控就是针对关键控制点实施有效的监督与调控的过程，通过监控了解 CCP 是否处于控制当中。

监控措施应起到这样的作用，即跟踪各项操作，及时发现有偏离关键限值的趋势，迅速进行调整；查明 CCP 出现失控的时刻和操作点；提交异常情况的书面文件。

监控对象常常是 CCP 的某一个或某几个可测量或可观察的特征，如酸度是 CCP，pH 值就是监控对象；温度是 CCP，监控对象就是加工或贮运的温度；蒸煮或加热、杀菌是 CCP，温度与时间就是监控对象。

监控过程受限于每一个具体的 CCP 的关键限值、监控设备、监测方法。监测方法一般有在线(生产线上)检测和不在线(离线)检测两种。在线检测可以连续地随时提供检测情况，如温度、时间的检测；离线检测是离开生产线的某些检测，可以是间歇的，如 pH、水分活度等的检测。与在线检测比较，离线检测稍显得有些滞后，不如在线检测那么及时。

10. 纠偏措施的建立(原理五)

纠偏措施是当发现 CCP 出现失控(CL 发生偏离)时，找到原因并为了让 CCP 重新回复到控制状态所采取的行动。

纠偏措施包括：

(1)列出每个关键控制点对应的关键限值。

(2)寻查偏离的原因、途径。

(3)为纠正和消除偏离的原因和途径所采用的措施，防止再次出现偏离。当生产参数接近或刚超过操作限值不多时，立即采取纠偏措施。例如，在牛奶的巴氏杀菌中，没有达到杀菌温度的牛奶，通过开启的自动转向阀重新进入杀菌程序。

(4)启用备用的工艺或设备，如生产线某处出现故障后，启用备用的工艺或设备继续进行生产。

(5)对有缺陷的产品(CCP 出现失控时的产品)应及时处理，如缺陷产品的返工或销毁。对经过返工程序的食品，其安全性要有正确的评估，无危害性的才可以流入市场。

必须预先制定每一个关键控制点偏离关键限值的书面纠偏措施，形成《纠偏措施技术报告》。纠偏工作要紧紧围绕 CCP 恢复受控进行，HACCP 实施小组应研究纠偏措施的具体步骤，建立适当的纠偏程序，并记录下来。在《纠偏措施技术报告》中明确指定出防止偏离和纠正偏离的具体负责人，以减少或避免纠偏行动中可能出现的混乱和争论，影响纠偏的效果。

应当引起重视的是，当在某个关键控制点上，纠偏措施已被正确实施却仍反复发生偏离关键限值的情况，就需要重新评价 HACCP 计划，并对整个 HACCP 计划做出必要的调整和修改。

《纠偏措施技术报告》要纳入 HACCP 支持文件。

11. 建立验证审核程序(原理六)

验证审核是指通过严谨科学的方法，确认 HACCP 体系是否需要修正、是否得到切实可行的落实、是否有效的过程。验证审核的对象是 HACCP 体系的计划。

验证审核的内容包括：确认 HACCP 体系、HA 的确认、CCP 的验证审核、HACCP 体系的验证审核、执法机构对 HACCP 体系的审核验证。

(1)确认 HACCP 体系

确认 HACCP 体系就是复查消费者投诉，确定是否与 HACCP 计划的实施有关，是否存在未确定的关键控制点，确认 HACCP 体系建立的充分性和必要性，HACCP 体系是否能有效控制危害因素对食品安全性的侵袭。由 HACCP 体系实施小组或受过适当培训以及有丰富经验的人员，针对 HACCP 体系中的每一个环节(确认的对象)，结合基本的科学原理、应用实际生产中检测的数据和生产全过程中获得的观察检测结果，进行有效性评估，得出 HACCP 体系运行是否正确的结论。

(2)危害分析(HA)的确认

危害分析(HA)的确认是对危害分析的可靠性进行确认，当企业有内外因素变化波及 HA 时，要重新进行危害分析确认。

(3)CCP 的验证审核

CCP 的验证审核有以下三个过程：

①校准及校准记录的复查。要对监控设备进行校准，确保设备灵敏度符合要求，对设备校准记录(校准日期、校准方法、校准结果、校准结论)进行复查，确定设备灵敏度是否有效。

②针对性的样品检测。对有怀疑的样品，中间产品、成品抽样检测，查看实际结果与标准的吻合程度。

③CCP 的记录复查。着重复查关键控制点的记录和纠偏记录，如监控仪器的校准记录、监控记录、纠偏措施记录、产品大肠杆菌等的微生物检验记录等。查看 CCP 是否始终处于安全参数范围内运行，发生与操作限值偏离的情形时，是否进行了纠偏行动。

(4)HACCP 体系的验证审核

验证审核是为了检验 HACCP 体系计划与实际操作之间的符合率和 HACCP 体系的有效性。收集验证活动所需的所有信息，对 HACCP 体系及记录进行现场观察和复核，来完成对 HACCP 体系的验证审核工作。

审核 HACCP 体系的验证活动应包括以下内容：

①检查产品说明和生产流程图的准确性。

②检查生产中是否按照 HACCP 体系计划监控了 CCP。

③检查所有参数是否在关键限值以内。

④记录结果是否在规定时间间隔完成和记录是否如实。

⑤监控活动是否按照 HACCP 体系计划规定的频率执行。

⑥当出现 CCP 偏离时，是否有纠偏措施。

⑦设备仪器是否按照 HACCP 体系计划进行校准。

(5)执法机构对 HACCP 体系的审核验证

执法机构对 HACCP 体系的审核验证通常分为内部验证和外部验证两类。内部验证由企业内 HACCP 实施小组进行，又称为内审；外部验证由政府检验结构或有资格的有关人士进行，又称为审核。

执法机构验证内容有：对 HACCP 体系计划及其修改的复核、对 CCP 监控记录的复查、对纠偏记录的复查、对验证记录的复查、现场检查 HACCP 体系计划实施状况、复核 HACCP 体系计划的记录保存情况、随机抽样分析复核。

HACCP 体系计划的确认每年至少一次，当出现影响 HACCP 体系计划的因素时，应及时进行确认。若确认结论表明 HACCP 体系计划有效性不符合要求时，应对原来的 HACCP 体系计划立即进行修订，使之符合要求。

12. 建立记录和文件的有效管理程序（原理七）

（1）HACCP 体系记录

企业是否有效执行了 HACCP 体系计划，HACCP 体系计划的实施对食品安全性是否有效，最具有说服力的就是 HACCP 体系计划的记录和文件等书面证据。所以，HACCP 体系计划的每一个步骤和与 HACCP 体系计划相关的每一个行为都要求有详尽翔实的记录，并有效地保存下来。

HACCP 体系记录编制的原则如下：

①题目与内容。题目应简洁明了，内容能体现记录活动的关键特征；内容应完整、准确、简洁。

②形式统一。一般采用表格式，表格各项目之间逻辑正确。

③容易识别。便于企业和部门的识别，应注明操作人员的签字和记录日期。

HACCP 体系记录包括：

①执行 SSOP 的记录。

②执行 HACCP 体系计划的记录，包括监控记录、纠偏记录、HACCP 体系验证记录、HACCP 计划确认记录、危害分析记录、HACCP 计划表等。

③书面危害分析和 HACCP 计划的批准：由企业最高管理者或其代表签署批准；当发生修改、验证、确认时，由企业最高管理者或其代表重新签署批准。

保存的记录应涵盖这样一些项目：说明 HACCP 体系的各种措施；危害分析采用的所有数据；HACCP 体系实施小组会议报告和决议；监控方法和数据、记录；偏差及纠偏记录；验证记录；验证审核报告；危害分析工作表和 HACCP 体系计划表（示例见表 6-6）等各类表格。

表 6-6 HACCP 体系计划表

产品名称：　　　　　　生产地址：　　　　　　　　贮运、销售方式：
计划用途和消费者：　　负责人：　　　　　日期：

关键控制点	显著危害	关键限值	监控程序				纠偏措施	HACCP 记录	验证程序
			内容	方法	频率	人员			

记录中应反映的内容有：产品名称与生产地址、记录产生的日期和时间、操作者签字或署名、产品全过程监控情况的实际数据、观测资料和其他信息资料。

重要的记录有：

①HACCP体系计划及支持性材料，包括HACCP体系实施小组成员及其职责、建立HACCP体系的基础工作，如有关科学研究、实验报告和实施HACCP体系的先决程序（GMP、SSOP）等。

②确定关键限值的依据和验证关键限值的记录。

③CCP的监控记录。

④纠偏措施的记录。

⑤验证记录，包括监控设备的检查记录、半成品与产品检验记录、验证活动的结果记录等。

⑥修改HACCP体系计划（原辅料、配方、工艺、设备、包装、贮运）后的确认记录。

⑦产品回收的记录。

⑧人员培训的记录。

⑨ HACCP体系计划的验证审核记录。

记录的方式有表格式、文字式（各种报告）、图形式（生产流程图、监控检测图）等。所有的记录应该完整、准确、真实；每周审核记录一次，由审核人签名，注明日期。

记录的保存期限：针对冷藏产品的，至少保存一年；针对冷冻或货架期稳定产品的，至少保存两年；其他说明加工设备与加工工艺等方面的研究报告、科学评估结果，至少保存两年。

记录应归档放置在安全、固定的场所，便于查阅。记录应专人保存，有严格的借阅手续。记录保存的工具一般可采用计算机或档案室。所有记录一律要求采用档案化保存。

（2）HACCP体系文件

HACCP体系文件编制的原则是：

①采用过程方法编制，明确过程运行的预期结果；分析表达各个过程之间的关系。

②全体员工执行HACCP手册的规定。将HACCP体系转化为具体的执行程序，要求员工的操作与HACCP手册规定保持一致。

③具有针对性和可操作性。要将HACCP体系理论与企业实际相结合。

④与支持性文件和记录保持有机的、完整的联系。要对执行HACCP体系所需要的支持性文件和记录提出具体要求。

执行HACCP体系文件的组成：

①文件控制程序。

②GMP与SSOP控制程序。

③设备维修保养控制程序。

④产品回收控制程序。

⑤产品识别代码控制程序。

⑥HACCP体系计划预备步骤控制程序。

⑦HACCP体系计划所有实施步骤的控制程序。

　　HACCP 体系文件的内容包括目的、范围、职责、程序图（过程描述、相关记录、相关文件）。

　　HACCP 体系支持性文件的组成有相关的法律和法规，相关的技术规范、标准、指南；相关的研究报告和技术报告（危害分析报告），加工过程的工艺文件（作业指导书、设备操作规程、监控仪器校准规程、产品验收准则），人员岗位职责和任职条件，相关管理制度。

　　HACCP 体系支持性文件是 HACCP 体系建立和实施的技术资源、技术保证、科学依据，也是进行食品无危害生产、保证食品安全的有力工具、标准及行为准则。

实训任务

　　实训主题：组建 HACCP 小组并制定一份啤酒危害分析工作单和 HACCP 计划表。

　　实训组织：对学生进行分组，每个组参照"必备知识"及利用网络资源完成任务。

　　实训成果：一份危害分析工作单和 HACCP 计划表。

　　实训评价：主讲教师进行评价。

【思考题】

1. HACCP 的七个原理。

2. 实施 HACCP 的十二个步骤。

项目 7
学习如何进行 HACCP 体系的建立与认证

●●●●● **项目概述**

通过学习使学员掌握组织建立 HACCP 体系的法律依据，具体建立体系并有效运行的方法，认证准备和申报程序的技能。

任务 1　了解我国 HACCP 体系认证制度

●●●●● **知识目标**

- 掌握认证基础知识，了解认证认可制度，了解 HACCP 体系认证相关规则

●●●●● **技能目标**

- 能掌握 HACCP 认证基本知识

必备知识

一、认证基本知识

1. 认证发展历史

20 世纪初，在工业化国家率先开展一种由不受产销双方经济利益所支配的第三方，用科学公正的方法对上市商品进行评价、监督，以正确指导产品生产和公众购买，保证消费者基本利益。这种第三方的评价行为逐渐演化形成了认证制度。认证制度是市场和社会需求催生的产物，它们独立于供需双方，不受供需双方的经济利益支配，因此可保证认证结果的客观性和公正性。

中国的认证认可制度从 1981 年建立了第一个产品认证机构——中国电子元器件认证委员会开始，到 2003 年《中华人民共和国认证认可条例》颁布，我国的认证认可工作已经进入国家统一管理，全面规范化、法治化阶段。我国建立了以认证认可监督管理委员会（CNCA）为主管部门的包括产品认证、体系认证、实验室认可、认证认可人员注册、认证认可咨询过程在内的全面监管体制。其中，危害分析与关键控制点体系认证属于体系认证的一部分。

2. 认证相关定义

(1)合格评定：与产品、过程、体系、人员或机构有关的规定要求得到满足的证实。

注1：合格评定的专业领域包括如检验、检查和认证，以及对合格评定机构的认可等。

(2)合格评定机构：从事合格评定服务的机构。

(3)认证：与产品、过程、体系或人员有关的第三方证明。

注1：管理体系认证有时也被称为注册；

注2：认证适用于除合格评定机构自身外的所有合格评定对象，认可适用于合格评定机构。

(4)认可：正式表明合格评定机构具备实施特定合格评定工作的能力的第三方证明。

(5)审核：获取记录、事实陈述或其他相关信息并对其进行客观评定，以确定规定要求的满足程度的系统的、独立的和形成文件的过程。

二、我国认证认可监管机构

图 7-1 所示为我国认证认可监管机构结构图。

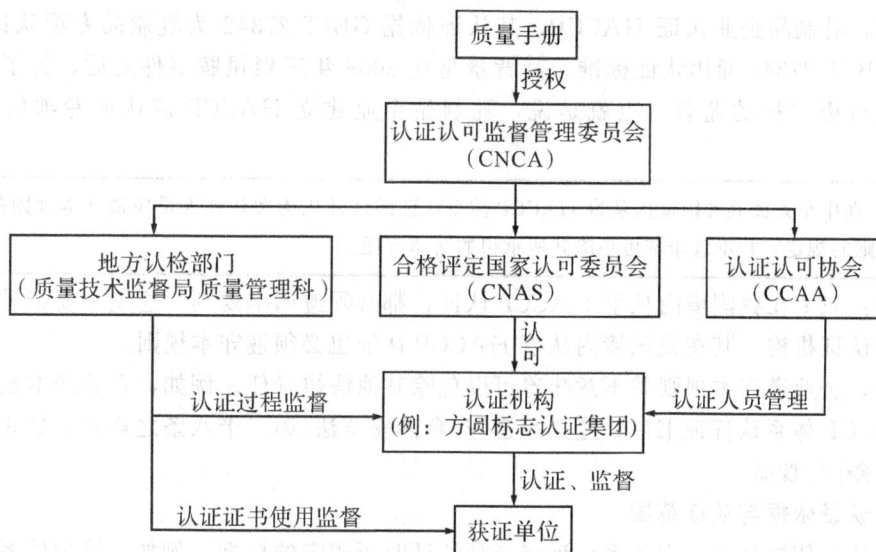

图 7-1　我国认证认可监管机构

三、HACCP 体系认证实施规则简介和制定目的

《危害分析与关键控制点（HACCP）体系认证实施规则》（以下简称"规则"）是中国认监委于 2011 年 12 月 31 日发布，2012 年 5 月 1 日实施的，用于规范 HACCP 体系认证的纲领性规则，其编号为：CNCA—N—008：2011。

> 1. 目的、范围与责任
> 1.1　为规范食品行业危害分析与关键控制点（HACCP）体系认证（以下简称 HACCP 体系认证）工作，根据《中华人民共和国食品安全法》《中华人民共和国认证认可条例》（以下简称《认证认可条例》）等有关规定，制定本规则。

理解：该规则是依据《食品安全法》和《认证认可条例》制定的。其中，《认证认可条例》是我国认证行业最高层次法规，是认证行业进入法律层次的标志。我国在加入世贸组织时已经承诺：对重要的进口产品质量安全许可制度和国产品安全认证制度将实行"四个统一"（即统一产品目录，统一技术规范的强制性要求、标准和合格评定程序，统一标志，统一收费标准），要使我国的认证认可工作符合世贸组织规则。为了履行我国政府加入世界贸易组织的承诺，2003 年 8 月 20 日国务院第 18 次常务会议审议通过《认证认可条例》，并于2003 年 11 月 1 日正式实施。它的颁布为整顿和规范认证认可市场秩序，适应社会生产力发展需要，提高我国产品、服务质量和管理水平提供了有力的法律保障。

> 1.2　本规则规定了从事 HACCP 体系认证的认证机构（以下简称认证机构）实施 HACCP 体系认证的程序与管理的基本要求，是认证机构从事 HACCP 体系认证活动的基本依据。

理解：该部分介绍了制定本规则的目的，是作为 HACCP 体系认证的基本依据。

> 1.3　本规则适用于无专项 HACCP 体系认证实施规则的 HACCP 体系认证。有专项规则的 HACCP体系认证应按照相应认证实施规则实施。

理解：所谓"专项"是指某些食品行业为了更严格地规范 HACCP，设有专项审核标准。例如，乳制品企业认证 HACCP，其认证依据 GB/T 27342 为乳制品专项认证标准，而不是 GB/T 27341 通用认证标准。其背景是在 2008 年三聚氰胺事件之后，为了对乳制品企业进行更严格的监管。也就是说，乳制品企业建立 HACCP 需认证专项的乳制品HACCP。

> 1.4　在中华人民共和国境内从事 HACCP 体系认证的认证机构和认证人员应遵守本规则的规定，遵守本规则的规定，并不意味着可免除其所承担的法律责任。

理解：只要在我国境内从事 HACCP 认证，都必须遵循本规则。这里主要指外商独资或合资的认证机构，其在我国境内从事 HACCP 认证也必须遵守本规则。

另外，企业遵守本规则并不意味着可以免除其他法律责任。例如，企业按本规则要求获得 HACCP 体系认证证书后，还必须遵守《食品安全法》第二十八条之规定，禁止生产相关的十一条[2]食品。

四、认证依据与认证范围

所谓认证依据是指管理体系认证或产品认证时所遵守的标准。例如，管理体系认证包括质量管理体系、HACCP 体系等，产品认证包括绿色食品、有机食品认证等；质量管理体系认证的认证依据是 GB/T 19001/ISO 9001，HACCP 体系认证的认证依据是 GB/T 27341 和 GB 14881。

所谓认证范围是管理体系（例如 HACCP 体系）所覆盖的产品、过程、活动、场所的概述。例如，某酒类生产企业有两个生产车间，一个生产葡萄酒，一个生产白酒（浓香型）。其白酒生产按照 GB/T 27341 建立 HACCP 体系，其过程包括白酒生产、销售等。那么它的 HACCP 体系认证范围为"白酒(浓香型)的生产和销售",而不包括葡萄酒的生产销售,在审核时也只看有关白酒的部分。一般认证范围可参考企业生产许可证上的"产品名称"。同样,HACCP 体系认证也有其规定的认证范围,也就是什么样的企业可以认证 HACCP 体系。

有关 HACCP 体系的"认证依据与认证范围",在规则四部分只有一句话描述:"HACCP 体系认证的认证依据和认证范围由国家认监委制定发布。"

1. HACCP 体系认证依据

GB/T 27341《危害分析与关键控制点(HACCP)体系食品生产企业通用要求》

GB 14881《食品企业通用卫生规范》

注:认证机构可在上述认证依据基础上,增加符合《认证技术规范管理办法》规定的技术规范作为认证审核补充依据。

2. HACCP 体系认证范围

国家认监委发布的 HACCP 体系认证范围见表 7-1。也就是说,以下食品生产企业可以认证 HACCP 体系,获得认证证书。

表 7-1　认监委发布的 HACCP 体系认证范围

代码	行 业 类 别	种 类 示 例
C	加工 1(易腐烂的动物产品)包括农业生产后的各种加工,如屠宰	C1 畜禽屠宰及肉制品加工 C2 蛋及蛋制品加工 C4 水产品的加工 C5 蜂产品的加工 C6 速冻食品制造
D	加工 2(易腐烂的植物产品)	D1 果蔬类产品加工 D2 豆制品加工 D3 凉粉加工
E	加工 3(常温下保存期长的产品)	E1 谷物加工 E2 坚果加工 E3 罐头加工 E4 饮用水、饮料的制造 E5 酒精、酒的制造 E6 焙烤类食品的制造 E7 糖果类食品的制造 E8 食用油脂的制造 E9 方便食品(含休闲食品)的加工 E10 制糖 E11 盐加工 E12 制茶 E13 调味品、发酵制品的制造 E14 营养、保健品制造
G	餐饮业	G1 餐饮及服务

实训任务

实训组织：到认监委网站查询各部门分工及组织机构图。

实训成果：综述类文章，包括网络截图或组织机构描述。

实训评价：5分制，组织机构图2分，各部门分工描述3分。

任务2　了解 HACCP 体系认证对于食品企业的价值

●●●● 知识目标

• 了解 HACCP 体系认证对食品企业的重要作用

●●●● 技能目标

• 从思想上认可 HACCP 体系对食品企业的好处

必备知识

一、HACCP 体系的特点

以 HACCP 理论为基础的 HACCP 体系作为一种科学、简便和实用的预防性食品安全管理手段，被国际权威机构认可为控制由食品引起的疾病的最有效方法，一些国家和国际组织已制定或正在着手制定以 HACCP 为基础的相关技术法规和标准，作为对食品的强制性管理措施或实施指南。该体系强调组织本身的作用，而不是依靠对最终产品的检测或政府部门的取样分析来确定产品的质量。HACCP 是评估危害并建立控制体系的手段，其重点在于预防。与一般传统的监督方法相比较，它具有较高的经济效益和社会效益。

HACCP 从生产角度来说是安全控制系统，是使产品从投料开始至成品保证质量安全的体系，使用 HACCP 管理系统最突出的特点是：

(1)使食品生产对最终产品的检验(即检验是否有不合格产品)转化为控制生产环节中潜在的危害(即预防不合格产品)；

(2)应用最少的资源，做最有效的事情。

HACCP 是决定产品安全性的基础，食品生产者利用 HACCP 控制产品的安全性比利用传统的最终产品检验法要可靠，实施时也可作为谨慎防御的一部分。

二、食品企业实施 HACCP 体系认证的意义

1. 适应我国加入 WTO 后形势的需要

实施 HACCP 体系认证，可使企业的管理体系与国际接轨，当市场把认证作为准入要求时，增加出口和进入市场的机会。

2. 有利于卫生注册

企业建立和实施 HACCP 体系并获得认证，也表明 GMP 已通过认证，有利于一般食品企业(餐饮类)卫生许可证的取得；对于出口企业，则表明已获得出口食品生产企业卫生

注册的基本条件,才可申请出口卫生注册登记。

3. 提高企业形象

HACCP 体系是目前国际上公认的最有效的食品安全管理体系,企业通过寻求并获取 HACCP 体系认证,可以向外界表明已具备可靠生产安全卫生食品的能力,进而取得更大的竞争优势,增强客户对产品的信心,扩大消费者满意度。

4. 降低投资风险

当今食品生产已日趋规模化,只有将食品危害控制在最安全的范围内,投资风险才能降低。HACCP 的预防机制使因食品问题的投诉和索赔受到控制,避免发生重大危害事件造成的损失。

5. 节约管理成本

HACCP 是预防性的食品安全控制体系,重在预防危害发生,从而可减少企业和监督机构人力、物力和财力的支出。而且 HACCP 体系认证能通过定期审核来维持体系运行,防止系统崩溃。

实训任务

实训组织:论述我国 HACCP 体系现状和发展趋势。

实训成果:综述类文章,总字数 1000 字以上。

实训评价:5 分制,现状 2 分,发展趋势 3 分。要求内容全面,条理清楚,参考文献为在 10 年以内的文献资料。

任务 3　学习 HACCP 体系认证标准

必备知识

一、GB 14881—2013 食品安全国家标准 食品生产通用卫生规范

GB 14881 是我国 GMP 的最主体标准,是食品企业建厂的基础性要求,其内容侧重于规定食品企业的硬件要求。同时,GB 14881 不仅是 QS 审核主要依据,还是 HACCP 体系建立、运行、认证的前提条件。也就是说,食品生产企业只有满足了 GB 14881 的要求,才有权利建立和运行 HACCP 体系,可见其对 HACCP 的重要性。GB 14881 的主体结构包括选址及厂区环境,厂房和车间,设施,设备,卫生管理,食品原料、食品添加剂和食品相关产品,生产过程的食品安全控制,检验,食品贮存和运输,产品召回制度,培训,管理制度和人员,记录和文件管理。下面将简要概括 GB 14881 的内容。

1. 选址及厂区环境

选址应安全、周围无污染。厂区环境应生活区和生产区分区,生产区不同区域分区,地面无裸露,绿化防虫害,有排水无积水。

2. 厂房和车间

布局合理,无交叉污染,清洁分区。检验与生产分区。

清洁分区规则:

a)一般作业区

包括库房、食品粗加工区和外包装区。例如，屠宰企业放血、烫毛、扒皮区，乳制品厂收奶，罐头加工厂分级挑选区。

b)准洁净区

包括食品精加工区。例如，屠宰企业从剥皮后到同步检验，乳制品厂的配料区、杀菌（或灭菌）区、发酵区，罐头加工厂的灭菌区。

c)清洁区

包括直接对消费者食用的产品可能与空气接触的区域，或理解为后工序没有再进一步杀灭细菌的区域。例如，屠宰企业的分割区、包装区，乳制品厂的液奶灌装区、奶粉包装区。

顶棚应平滑，易洗，防冷凝水，防霉和虫害滋生。墙壁应平滑，防渗透，与地面交接合理。门窗应密封，有纱网或门帘等防虫害进入装置，玻璃不易碎，门可自动关闭。地面应无毒、无渗透、耐腐蚀、无积水。

3. 设施

供排水分设管路，供水满足 GB 5749 要求；排水应有回水弯，入口有网罩隔离，高清洁区向低清洁区流动。车架内设垃圾桶，有盖密封。车间入口有更衣室、洗手消毒设施，必要时有靴消毒池。清洁区入口有二次更衣、洗手消毒设施，必要时二次更长设施后设风淋间。通风应从高清洁区到地清洁区，出入口有网罩防动物，进风口无污染。必要时清洁区独立设置，配独立空气净化系统。照明设施不改变食品颜色，加灯罩或防爆灯。仓库结构合理，不易积灰尘和虫害，产品分类分区，离墙离地，产品不与有毒品同时存放。根据产品需要设置温湿度监控。例如，粉状物料存放需控制湿度，冷藏冷冻产品需控制温度。库房应定期巡检。

4. 设备

与产品接触材料应无毒、抗腐蚀、不易脱落、平滑、易清洗、易维护，并定期维护。计量设备应定期校准。

5. 卫生管理

建立针对生产环境、食品加工人员、食品生产的卫生管理制度，例如 SSOP，并定期进行卫生检查、记录。还应建立设备清洗消毒制度，并定期按要求实施，重点关注清洗后清洗液残留的验证，并进行记录，例如 CIP 清洗。可使用空降试验、涂抹实验监控环境微生物。厂房设备设施应保持良好，损坏及时修补。所有可能和食品接触人员应办理健康证，包括外来检查人员进入车间，患病人员离岗。所有进入加工区人员应个人卫生良好，不佩戴首饰，不化妆，不带个人物品进入，不串岗，穿干净工衣，头发不外露。车间、仓库入口应设灭蝇灯、挡鼠板、鼠笼等防虫鼠设施，并定期检查。可绘制虫害控制图以指示位置。车间、仓库只使用物理防虫鼠办法，不使用药物。外围使用药物应记录。垃圾点应密封带盖，日产日清，干净无污染。工作服应定期清洗消毒，不同清洁级别工衣不混洗。

6. 食品原料、食品添加剂和食品相关产品

建立原辅料监控制度，一般程序包括：索要供应商三证（营业执照、生产许可、本年度相关产品第三方检验报告）→供应商评价→确定合格供应商→采购原料→原料入厂验证（检验、验证供方合格证、感官检验）→使用前感官检查。原料贮存和运输应可保证产品品质，必要时监控温湿度。原料出库遵循先进先出原则。食品添加剂除遵循上述程序外还应

专区存放，专人管理。包装材料应无毒，不污染食品，必要时进入车间可先清洁、拆袋、消毒后进入。

7. 生产过程的食品安全控制

设备清洗消毒、环境微生物监控。化学药品应建立管理制度，应专柜或专区存放，可双人双锁，领用使用回收进行登记，除使用处有可满足需要的量暂存，其余加工区不得存放。应采用设备维护保养，日常卫生、现场管理，设置筛网、金属探测器等措施防止物理危害。食品包材应无毒，可保护产品。

8. 检验

应建立原料检验，成品出厂检验制度并严格实施。检验员应有检验员证，检验仪器应能满足检验要求，并定期校准。检验原始记录和检验报告应保留。建立留样制度，每批产品应留样。

9. 食品贮存和运输

详见相关部分内容。

10. 产品召回制度

应建立产品召回制度。如上市销售产品发现不符合情况应及时召回，召回的产品应进行评价，可采用重新加工、改作他用、销毁等手段进行处理。召回过程应进行记录，必要时可实施模拟召回，以验证召回程序有效。

11. 培训

应制订培训计划，对各岗位人员进行培训，使其具备相应能力。培训包括食品安全法律与法规培训、岗位技能培训、卫生知识培训等。培训后应进行笔试等验证手段，确保培训有效。

12. 管理制度和人员

应配备食品安全专业技术人员、管理人员，并建立保障食品安全的管理制度。专业技术人员应能够及时发现可能的食品安全危害，采取预防措施。

13. 记录和文件管理

必备记录包括原材料名称、数量、规格、供应商名称、联系方式，生产过程各参数、原料检验或验证记录、成品检验记录，应保存至少 2 年，销售记录包括产品名称、数量、生产日期或批次、顾客名称、联系方式；产品召回记录，客户投诉处理记录。文件应进行控制，确保使用处获得最新版的文件。文件和记录可采用任何载体形式。

二、GB/T 27341—2009 危害分析与关键控制点体系(HACCP)体系 食品生产企业通用要求内容理解

GB/T 27341 是 ISO 9001 和 HACCP 原理的结合体，所以结构部分与质量管理体系类似，核心部分包含了 HACCP 原理，详见表 7-2 和表 7-3。

表 7-2 ISO 9001：2008 与 GB/T 27341—2009 结构对照表

ISO 9001：2008			GB/T 27341—2009
范围	1	1	范围
规范性引用文件	2	2	规范性引用文件

续表

ISO 9001：2008			GB/T 27341—2009
术语和定义	3	3	术语和定义
质量管理体系	4	4	企业 HACCP 体系
总要求	4.1	4.1	总要求
文件要求	4.2	4.2	文件要求
总则：质量管理体系文件应包括	4.2.1	4.2.1	HACCP 文件包括
质量手册	4.2.2	4.2.2	HACCP 手册
文件控制	4.2.3	4.2.3	文件控制
记录控制	4.2.4	4.2.4	记录控制
管理职责	5	5	管理职责
管理承诺	5.1	5.1	管理承诺
质量方针	5.3	5.2	食品安全方针
质量目标	5.4.1		
职责权限与沟通	5.5	5.3	职责权限与沟通
职责和权限	5.5.1	5.3.1	职责和权限
管理者代表	5.5.2	7.2.1	HACCP 小组的组成
内部沟通	5.5.3	5.3.2	沟通
管理评审	5.6	5.5	管理评审
人力资源	6.2	6.2	人力资源保障计划
基础设施	6.3	6.3	良好生产规范（部分）
		6.6	维护保养计划
采购	7.4	6.5	原辅料、包装材料安全卫生保障制度
标识和可追溯性	7.5.3	6.7.1	标识和追溯计划

表 7-3　实施 HACCP 体系的十二个步骤与 GB/T 27341—2009 结构对照表

实施 HACCP 体系的十二个步骤		GB/T 27341—2009	
建立 HACCP 小组	步骤 1	7.2.1	实施 HACCP 的小组的组成
产品描述	步骤 2	7.2.2	产品描述
识别预期用途	步骤 3	7.2.3	预期用途的确定
制作流程图	步骤 4	7.2.4	流程图的制定
现场确认流程图	步骤 5	7.2.5	流程图的确认
危害分析	步骤 6——原理一	7.3	危害分析和制定控制措施
确定关键控制点（CCP）	步骤 7——原理二	7.4	关键控制点（CCP）的确定

续表

实施 HACCP 的十二个步骤		GB/T 27341—2009	
对每个关键控制点(CCP)确定关键限值	步骤 8——原理三	7.5	关键限值的确定
对每个关键控制点(CCP)建立监视系统	步骤 9——原理四	7.6	CCP 的监控
建立纠正措施	步骤 10——原理五	7.7	建立关键限值偏离时的纠偏措施
建立验证程序	步骤 11——原理六	7.8	HACCP 的确认和验证
建立文件和记录保持	步骤 12——原理七	7.9	HACCP 计划记录的保存

实训任务

实训组织：

1. 分组，分别绘制液奶乳制品企业、蛋糕生产企业、饮料生产企业车间平面图。

2. 上网查找案例，分别查找 GB/T 27341 "7.6 CCP 的监控"和"7.8 HACCP 计划的确认和验证，监控设备校准记录的审核，必要时，应通过有资格的检验机构，对所需的控制设备和方法进行技术验证，并提供形成文件的技术验证报告"各 3 个，并进行分析，判断是否符合及原因。

实训成果：

1. 食品企业车间平面图。

2. 案例综述类文章，总字数 500 字以上。

实训评价：5 分制，平面图 2 分，案例分析题 3 分。要求内容全面，条理清楚，参考文献为在 10 年以内的文献资料。

任务 4　学习 HACCP 体系建立方法

●●●● 知识目标

• 了解 HACCP 体系建立步骤和技巧

●●●● 技能目标

• 能初步掌握建立体系的过程和技能

必备知识

HACCP 体系建立是一个循序渐进的过程，不能要求一次成型，也不会立竿见影。在建立过程中，通常应伴随着培训、贯标，使企业的员工通过文件编写，相关标准的学习，逐渐理解体系的作用，真正体会 HACCP 体系的精髓。

但 HACCP 体系建立不是无章可循的，是按一定的步骤进行的，见表 7-4。

表 7-4　HACCP 体系建立步骤

步骤	工作任务	责任部门	工作内容和要点	输　出
第一步：方针目标制定	制定食品安全方针	最高管理者	要求：1. 体现食品安全重要性；2. 体现产品特点	写入质量手册，最高管理者签字下发
	制定总食品安全目标	最高管理者	要求：1. 体现产品安全性；2. 应可测量，以百分比、数量的形式体现	
	制定各部门分目标	各部门负责人	要求：1. 分目标要有具体的测量方式和统计频率；2. 只可高于总目标不可低于总目标	各部门食品安全分目标，直接领导签字下发
第二步：人员准备	任命 HACCP 组长（或简称组长）	最高管理者	要求：1. 从中高层领导中选择，该领导应德高望重，能有力支持质量体系的推行。2. 直接向最高管理者负责	HACCP 组长任命书，由最高管理者签字任命
	选择成员，组成 HACCP 小组	HACCP 组长	要求：1. 每个部门选派 1～2 名内审员组成小组；2. 所有成员组合在一起使小组具有多学科的知识，全面熟悉企业现状	小组任命书，由组长签字任命
	内审员培训	组长	要求：1. 组长、所有内审员应参加；2. 培训内容包括：GB/T 27341、GB 14881、ISO 19011、其他相关法律、法规，培训时间不少于 30 小时	内部审核员培训证书
第三步：部门职责确定	制定组织机构框架，明确部门职责	最高管理者	要求：1. 各部门职责应明确，杜绝一事多人管，一事无人管情况；2. 将 GB/T 27341 所有条款要求对应到每个部门，不应缺少	推荐：组织机构图、职能分配表、部门职责描述等
第四步：文件编写	编写 HACCP 体系文件	组长/小组	文件内容包括：HACCP 手册、程序文件、HACCP 计划、SSOP、各部门使用的作业文件、按文件要求工作时填写的工作表格	前述文件
第五步：文件学习	文件下发试运行；文件内容培训	组长/小组	要求：1. 下发至各部门试运行；2. 以一定频率走访部门，了解文件适用性，并对文件内容进行培训	文件更改审批记录，文件内容学习培训记录
第六步：正常运作	各部门按文件要求运作	各部门	要求：1. 严格按照文件规定运行；2. 做任何事情都要有记录	各部门工作记录
	验证	各部门负责人/各部门内审员	要求：各部门领导或内审员按文件规定的要求进行检查	各种检查记录
第七步：内审和管评	内部审核	组长/小组	要求：1. 按 GB/T 全条款审核，全部门参与；2. 各部门选派审核员组成审核组，不能自审	内审计划、检查表、不合格报告、内审报告
	管理评审	最高管理者	要求：1. 内审结束后一周内进行，内审组、各部门直接领导与会；2. 解决内审出现的不合格情况；3. 提出改进措施	管理评审报告
第八步：外审	申请外部审核	组长	要求：HACCP 体系稳定运行三个月以上可以申请外审	不合格报告、外部审核报告，如通过认证获得认证证书

实训任务

实训组织：

1. 请设计某食品厂食品安全方针、目标。

2. 请设计 HACCP 小组组长及成员的任命书，包括工作职责描述。

3. 请设计食品厂组织机构图、职能分配表。

实训成果：食品安全方针、目标、任命书、组织机构图、职能分配表。为"HACCP 手册"前半部分做准备。

实训评价：5 分制，上述成果每项各 1 分。要求内容全面，条理清楚，参考文献为在 10 年以内的文献资料。

任务 5   学习 HACCP 体系文件编写方法

● ● ● ● **知识目标**

· 掌握 HACCP 体系文件编写思路

● ● ● ● **技能目标**

· 能够编写 HACCP 体系文件

必备知识

一、文件编写技巧

原则上文件编写没有格式要求，但作为初学者，按照下述技巧进行编写，可使文件更规范。

(1)文件格式：封面，修订页，正文，附件，附表。

(2)封面：文件名称、文件编号、制定部门、生效日期、制定、审查、批准、密级。

(3)正文常用"八部天龙"：目的、范围、定义、职责、内容、参考文件、记录表单、附件。

(4)页眉：公司名称、文件名称、文件编号、生效日期、版本号、页码、制定部门、密级。

(5)页脚：制定、审查、批准。

二、HACCP 计划编写思路

1. 原料、成品描述

到原料库或成品库中寻找，将所有产品(原料和成品)，包括内包装材料的标签找到，从中寻找需要内容。描述以表格形式体现，其模板见表 7-5、表 7-6。

表 7-5 原料描述模板

产品名称：	
化学、生物和物理特性	
包装和交付方式	
产地	
生产方法	
贮存条件和保质期	
使用或生产前的预处理	
产品接收标准	
配制辅料的组成	

表 7-6 成品描述模板

产品名称：	
食用方法	
包装方式	
产品特性	
保存期限	
加工方法	
销售对象	
标签说明	
产品标准	
保存条件	
成品规格	

2. 工艺流程图绘制和确认

注意返工点、循环点、废弃物排放点、产品排出点等。必须到生产现场进行确认，以保证与生产实际相符。工艺流程图必须附工艺说明。将工艺图中的每一个步骤拿出来，详细说明其加工参数。

3. 危害分析

可采用危害分析工作单的形式体现，其模板见表 7-7。

表 7-7 危害分析工作单模板

工序	引入、控制或增加的潜在危害（B 生物危害、C 化学危害、P 物理危害）	第(2)栏的判定依据	风险评估				所选择的措施或措施组合	是否关键控制点
			S	L	P	接受		

4. HACCP 计划表

将表 7-7 表格中"是否关键控制点"栏判断"是 CCP"的放到 HACCP 计划表中，见表 7-8。

表 7-8　危害分析工作单模板

关键控制 点 CCP	显著危害	关 键 限 值	监　控				纠偏行动	验　证	记　录
			对象	方法	频率	人员			

上述内容再加上 HACCP 组长和小组任命书，构成企业《HACCP 计划》的内容。

实训任务

实训组织：分组，分别编写乳品液奶企业、蛋糕生产企业、肉制品生产企业《HACCP 计划》。

实训成果：《××产品 HACCP 计划》，5 000 字以上。

实训评价：5 分制，原料、成品描述 1 分，工艺流程图及说明 1 分，危害分析工作单 2 分，HACCP 计划表 1 分。要求内容全面，条理清楚，参考文献为在 10 年以内的文献资料。

任务6　学习 HACCP 体系内审和管理评审

●●●● 知识目标

· 掌握 HACCP 体系审核的特点，了解管理评审作用

●●●● 技能目标

· 能对内部审核进行策划、实施

必备知识

内部审核

内部审核（简称内审）是企业自我评价的一种手段。HACCP 体系内审，其步骤和要求与 ISO 9001 质量管理体系内审相同，不同在于审核时的侧重点。质量管理体系侧重于顾客满意，HACCP 侧重于产品是否安全，是否会对消费者造成伤害。本部分只介绍 HACCP 体系内部审核的重点。

1. 危害分析审核要点

在审核危害分析时，要对食品生产有关的所有环节进行危害分析，应重点注意危害识别是否全面。原材料验收、原材料入库、加工制造、贮存、运输、销售直到与消费有关的全部环节。在审核时要特别关注每个生产步骤引入的、产生的或增加的潜在危害来源及最

终产品可接受水平，必要时审核其有无法律依据，危害发生概率和严重性评估等。

审核时要注意产品是否包含敏感微生物，例如，肉罐头类重点关注肉毒梭菌，婴幼儿奶粉重点关注阪崎肠杆菌；加工过程中是否有有效消灭微生物的处理步骤；是否存在加工后微生物及其毒素污染的明确危害；在批发和消费过程中是否有由于不良习惯造成危害的可能性；在包装后或家庭食用前是否进行最后的加热处理等。

在审核过程中要加以明确，通过危害分析，即使不存在显著危害，仍可以制订并实施HACCP计划，以满足产品品质及贸易上的要求。

2. CCP 审核要点

在审核过程中要重点审核影响产品安全的关键加工点上。要求审核人员必须懂得生产，熟悉加工工艺。审核企业对关键控制点能否做到有效监控，即监控人员资质能否满足关键点的要求，监控频率是否合理，监控人员是否按照规定的方法实施监控，对关键控制点的监控设备是否得到有效校准等，对监控偏离的情况能否得到有效纠偏，是否定期对监控效果进行验证等。

实训任务

实训组织：编制 GB/T 27341"7.6 CCP 的监控"检查表 。

实训成果：7.6 CCP 的监控检查表，200 字以上。

实训评价：5 分制。要求内容全面，条理清楚，参考文献为在 10 年以内的文献资料。

任务 7　选择认证公司

●●●●●知识目标

- 了解对进行 HACCP 体系审核的认证公司的要求

●●●●●技能目标

- 能正确选择认证中心

必备知识

对可以实施 HACCP 体系外部审核的认证中心和认证人员，《危害分析与关键控制点(HACCP)体系认证实施规则》有详细的规定。

一、认证机构要求

必须获得中国国家认证认可监督管理委员会(以下简称 CNCA)批准，并获得中国合格评定国家认可委(以下简称 CNAS)的认可。图 7-2 所示为认证机构批准书、认可证书样板。

二、认证人员要求

必须获得中国认证认可协会的执业资格注册方可从事认证活动。

实训任务

实训组织：请到 CNAS 官网和 CNCA 官网上查找四家具有 HACCP 体系认证资格的

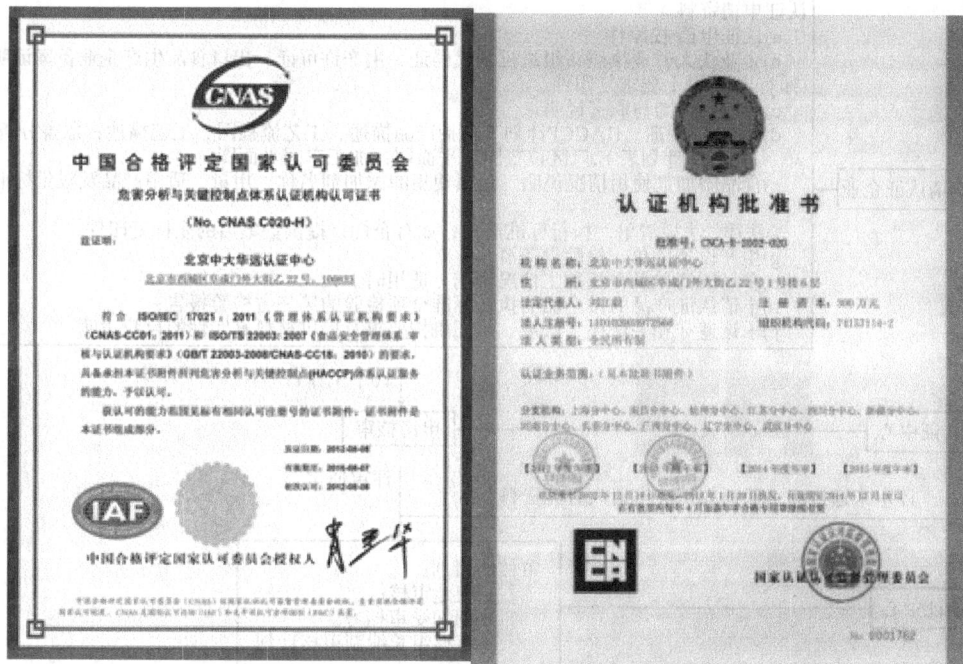

图 7-2 认可证书样板和认证机构批准书

认证机构的认证机构批准号、认可证书证书号、总部注册地址、联系人、联系方式。

实训成果：HACCP 体系认证机构信息。

实训评价：5 分制，每一条款 1 分。

任务 8 迎接认证及认证后管理

●●●● 知识目标

• 了解认证程序和认证证书的使用

●●●● 技能目标

• 能独立申请认证，知道认证证书使用注意事项

必备知识

一、认证程序

从认证申请到再认证，在《危害分析与关键控制点（HACCP）体系认证实施规则》中有详细的说明，如图 7-3 所示。

认证申请资料
　　a)认证申请书,原件
　　b)企业法人营业执照、组织机构代码证、生产许可证、出口食品生产企业备案证明(如有出口)以上要求复印件;
　　c)组织机构图与职责说明;
　　d)HACCP手册、HACCP计划(包括产品描述、工艺流程图、工艺描述;危害分析单、HACCP计划表),厂区位置图、平面图;加工车间平面图;
　　e)食品添加剂使用情况说明,包括使用的添加剂名称、用量、适用产品及限量标准等;
　　f)法律、法规清单,执行标准清单,如有企标,提供备案后的企标复印件;
　　g)生产设备清单,检验设备清单;
　　h)多场所清单及委托加工情况说明(适用时);
　　i)申请认证产品的按产品的执行标准全项检验的第三方检验报告;
　　j)承诺遵守相关法律、法规、认证机构要求及提供材料真实性的自我声明

申请认证企业

认证中心 ──────────→ 申请核审

10个工作日

评审通过

评审未通过应书面通知认证申请人补充资料

认证中心 ──────────→ 审核的策划:
　　a)组建审核;
　　b)通知受审核方;
　　c)审核组长编制审核计划

认证中心 ──────────→ 审核的策划:
　　初次认证审核:
　　a)第一阶段审核;
　　b)第二阶段审核;
　　c)下发审核报告

审核出现不合格项

审核无不合格

申请认证中心 ──────────→ 不合格整改:
　　a)审核组下发不合格报告;
　　b)受审核方三个月内整改;
　　c)审核组验证合格

认证中心 ──────────→ 推荐认证注册

认证中心 ──────────→ 认证机构进行综合评价

评价未通认证机构应以书面的形式告知其不能通过认证的原因

评价合格

认证中心 ──────────→ 颁发认证证书

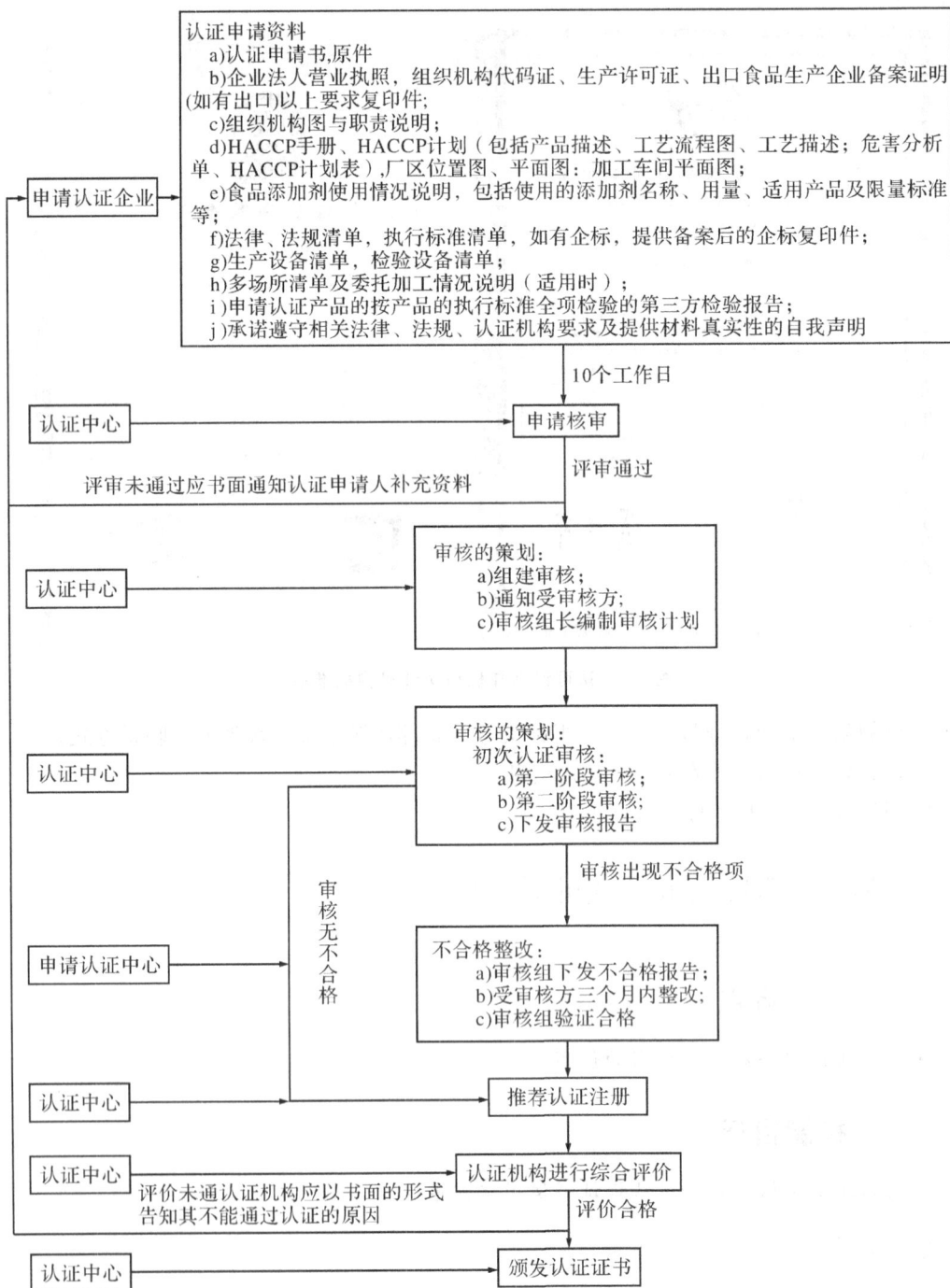

图 7-3　初次认证程序

　　获得认证证书后,企业每年需接受一次监督审核,两次监督审核间隔不大于十二个月。在证书到期前还需接受再认证审核,以确保持续获得证书。

二、认证后管理

　　认证后管理主要包括证书的使用和信息通报两方面,在《危害分析与关键控制点

（HACCP）体系认证实施规则》的第 6 章和第 7 章进行了说明。

1．认证证书

认证证书有效期三年。其证书内容应至少包括：证书编号，组织名称、地址，证书覆盖范围（含产品生产场所、生产车间等信息），认证依据，颁证日期、证书有效期，认证机构名称、地址。

2．认证证书的管理

获得认证证书的企业应按照《认证证书和认证标志管理办法（质检总局令第 63 号）》正确使用认证证书。证书使用注意事项包括：

a）应按认证证书界定的注册范围（产品、区域、活动）进行宣传。例如，一企业同时生产果蔬汁饮料和冰激凌，其证书注册范围为"果蔬汁饮料的生产"。那么，其生产的果蔬汁产品包装上可出现"本企业通过 HACCP 体系认证"，而冰激凌产品包装上不可出现上述说明。

b）获得证书的企业应当在广告、宣传等活动中正确使用认证证书和有关信息。获得认证管理体系发生重大变化时，企业应当向认证机构申请变更，未变更或者经认证机构调查发现不符合认证要求的，不得继续使用该认证证书。例如，企业生产厂址发生变更，而证书标注为原厂址，企业在未向认证机构申请变更的情况下继续在产品包装上宣传"本企业通过 HACCP 体系认证"，这是不被接受的。

c）禁止伪造、冒用、转让和非法买卖认证证书和认证标志。

3．认证证书的暂停

有下列情形之一的，认证机构应当暂停其使用认证证书，暂停期限最长为六个月。

a）获证组织（即企业）未按规定使用认证证书的；

b）获证组织违反认证机构要求的；

c）获证组织发生食品安全卫生事故；质量监督或行业主管部门抽查不合格等情况，尚不需立即撤销认证证书的；

d）获证组织 HACCP 体系或相关产品不符合认证依据、相关产品标准要求，不需要立即撤销认证证书的；

e）获证组织未能按规定间隔期实施监督审核的；

f）获证组织未按要求对信息进行通报的；

g）获证组织与认证机构双方同意暂停认证资格的。

4．认证证书的撤销

有下列情形之一的，认证机构应撤销其认证证书。

a）获证组织 HACCP 体系或相关产品不符合认证依据或相关产品标准要求，需要立即撤销认证证书的；

b）认证证书暂停期间，获证组织未采取有效纠正措施的；

c）获证组织不再生产获证范围内产品的；

d）获证组织出现严重食品安全卫生事故或对相关方重大投诉未能采取有效处理措施的；

e）获证组织虚报、瞒报获证所需信息的。

f）获证组织不接受相关监管部门或认证机构对其实施监督的。

实训任务

实训主题：填写认证申请书。

实训组织：

1. 分4组，请分别到4个有 HACCP 体系认证资质的企业下载认证申请表，模拟某食品生产企业，进行填写。

2. 分四组，每组到市场分别寻找2款通过 HACCP 体系认证的产品，通过产品标签上的联系方式或网络查找的形式，向生产厂家索要相应产品的认证证书复印件。

实训成果：4款 HACCP 体系认证申请表，8份 HACCP 体系认证证书。

实训评价：5分制。1题2分，2题3分。

【思考题】

1. 认证公司的作用？

2. 专项技术要求的作用？

【拓展学习网站】

1. 国家认证认可监督管理委员会(http://www.cnca.gov.cn)

2. 北京新世纪检验认证有限公司(http://www.bcc.com)

项目 8

学习如何进行 ISO 22000 食品安全管理体系的建立与认证

●●●● **项目概述**

通过与项目 7 HACCP 体系的建立与认证比较的学习方式，学习 ISO 22000 食品安全管理体系相关内容。

任务 1   ISO 22000 简介及食品安全管理体系对食品企业的作用

●●●● **知识目标**

· 了解 ISO 22000 食品安全管理体系的由来

●●●● **技能目标**

· 了解食品企业运行 FSMS 的作用

必备知识

一、ISO 22000 的由来

食品安全管理体系(以下简称 FSMS)是以《ISO 22000：2005 食品安全管理体系　食品链中各类组织的要求》为核心的，可用于 ISO 认证注册的管理体系，它在 ISO 9001 质量管理体系认证丰富经验基础之上，将 HACCP 原理与 ISO 9001 框架结合，使 HACCP 原理进入 ISO 的管理体系认证领域，从而促进 HACCP 在全球的推广。

提及 FSMS 的历史，和 HACCP 的发展密不可分。

1. HACCP 的创立阶段

HACCP 系统是 20 世纪 60 年代由美国 Pillsbury 公司 H. Bauman 博士等与宇航局和美国陆军 Natick 研究所共同开发的，主要用于航天食品中。1971 年在美国第一次国家食品保护会议上提出了 HACCP 原理，立即被食品药物管理局(FDA)接受，并决定在低酸罐头食品的 GMP 中采用。FDA 于 1974 年公布了将 HACCP 原理引入低酸罐头食品的 GMP。1985 年美国科学院(NAS)就食品法规中 HACCP 有效性发表了评价结果。随后由美国农业部食品安全检验署(FSIS)、美国陆军 Natick 研究所、食品药物管理局(FDA)、美国海洋渔业局(NMFS)四家政府机关及大学和民间机构的专家组成的美国食品微生物学基准咨询委员会(NACMCF)于 1992 年采纳了食品生产的 HACCP 七原则。1993 年食品法典委员会批准了《HACCP 体系应用准则》，1997 年颁发了新版法典指南《HACCP 体系及其应用准则》，该指南已被广泛地接受并得到了国际上普遍的采纳，HACCP 概念已被认可为世界范围内生产安全食品的准则。

2. 应用阶段

联合国粮农组织(FAO)和世界卫生组织(WHO)在 20 世纪 80 年代后期就大力推荐，至今不懈。1993 年 6 月食品法典委员会(FAO/WHO CAC)考虑修改《食品卫生的一般性原则》，把 HACCP 纳入该原则内。根据世界贸易组织(WTO)协议，FAO/WHO 食品法典委员会制定的法典规范或准则被视为衡量各国食品是否符合卫生、安全要求的尺度。另外有关食品卫生的欧共体理事会指令 93/43/EEC 要求食品工厂建立 HACCP 体系以确保食品安全的要求。在美国，FDA 在 1995 年 12 月颁布了强制性水产品 HACCP 法规，又宣布自 1997 年 12 月 18 日起所有对美出口的水产品企业都必须建立 HACCP 体系，否则其产品不得进入美国市场。FDA 鼓励并最终要求所有食品工厂都实行 HACCP 体系。另外，加拿大、澳大利亚、英国、日本等国也都在推广和采纳 HACCP 体系，并分别颁发了相应的法规，针对不同种类的食品分别提出了 HACCP 模式。

开展 HACCP 体系的领域包括：饮用牛乳、奶油、发酵乳、乳酸菌饮料、奶酪、冰激凌、生面条类、豆腐、鱼肉火腿、炸肉、蛋制品、沙拉类、脱水菜、调味品、蛋黄酱、盒饭、冻虾、罐头、牛肉食品、糕点类、清凉饮料、腊肠、机械分割肉、盐干肉、冻蔬菜、蜂蜜、高酸食品、肉禽类、水果汁、蔬菜汁、动物饲料等。

3. 我国 HACCP 应用发展情况

中国食品和水产界较早关注和引进 HACCP 质量保证方法。1991 年农业部渔业局派遣专家参加了美国 FDA、NOAA、NFI 组织的 HACCP 研讨会，1993 年国家水产品质检中心在国内成功举办了首次水产品 HACCP 培训班，介绍了 HACCP 原则、水产品质量保证技术、水产品危害及监控措施等。1996 年农业部结合水产品出口贸易形势颁布了冻虾等五项水产品行业标准，并进行了宣讲贯彻，开始了较大规模的 HACCP 培训活动。2002 年 12 月中国认证机构国家认可委员会正式启动对 HACCP 体系认证机构的认可试点工作，开始受理 HACCP 认可试点申请。

4. ISO 22000：2005《食品安全管理体系 食品链中各类组织的要求》的产生

随着 HACCP 原理的广泛应用和推广，监管机构和食品加工企业越来越看到 HACCP 的优势。但是，包含 HACCP 原理的法规增多和技术标准的不统一，使食品制造商难以应付。为满足各方面的要求，在丹麦标准协会(Danish Standards Association)的倡导下，通过国际标准化组织(ISO)协调，将相关的国家标准在国际范围内进行整合，最终形成统一的国际食品安全管理体系。

2001 年初，丹麦标准协会向 ISO/TC 34 食品生产秘书处递交了 ISO/Awl 22000《食品管理体系要求》的提案，TC 34 的 14 个成员愿意参加 ISO 22000《食品安全管理体系要求》新标准的制定工作，并建议为该标准起草成立一个工作组(ISO/TC 34/WG)。因此，这一新的国际标准是在国际标准化组织(ISO)设立在匈牙利标准局(MSZT)负责食品产品的第 34 技术委员会第 8 工作组(ISO/TC 34/WG 8)直接负责下起草的。除了许多欧洲国家外，阿根廷、澳大利亚、印度尼西亚、坦桑尼亚、泰国、美国和委内瑞拉也提名专家为这一工作组工作。共有 17 个国家和 3 个国际组织(食品法典委员会、食品行业论坛和世界食品安全组织)以及欧盟食品和饮料工业联合会参与此项目的工作。根据工作组 2001 年 11 月在哥本哈根召开的第一次会议要求，ISO/TC 34(ISO 食品技术委员会)/WG 8(食品安全管理体系工作组)起草了标准——《食品安全管理体系　食品链中各类组织的要求》(ISO 22000)，该标准经历了工作组草案(WD)—委员会草案(CD)—国际标准草案(DIS)—最终国际标准草案(FDIS)—国际标准(IS)几个阶段，于 2005 年 9 月 1 日正式发布，该标准是认证机构实施食品安全管理体系认证的依据。

5. ISO 22000 族标准组成

a) ISO 22000：2005《食品安全管理体系　食品链中各类组织的要求》2005 年 9 月 1 日发布，它提供了全球食品行业产品接受的统一标准。该标准由 ISO 来自食品行业的专家，通过与食品法典委员会、联合国粮农组织和世界卫生组织紧密合作产生。ISO 22000：2005 是 ISO 22000 家族标准中的第一个标准，这一标准可以单独用于认证、内审或合同评审，也可与其他管理体系，如 ISO 9001 合并实施。

b) ISO/TS 22004：2005《食品安全管理体系 ISO 22000：2005 应用指南》主要是帮助全球的中小企业建立和实施 ISO 22000 标准。

c) ISO/TS 22003：2007《食品安全管理体系　对实施食品安全管理体系认证和审核的机构的要求》给出对从事 ISO 22000 进行认证审核的机构的认可要求。

d) ISO 22005：2007《饲料和食品链的可追溯性　体系设计和开发的通用原理和指南》ISO 22005 为饲料和食品链的可追溯性体系设计和发展提供了总的导则。

二、FSMS 对食品企业的作用

1. 安全的防护堤

搞好食品安全管理可以防范、减少食物中毒和食源性疾病的发生，有助于保障消费者身体健康。

2. 贸易的通行证

自从中国加入世贸组织以来，中国的食品进出口贸易越来越多地受到国际通行准则的影响和限制，西方国家有较为完善的食品安全管理系统，安全管理模式已成为国家通用的标准和进入欧美市场的通行证。我国顺应现代经济潮流，使企业按国际通用标准生产出高质量的安全产品，从而更有利地参与国际竞争，提高经济效益。

3. 发展的动力源

食品企业的管理人员、技术人员和工作人员，都应懂得食品安全管理的基础知识，从整体上把握安全管理的共性，以更好地应用先进科学的安全管理方法，全面提高企业的安全管理水平。

实训任务

实训组织：用图表的形式总结 ISO 22000 的来龙去脉，用最简单的语言描述每一步骤，字数不超过 30 字。图表模板如下：

总结图表模板

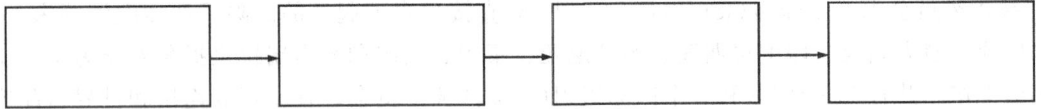

实训成果：ISO 22000 由来总结图。

实训评价：5 分制，总步骤除以 5 是每个步骤的分数，进行累加。

任务 2　学习《ISO 22000：2005 食品安全管理体系　食品链中各类组织的要求》标准内容

●●●● 知识目标

• 了解 ISO 22000：2005 标准条款内容

●●●● 技能目标

• 能按照 ISO 22000：2005 标准内容进行案例分析

必备知识

实际上，ISO 22000：2005 与 GB/T 27341—2009 在内容上有很多共性部分，因此，本部分以二者对比的形式，以便于理解，见表 8-1。

表 8-1　ISO 22000—2005 与 GB/T 27341—2009 之间的对照

ISO 22000—2005			GB/T 27341—2009
引言			引言
范围	1	1	范围
规范性引用文件	2	2	规范性引用文件
术语和定义	3	3	术语和定义
食品安全管理体系	4	4	企业 HACCP 体系
总要求	4.1	4.1	总要求

ISO 22000—2005		GB/T 27341—2009	
文件要求	4.2	4.2	文件要求
总则	4.2.1	4.2.1	总则
		4.2.2	HACCP 手册
文件控制	4.2.2	4.2.3	文件控制
记录控制	4.2.3	4.2.4	记录控制
		7.9	HACCP 计划记录的保存
管理职责	5	5	管理职责
管理承诺	5.1	5.1	管理承诺
食品安全方针	5.2	5.2	食品安全方针
食品安全管理体系策划	5.3		—
职责和权限	5.4	5.3.1	职责、权限
食品安全小组组长	5.5	5.3.1	职责、权限
沟通	5.6	5.3.2	沟通
外部沟通	5.6.1		
内部沟通	5.6.2		
应急准备和响应	5.7	6.8	应急预案
管理评审	5.8	5.5	管理评审
总则	5.8.1		
评审输入	5.8.2		
评审输出	5.8.3		
资源管理	6	6	—
资源提供	6.1	6.1	—
人力资源	6.2	6.2	人力资源
总则	6.2.1		
能力、意识和培训	6.2.2		
基础设施	6.3	6.3	良好生产规范
工作环境	6.4		
安全产品的策划和实现	7	7	HACCP 计划的建立和实施
总则	7.1	7.1	总则
前提方案[PRP(s)]	7.2	6.0	前提计划
	7.2.1	6.1	总则
	7.2.2	6.1	总则
	7.2.3	6.3	良好生产规范
		6.4	标准卫生操作程序(SSOP)
		6.5	原辅料、食品包装材料安全卫生保障制度
		6.6	维护保养计划

续表

ISO 22000—2005		GB/T 27341—2009	
实施危害分析的预备步骤	7.3	7.2	预备步骤
总则	7.3.1		—
食品安全小组	7.3.2	7.2.1	HACCP 小组的组成
产品特性	7.3.3	7.2.2	产品描述
预期用途	7.3.4	7.2.3	预期用途的确定
流程图、过程步骤和控制措施	7.3.5	7.2.4	流程图的制定
		7.2.5	流程图的确认
危害分析	7.4	7.3	危害分析和制定控制措施
总则	7.4.1		
危害识别和可接受水平的确定	7.4.2	7.3.1	危害识别
危害评价	7.4.3	7.3.2	危害评估
控制措施的选择和评价	7.4.4	7.3.3	控制措施的制定
		7.3.4	危害分析工作单
操作性前提方案的建立	7.5		—
HACCP 计划的建立	7.6	7	HACCP 计划的建立和实施
HACCP 计划	7.6.1	7.1	总则
关键控制点(CCP)的确定	7.6.2	7.4	关键控制点(CCP)的确定
关键控制点的关键限值的确定	7.6.3	7.5	关键限值的确定
关键控制点的监视系统	7.6.4	7.6	CCP 的监控
监视结果超出关键限值时采取的措施	7.6.5	7.7	建立关键限值偏离时的纠偏措施
预备信息的更新、描述前提方案和 HACCP 计划的文件的更新	7.7	7.1	总则
验证的策划	7.8	7.8	HACCP 计划的确认和验证
可追溯性系统	7.9	6.7.1	标识和追溯计划
不符合控制	7.10		
纠正	7.10.1		
纠正措施	7.10.2		
潜在不安全产品的处置撤回	7.10.3		
	7.10.4	6.7.2	产品召回计划
食品安全管理体系的确认、验证和改进	8		
总则	8.1		
控制措施组合的确认	8.2	7.8	HACCP 计划的确认和验证
监视和测量的控制	8.3	7.8	HACCP 计划的确认和验证"监控设备校准记录的审核,必要时应通过有资格的检验机构,对所需的控制设备和方法进行技术验证,并提供形成文件的技术验证报告"

续表

ISO 22000—2005			GB/T 27341—2009
食品安全管理体系的验证	8.4		
内部审核	8.4.1	5.4	内部审核
单项验证结果的评价	8.4.2	7.8	HACCP 计划的确认和验证 HACCP 计划
验证活动结果的分析	8.4.3	7.8	的确认和验证
改进	8.5		
持续改进	8.5.1		
食品安全管理体系的更新	8.5.2		

从表 8-1 可以看出 GB/T 27341 与 ISO 22000 内容基本相同，但存在以下不同点：

1. ISO 22000 没有要求必须要编写《HACCP 手册》，而 GB/T 27341 要求（H4.2.2）。但在实际运作过程中绝大部分企业还会编写《HACCP 手册》，尤其是 FSMS 和 QMS 同时运行时。

2. ISO 22000 要求进行危害分析（F7.4），危害分析可以任何的书面形式体现。而 GB/T 27341 将危害分析的形式固定为"危害分析工作单"（H7.3.4）。

3. ISO 22000 更加详细地规定了不合格品的管理（F7.10），这是借鉴了 ISO 9001 的经验（Q8.3）。而 GB/T 27341 只对已不在企业控制范围内的产品出现不合格需进行召回（6.7.2）进行了规定。

4. ISO 22000 提出了改进（F8.5）的要求，这也是参考了 ISO 9001 的结构和要求。

5. 另外，FSMS 除 ISO 22000 一个总则性的要求外，还有针对不同食品企业的 24 个专项要求，如 CNCA/CTS 0006—2008《食品安全管理体系　谷物磨制品生产企业要求》、CNCA/CTS 0009—2008《食品安全管理体系　制糖企业要求》、CNCA/CTS 0013－2008《食品安全管理体系　烘焙食品生产企业要求》。而 GB/T 27341 没有专项。

应说明的是，FSMS 的建立、文件编写、内部审核和管理评审程序和方法基本一致，只需在上述不同点予以注意。

实训任务

实训组织：上网查找案例，分别查找有关 ISO 22000：2005 "7.10.4　撤回" "7.9　可追溯性系统"的案例各 3 个，并进行分析，判断是否符合及原因。

实训成果：案例综述类文章，总字数 500 字以上。

实训评价：5 分制，每个案例分析各 0.83 分。要求内容全面，条理清楚，参考文献为在 10 年以内的文献资料。

任务3　HACCP、FSMS 认证实施规则比较

●●●●●**知识目标**

• 掌握 FSMS 认证对认证机构、认证程序、认证后管理的要求

●●●●●**技能目标**

• 能熟练申请 FSMS 认证

必备知识

本部分内容对《CNCA—N—008：2011 危害分析与关键控制点（HACCP）体系认证实施规则》（以下简称 HACCP 认证规则）和国家认监委 2010 年第 5 号公告《食品安全管理体系认证实施规则》（以下简称 FSMS 认证规则）进行对比，介绍 FSMS 认证公司的选择，认证实施过程和认证后管理的相关知识。

FSMS 认证规则和 HACCP 认证规则不仅在结构上完全相同，在内容上也具有很强的一致性。其实，HACCP 认证规则是在 FSMS 认证规则基础上编写的，而且大部分认证机构是在首先获得 FSMS 认证资格的基础上申请 HACCP 认证资格。为避免内容拖沓，本部分只对 FSMS 认证规则与 HACCP 认证规则不同部分进行解释。

1.FSMS 认证规则 3.2：人员要求。FSMS 对认证人员有了更详细的要求。通常，获得 FSMS 注册审核员资格需要经过培训→CCAA 全国统考→攒审核经历→CCAA 注册，才能获得。而要获得 HACCP 注册审核员资格，其"申请人应首先取得 CCAA 食品安全管理体系（FSMS）审核员注册资格（含实习）"。也就是说，只有先获得 FSMS 注册审核员资格的人才可能成为 HACCP 注册审核员。如只在企业内部实施内审，其审核员应经过培训，需要时获得内审员证书方可从事相关工作。

2.FSMS 认证规则 4.2：专项技术要求在审核依据也就是审核遵循的标准部分，"认证机构实施食品安全管理体系认证时，在以上基本认证依据要求的基础上，还应将本规则规定的专项技术规范作为认证依据同时使用（见附件）"。也就是说，在审核 FSMS 时不仅需要遵守 ISO 22000 标准要求，对于不同的食品企业还应遵循专项技术规范。

3.FSMS 认证规则 5.5.2：申请评审。FSMS 要求"认证机构应根据认证依据、程序等要求，在 15 个工作日对申请人提交的申请文件和资料进行评审并保存评审记录"，而 HACCP 要求"认证机构应在申请人提交材料齐全后，10 个工作日内对其提交的申请文件和资料进行评审并保存评审记录"。

4.FSMS 认证规则 5.3.1：认证机构应根据审核需要，组成审核组。FSMS 要求"（3）审核组成员身体健康，并有健康证明。（4）审核组如果需要技术专家提供支持，技术专家应具有大学本科以上的学历，身体健康具有健康证明"，FSMS 要求审核员和技术专家有健康证，而 HACCP 规定得很笼统。

5.FSMS 认证规则没有对第一阶段和第二阶段审核的审核重点进行阐述，而 HACCP

认证准则则有具体的说明。

6. FSMS 认证规则没有"不通知现场审核"的要求，而 HACCP 有要求。

7. FSMS 认证规则 7. 信息报告。FSMS 要求审核计划的通报，当受审核方为出口企业时，向受审核方所在地的直属出入境检验检疫局通报；非出口企业向省级质量技术监督局通报。而 HACCP 要求无论任何类型的企业，向中国食品农产品认证信息系统通报。同时，FSMS 要求每年 11 月底向认监委通报工作报告，而 HACCP 要求每年 2 月底报告。

实训任务

实训组织：

1. 将 FSMS 认证规则和 HACCP 认证规则的区别以表格的形式进行总结，文字要求简练，每空格字数少于 30 字。

FSMS 认证规则		HACCP 认证规则	
	条款	条款	

实训成果：FSMS 认证规则和 HACCP 认证规则对比表格。

实训评价：5 分制。要求内容全面，条理清楚。

【思考题】

1. FSMS 和 HACCP 认证实施规则比较。

2. FSMS 认证专项技术要求的作用。

【拓展学习网站】

1. 中国国家认证认可监督管理委员会（www.cnca.gov.cn）

2. 北京新世纪检验认证有限公司（www.bcc.com）

项目 9
学习如何进行有机食品、绿色食品认证

● ● ● ● ● **项目概述**

本项目分别从申报绿色食品、有机食品的条件、申报程序、所需上报材料及各种申报表的填写方法四个方面详细介绍了一个企业如何进行有机食品及绿色食品认证等。

任务 1   了解有机食品认证、绿色食品认证对生产企业的价值

● ● ● ● **知识目标**

- 了解绿色食品认证机构、绿色食品认证的性质
- 绿色食品认证对绿色食品生产企业的价值

● ● ● **技能目标**

- 了解有机食品认证机构、有机食品认证的基本要求和认证批准备规则
- 有机食品认证对有机食品生产企业的价值

必备知识

有机和绿色食品认证可以提升生产企业品牌价值，提升产品销售价格，促进农民致富。

实训任务

实训主题：调研有机食品和绿色食品价格。

　　实训组织：对学生进行分组，每个组参照"必备知识"及利用超市等资源，调研有机食品和绿色食品价格，并比较其与普通食品价格差异。

　　实训成果：调研表。

　　实训评价：由主讲教师进行评价。

任务 2　学习有机食品认证

●●●● 知识目标

- 理解有机食品含义及特征
- 掌握有机食品认证相关知识

●●●● 技能目标

- 会编制有机食品标准认证内审资料

必备知识

一、有机食品的概念与优点

(一)有机食品的概念

　　有机食品是一种国际通称，是从英文 Organic Food 直译过来的。这里所说的"有机"不是化学上的概念，而是指采取一种有机的耕作和加工方式。有机食品是指按照这种方式生产和加工的，产品符合国际或国家有机食品要求和标准，并通过国家认证机构认证的一切农副产品及其加工品，包括粮食、蔬菜、水果、奶制品、禽畜产品、蜂蜜、水产品、调料等。

　　除有机食品外，国际上还把一些派生的产品如有机化妆品、纺织品、林产品或有机产品生产而提供的生产资料，包括生物农药、有机肥料等，经认证后统称有机产品。

　　我国对有机产品定义为，通常来自于有机农业生产体系，按照 GB/T 19630 相关生产要求和标准生产、加工的，并通过独立的有机产品认证机构认证的供人类消费、动物食用的产品，有机产品中绝大部分为有机食品类。

(二)有机食品优点

　　1. 用自然、生态平衡的方法从事农业生产和管理，保护环境，满足人类需求，实现可持续发展；

　　2. 顺应国际市场潮流，扩大有机农业生产及有机食品出口，提高产品市场竞争力；

　　3. 满足国内"绿色""环保"的消费需求；

　　4. 保护生产者，特别是通过有机食品的增值来提高生产者的收益，同时有机认证是消费者可以信赖的重要证明。

二、有机食品的特征

(一)有机食品特征

　　有机食品生产于生态良好的有机农业生产体系，在生产和加工过程中不使用化学农药、化肥、化学防腐剂等化学合成物质和杜绝基因工程生物及其产物。

1. 原料必须来自已经建立或正在建立的有机农业生产体系(又称有机农业生产基础),或采用有机方式采集的野生天然产品;

2. 产品在整个生产过程中必须严格遵循有机食品的生产、加工、包装、贮藏、运输等要求;

3. 生产者在有机食品的生产和流通过程中,有完善的跟踪检查体系和完整的生产、销售的档案记录;

4. 必须通过独立的有机产品认证机构的认证检查。

三、有机食品标准体系

有机标准发展至今,已在世界范围内初步形成了不同层次的标准体系,主要表现在国际水平、地区水平、国家水平和认证机构水平四个层次。

(一)国际水平

从国际水平上看,有机标准有"国际有机农业运动联盟(IFOAM)"的《基本标准》。IFOAM基本标准和准则作为国际标准已在 ISO 注册,是地区标准、国家标准和认证机构自身标准的基础,是有机标准的标准。

联合国(CAC)的有机农业和有机农产品标准是由联合国粮农组织(FAO)与世界卫生组织(WHO)制定的,是《食品法典》的一部分,属于建议性标准。《食品法典》作为联合国协调各个成员国食品卫生和质量标准的跨国性标准,一旦成为强制性标准,就可以作为WTO 仲裁国际食品生产和贸易纠纷的依据。

(二)地区水平

欧盟标准属于地区水平标准。1991 年 EU 有关有机农业的规则被发表于 EU 的官方刊物。1999 年 12 月,EU 委员会决定通过了有机产品的标志,这个标志可以由 EU 2092/91 规则下的生产者使用。EU 关于有机生产的 EU 2092/91 规则中有很多对消费者和生产者的保护。欧盟的 EU 2092/91 是 1991 年 6 月制定的,对有机农业和有机农产品的生产、加工、贸易、检查、认证以及物品使用等全过程进行了具体规定,共分 16 条款和 6 份附件。1991 年制定的时候,标准只包括植物生产的内容,1998 年完成了动物标准的制定,2000 年 8 月 24 日正式生效。

欧盟标准适用于其成员国的所有有机食品的生产、加工、贸易包括进口和出口。也就是说,所有进口到欧盟的有机食品的生产过程应该符合欧盟的有机农业标准。因此,欧盟标准制定完成后,对世界其他国家的有机食品生产、管理特别是出口产生了很大影响。

(三)国家水平

在国家水平上,除了欧盟成员国外,日本、阿根廷、巴西、澳大利亚、美国、智利、匈牙利、以色列、瑞士等国家都有自己的标准。不同国家的有机标准的发展历程各异,但共同的特点是发展历史短,主要集中在近 10 年。现举几例说明如下:

美国:1990 年通过联邦法《有机食品生产法案》;1992 年成立国家有机食品标准委员会(NOSB);1994 年 NOSB 提交有机标准建议稿;1997 年美国农业部(USDA)制定有机规章提案;1998 年 USDA 着手修改有机规章;1999 年有机贸易协会(OTA)发布美国民间有机标准;2000 年 3 月 USDA 第二次提交有机规章提案;2001 年夏天公布并开始执行美国的有机标准。

日本：早在 1935 年，日本宗教和哲学领袖冈田茂吉就倡导"建立一个不依赖人造化学品和保护稀有资源的农业生态系统"，进入 20 世纪六七十年代，日本民间一些人士纷纷探索保护环境的农业生产体系，并相继产生了一批有机农业的民间交流和促进组织，如自然农法国际基金会、日本有机农业研究会、日本有机农业协会，等等。1992 年日本农林水产省制定了《有机农产品蔬菜、水果生产准则》和《有机农产品生产管理要点》，并于 1992 年将以有机农业为主的农业生产方式列入保护环境型农业政策。2001 年正式出台的《日本有机法规》(JAS)标志着在日本有机农业生产的规范化管理已完全纳入政府行为。

中国：按照国际有机食品标准和管理要求，1995 年原国家环保局制定了《有机食品标志管理章程》和《有机食品生产和加工技术规范》，初步形成了较为健全的有机食品生产标准和认证管理体系。《有机产品认证标准》是目前国家环保总局有机食品发展中心进行有机食品认证的基本依据。

(四)机构水平

从认证机构水平上看，基本上每一个认证机构都建立了自己的认证标准。这里需要说明的是，一个国家可以有 1 个认证机构，也可以有多个认证机构(比如美国境内就有 40 多个认证机构)，这些认证机构多数是民间的(如德国的 Naturland，英国的 Soil Association和美国的 OCIA 等)，也可以是官方的。不同认证机构执行的标准都是在 IFOAM 基本标准的基础上发展起来的，但侧重点有所不同，比如欧洲一些认证机构的有机标准，其主要内容多是围绕畜禽饲养，包括了牲畜、家禽饲养，牧草、饲料生产，肉、奶制品加工，等等，而中国以及其他一些亚洲国家的认证机构，其标准则多集中在大田作物(蔬菜水果)生产、野生产品开发、茶叶以及水产等方面。这也从一个侧面反映了不同国家或地区不同的资源特色。此外，根据不同地区的特征和需要，不同认证机构对标准的发展也有所不同，这其中多数认证机构仍以 IFOAM 基本标准的内容为主，标准比较原则化，也有一部分认证机构已根据本地区或本国实际，进一步发展了 IFOAM 标准，使之更具体化，便于操作，比如德国的 BIOLAND 已经建立了针对不同产品的标准系列。

四、中国有机食品国家标准

2004 年，国家标准化管理委员会和国家认证监督管理委员会组织有机农业研究机构、认证机构、认可机构等单位组成标准起草工作组并完成了《有机产品》国家标准的制定。国家质量监督检验检疫总局、国家标准化管理委员会和国家认证认可监督管理委员会于近期分别发布了 GB/T 19630—2011《有机产品》和 CNCA—N—009：2011《有机产品认证实施规则》，并于 2012 年 3 月 1 日代替 GB/T 19630—2005《有机产品》和 CNCA—OG—001：2005《有机产品认证实施规则》。

(一)制定的原则

1. 以国际有机农业标准(IFOAM 和 CAC)为基础

IFOAM 是有机食品生产的民间机构，其目的在于促进全球有机农业的发展，从技术和可操作性角度，提出了有机食品生产的最低标准，作为各国制定有机农业标准的基础。国际食品法典委员会 CAC 发布的《有机食品生产、加工、标志和销售指南》(GL 32-1999. Rev. 1-2001 Guidelines for the Production, Processing, Labelling and Marketing of Organically Produced Foods)是规范全球有机农业生产、加工、标志和销售的综合标准。为促进中国有机农业的发展与国际接轨，促进有机产品和体系的国际认证，《有机产品》国家标准采用国际和国外先进标准为基础。

2. 参考其他国家的标准

为了促进和加快我国有机农业标准与其他国家的互认，在具体指标和物质投入表中，参考了欧盟委员会有机食品（EEC）No. 2092/2091 法规、欧盟委员会有机食品（EEC）No. (EC)No. 1788/2001 法规、美国有机食品生产法规（NOP）、德国 NATURLAND 有机水产养殖标准等，保证了标准的衔接性和先进性。

3. 符合我国有机农业生产的实际

为结合我国有机农业生产的实际情况，《有机产品》国家标准在国家环保总局发布的《有机（天然）食品标志管理章程》《有机（天然）食品生产和加工技术规范》和国家环保总局有机食品发展中心发布的《OFDC 有机认证标准》以及中国认证机构国家认可委员会发布的《有机产品生产和加工认证规范》等基础上，进行完善和修改。

(二)标准的内容

中国《有机产品》标准分为四部分：

第一部分　生产：主要包括作物种植、食用菌栽培、野生植物采集、畜禽养殖、水产养殖、蜜蜂养殖及其产品的运输、贮藏和包装，是农作物、食用菌、野生植物、畜禽、水产、蜜蜂及其未加工产品的有机生产通用规范和要求。

第二部分　加工：主要包括有机产品加工的通则，根据第一部分生产标准生产的未加工产品为原料进行加工及包装、贮藏和运输和有机纺织品（棉花或蚕丝），是有机产品加工通用规范和要求。

第三部分　标志与销售：按《有机产品——第一部分生产》《有机产品——第二部分加工》生产或加工并获得认证的产品的标志和销售。是有机产品标志和销售的通用规范及要求。

第四部分　管理体系：主要包括有机产品生产、加工、经营过程中必须建立和维护的管理体系，是有机产品的生产者、加工者、经营者及相关的供应环节质量管理的通用规范和要求。

(三)主要特点

1. 涵盖一个大农业体系

《有机产品》国家标准不仅涵盖了种植业方面的要求，还包括了畜牧和家禽饲养业、水产品、蜜蜂等方面的要求，不仅包括生产过程的要求，还延伸到收获、加工和包装、标签等方面的要求。所以，《有机产品》国家标准是控制从农业（包括粮食、饲料和纤维）、畜牧和家禽、水产的田间生产到加工成最终消费产品的一个完整的、基础性的指导法规，也可以说是有机农业的根本法则。

2. 将技术和管理融为一体

《有机产品》国家标准的框架分为有机生产过程控制和管理体系控制两大部分，明确了管理体系对有机产品生产的统领作用，从而丰富了世界有机农业的内容。

3. 将健康、环保和安全有机结合

《有机产品》国家标准强调以健康的生态系统为基础，以良好的操作为规范；提倡在保证有机生产基地基本的本底（土壤、水等）环境条件下，重视生产过程中对环境的保护；并设定了评估由于不可避免的因素（土壤本身和外来物质的漂移）对最终产品安全指标造成风险的最低限值。

4. 符合国情，国际接轨

《有机产品》国家标准充分考虑到中国几千年农业发展的传统经验和实践，遵循国家相关法律、法规，保证标准的实用性；在国际标准有争议和敏感的具体环节（如人粪尿、集约化生产的畜禽粪便、烟草、食品添加剂等）保持与国际标准的一致性。

五、有关有机食品的法律、法规

(一)认证机构的授权和认可

1. 认证机构的授权

(1)授权机构

有机食品认证机构的授权目前主要有两种形式：政府授权和非政府组织授权。目前欧盟、美国以及日本等国家和地区既可通过政府组织（如农业部等）进行授权，又可通过私人组织进行授权，如私人机构按照 ISO 65 的规定进行第三方授权。IFOAM 认证授权属于非政府组织，其活动主要通过总部设在美国的 IOAS 公司完成，据 IOAS 称，其活动是严格按照国际标准 ISO 65 的原理进行操作的。由于 IFOAM 在世界上影响非常大，尽管它是非政府组织，但很多国家和地区都承认 IFOAM 授权的机构。

我国有机食品认证机构的授权机构为国家认证认可监督管理委员会（CNCA）。

(2)授权依据

我国认证机构的授权依据为《中华人民共和国认证认可条例》。该条例对国内认证机构资格的规定包括：有固定的场所和必要的设施；有符合认证认可要求的管理制度；注册资本不得少于人民币 300 万元；有 10 名以上相应领域的专职认证人员。从事产品认证活动的认证机构，还应当具备与从事相关产品认证活动相适应的检测、检查等技术能力。

《中华人民共和国认证认可条例》对国外认证机构资格的规定包括：设立外商投资的认证机构除应当符合上述条件外，还应当符合：外方投资者取得其所在国家或者地区认可机构的认可；外方投资者具有 3 年以上从事认证活动的业务经历；设立外商投资认证机构的申请、批准和登记，按照有关外商投资法律、行政法规和国家有关规定办理。

2. 认证机构的认可

(1)认可机构

认可是国家依法设立的权威机构对认证机构实施认证的能力进行评定和承认。我国有机产品认证机构的认可机构为中国认证机构国家认可委员会（CNAB）。

(2)认可依据

CNAB—AC 23：2003《认证机构实施有机产品生产和加工认证的认可基本要求》为我国认证的认可依据。该要求是依据 CNAB—AC 21（ISO/IEC 导则 65）、国际认可论坛（IAF）发布的相应指南文件和《IFOAM Criteria for Certification of Organic Production and Processing》并结合中国的具体情况而制定的。

(二)有机食品认证管理办法

根据《中华人民共和国认证认可条例》，国家质检总局于 2013 年 11 月颁布了新修订的《有机产品认证管理办法》（总局令第 155 号），并于 2014 年 4 月 1 日起施行。

新《有机产品认证管理办法》共分七章六十二条。主要内容为：

第一章　总则（共六条）。主要规定了立法目的和立法依据，明确了有机产品的定义、有机产品标准和合格评定程序的制定规范,并对有机产品的监督管理体制、本办法的适用范围等进行了具体规范。

第二章 认证实施(共十条)。规定了从事有机产品认证活动的认证机构及其人员的具体要求;受理有机产品认证的条件;对有机产品产地(基地)环境检测、产品样品检测活动的机构的资质要求做出了规定;对有机加工品的有机配料含量做出了规定;规定了有机产品认证的具体过程,并对有机产品认证机构的跟踪检查等义务性要求做出了规定。

第三章 认证产品进口(共八条)。规定了向中国出口有机产品的国家或者地区的有机产品主管机构应采取的措施和要求;规定了进口有机产品认证委托人应完成的工作事项;对进口有机产品入境检验检疫涉及材料等做出了规定。

第四章 认证证书和认证标志(共十二条)。规定了有机产品认证证书的基本格式、内容以及标志的基本式样,并明确了有机产品认证证书和标志在使用中的具体要求。

第五章 监督管理(共十条)。规定了国家认证认可监督管理委员会、地方质监部门和出入境检验检疫机构对有机产品监督检查工作中的具体监管方式,以及对获得有机产品认证的生产、加工、经营单位、个人和进口有机产品进行了具体规范,并对有机产品认证认可活动中的申诉、投诉制度做出了层级规定。

第六章 罚则(共十一条)。规定了对有机产品认证认可活动中的各类违法行为的处罚。

第七章 附则(共五条)。规定了对有机产品认证认可活动的收费要求和加工配料含义,并明确了本办法的具体运行时间和解释权。

新《有机产品认证管理办法》在旧版的基础上有了更新和改进,对于促进有机产品产业发展、保护消费者健康和生态环境有着重要意义。

(三)有机产品认证实施规则

为规范有机产品认证活动,根据《中华人民共和国认证认可条例》《有机产品认证管理办法》等有关规定,新修订了《有机产品认证实施规则》(CNCA—N—009:2011)(以下简称《规则》)。该《规则》于2011年12月2日由国家认监委以2011年第34号公告公布,自2012年3月1日起实施。

新《有机产品认证实施规则》分为目的和范围,认证机构要求,认证人员要求,认证依据,认证程序,认证后管理,再认证,认证证书、认证标志的管理,信息报告,认证收费十部分。

新《规则》在旧版本的基础上新增规定每件达到新国标的有机产品加贴17位的唯一编码,"一品一码"、不可二次包装,产品质量可全程追溯等内容;还明确了新的《有机产品认证目录》。

总之,《有机产品认证实施规则》是对认证机构开展和实施有机产品认证程序的统一要求。

(四)有机产品认证目录

根据《有机产品认证管理办法》(国家质检总局令〔2013〕第155号)、《有机产品认证实施规则》(国家认监委公告〔2011〕第34号)规定,国家认监委在各认证机构已认证产品的基础上,按照风险评估的原则,组织相关专家制定了《有机产品认证目录》,于2012年1月13日公布,自2012年3月1日起施行。

有机产品认证目录

序号	产 品 名 称	产 品 范 围
生产		
植物类（含野生植物采集）		
谷物		
1	小麦	小麦
2	玉米	玉米；鲜食玉米；糯玉米
3	水稻	稻谷
4	谷子	谷子
5	高粱	高粱
6	大麦	大麦；酿酒大麦；饲料大麦
7	燕麦	莜麦；燕麦
8	杂粮	黍；粟；薏仁；荞麦 花豆；泥豆；鹰嘴豆；饭豆；小扁豆；羽扇豆；瓜尔豆；利马豆；木豆；红豆；绿豆；青豆；黑豆；褐红豆；油莎豆；芸豆
蔬菜		
9	薯芋类	马铃薯；木薯；甘薯；山药；葛类；芋
10	豆类蔬菜	蚕豆；菜用大豆；豌豆；菜豆；刀豆；扁豆；长豇豆；黎豆；四棱豆
11	瓜类蔬菜	黄瓜；冬瓜；丝瓜；西葫芦；节瓜；菜瓜；笋瓜；越瓜；瓠瓜；苦瓜；中国南瓜；佛手瓜；蛇瓜
12	白菜类蔬菜	白菜；菜薹
13	绿叶蔬菜	散叶莴苣；莴笋；苋菜；茼蒿；菠菜；芹菜；苦菜；菊苣；苦苣；芦蒿；蕹菜；苜蓿；紫背天葵 罗勒；荆芥；乌塌菜；菊花菜；荠菜；茴香；芸薹；叶荟菜；猪毛菜；寒菜；番杏；截儿菜；灰灰菜；榆钱菠菜；木耳菜；落葵；紫苏；莳萝；芫荽；水晶菜
14	新鲜根菜类蔬菜	芜菁；萝卜；牛蒡；芦笋；甜菜；胡萝卜
15	新鲜甘蓝类蔬菜	芥蓝；甘蓝；花菜
16	新鲜芥菜类蔬菜	芥菜
17	新鲜茄果类蔬菜	辣椒；西红柿 茄子；人参果
18	新鲜葱蒜类蔬菜	葱；韭菜；蒜；姜
19	新鲜多年生蔬菜	笋；鲜百合；金针菜；黄花菜；朝鲜蓟
20	新鲜水生类蔬菜	莲藕；茭白；荸荠；菱角；水芹；慈姑；豆瓣菜；莼菜；芡实；蒲菜；水芋；水雍菜；莲子

续表

序号	产品名称	产品范围
21	新鲜芽苗类蔬菜	苗菜；芽菜
22	食用菌类	菇类；木耳；银耳；块菌类
水果与坚果		
23	柑橘类	枯；橘；柑类
24	甜橙类	橙
25	柚类	柚
26	柠檬类	柠檬
27	葡萄类	鲜食葡萄；酿酒葡萄
28	瓜类	西瓜；甜瓜；厚皮甜瓜；木瓜
29	苹果	苹果；沙果；海棠果
30	梨	梨
31	桃	桃
32	枣	枣
33	杏	杏
34	其他水果	梅；杨梅；草莓；黑豆果；橄榄；樱桃；李子；猕猴桃；香蕉；椰子；菠萝；柾果；番石榴；荔枝；龙眼；杨桃；波罗蜜；火龙果；红毛丹；西番莲；莲雾；面包果；榴梿；山竹；海枣；柿；枇杷；石榴；桑葚；酸浆；沙棘；山楂；无花果；蓝莓
35	核桃	核桃
36	板栗	板栗
37	其他坚果	榛子；瓜子；杏仁；咖啡；椰子；银杏果；芡实（米）；腰果；槟榔；开心果；巴旦木果
豆类与其他油料作物		
38	大豆	大豆
39	其他油料作物	油菜籽；芝麻；花生；茶籽；葵花籽；红花籽；油棕果；亚麻籽；南瓜子；月见草籽；大麻籽；玫瑰果；琉璃苣籽
花卉		
40	花卉	菊花；木槿花；芙蓉花；海棠花；百合花；茶花；茉莉花；玉兰花；白兰花；栀子花；桂花；丁香花；玫瑰花；月季花；桃花；米兰花；珠兰花；芦荟；牡丹；芍药；牵牛；麦冬；鸡冠花；凤仙花；百合；贝母；金银花；荷花；藿香蓟；水仙花；蜡梅
香辛料作物产品		
41	香辛料作物产品	花椒；青花椒；胡椒；月桂；肉桂；丁香；众香子；香荚兰豆；肉豆蔻；陈皮；百里香；迷迭香；八角茴香；球茎茴香；孜然；小茴香；甘草；百里香；枯茗；薄荷；姜黄；红椒；藏红花

续表

序号	产 品 名 称	产 品 范 围
制糖植物		
42	制糖植物	甘蔗；甜菜；甜叶菊
其他类植物		
43	青饲料植物	苜蓿；黑麦草；芜菁；青贮玉米；绿萍；红萍；羊草
44	纺织用的植物原料	棉；麻
45	调香的植物	香水莲；薰衣草；迷迭香；柠檬香茅；柠檬马鞭草；藿香；鼠尾草；小地榆；天竺葵；紫丁香；艾草；佛手柑
46	野生采集的植物	蕨菜；刺嫩芽；猫瓜子；猴腿；广东菜；叶芹菜；山核桃；松子等；沙棘；蓝莓等；羊肚菌；松茸；牛肝菌；鸡油菌等；板蓝根；月见草；蒲公英；红花；贝母；灰树花；当归；葛根；石耳等
47	茶	茶
种子与繁殖材料		
48	种子与繁殖材料	种子；繁殖材料(仅限本目录列出的植物类种子及繁殖材料)
植物类中药		
49	植物类中药	三七；大黄；婆罗门参；人参；西洋参；土贝母；黄连；板蓝根；黄芩；菟丝子；牛蒡根；地黄；桔梗；槲寄生；钩藤；通草；土荆皮；白鲜皮；地骨皮；肉桂；杜仲；牡丹皮；五加皮；银杏叶；石韦；石南叶；枇杷叶；苦丁茶；柿子叶；罗布麻；枸骨叶；合欢花；红花；辛夷；鸡冠花；洋金花；藏红花；金银花；大草蔻；山楂；女贞子；山茱萸；五味子；巴豆；牛蒡子；红豆蔻；川楝子；沙棘；大蓟；广藿香；小蓟；马鞭草；龙葵；长春花；仙鹤草；白英；补骨脂；羊栖菜；海蒿子；冬虫夏草；茯苓；灵芝；石斛
畜禽类		
活体动物		
50	肉牛（头）	肉牛
51	奶牛（头）	奶牛
52	乳肉兼用牛（头）	乳肉兼用牛
53	绵羊（头）	绵羊
54	山羊（头）	山羊
55	马（头）	马
56	驴（头）	驴
57	猪（头）	猪
58	鸡（只）	鸡

序号	产 品 名 称	产 品 范 围
59	鸭(只)	鸭
60	鹅(只)	鹅
61	其他动物(头/只)	兔;羊驼;鹌鹑;火鸡;鹿;蚕;鹧鸪;骆驼;鸵鸟
动物产品或副产品		
62	牛乳	牛乳
63	羊乳	羊乳
64	马乳	马乳
65	其他动物产品	驴奶;骆驼奶
66	鸡蛋(枚)	鸡蛋
67	鸭蛋(枚)	鸭蛋
68	其他禽蛋(枚)	鹌鹑蛋;鸵鸟蛋;鹅蛋
69	动物副产品	毛;绒
水产类		
鲜活鱼		
70	海水鱼(尾)	文昌鱼;鳗;鲱鱼;鲇鱼;鲑;鳕鱼;鲉;鲈;黄鱼;鲷;鳗鲡;鲷;鲀;鲈鱼;鲆;鲽鱼;鳟
71	淡水鱼(尾)	青鱼;草鱼;鲢鱼;鳙鱼;鲤鱼;鳜鱼;鲟鱼;鲫鱼;鲶鱼;鲌鱼;黄鳝;鳊鱼;罗非鱼;鲂鱼;鲴鱼;乌鳢;鲳鱼;鳗鲡;鳜鱼;鲮;鲴鱼;鲵;鲇;梭鱼
甲壳与无脊椎动物		
72	虾类(吨)	虾
73	蟹类(只)	绒螯蟹;三疣梭子蟹;红螯相手蟹;锯缘青蟹
74	无脊椎动物	牡蛎;鲍;螺;蛤类;蚶;河蚬;蛏;西施舌;蛤蜊;河蚌;海蜇;海参;卤虫;环刺蝎
水生脊椎动物		
75	鳖(只)	鳖
水生植物		
76	海藻和海草类	海带;紫菜;裙带菜;麒麟菜;江蓠;羊栖菜;海苔;螺旋藻
加工		
肉制品及副产品加工		
77	冷鲜肉	猪;牛;羊;鸭;鸡;鹅;鹿;驴;兔;鸵鸟
78	加工肉制品	牛肉制品;猪肉制品;羊肉制品;鸭肉制品;鸡肉制品;鹅肉制品;鹿肉制品;鸵鸟肉制品

续表

序号	产品名称	产品范围
水产品加工		
79	冷鲜鱼	文昌鱼；鳗；鲱鱼；鲇鱼；鲑；鳕鱼；鲉；鲈；黄鱼；鲷；鳗鲡；鲷；鲀；鲈鱼；鲆；鲽鱼；鳟；青鱼；草鱼；鲢鱼；鳙鱼；鲤鱼；鳜鱼；鲟鱼；鲫鱼；鲶鱼；鲌鱼；黄鳝；鳊鱼；罗非鱼；鲂鱼；鲷鱼；乌鳢；鲳鱼；鳗鲡；鳡鱼；鲮；鮰鱼；鲹；鲇；梭鱼；鲍鱼；虾
80	加工鱼制品	加工鱼制品
81	其他水产加工制品（包括海草类）	海参；海胆；扇贝；小龙虾；海带；紫菜；裙带菜；麒麟菜；江蓠；羊栖菜；海苔
加工或保藏的蔬菜		
82	冷冻蔬菜	速冻蔬菜
83	保藏蔬菜	保藏蔬菜
84	腌渍蔬菜	盐渍菜；糖渍菜；醋渍菜；酱渍菜；
85	脱水蔬菜	蔬菜干制品
86	蔬菜罐头	蔬菜罐头
果汁和蔬菜汁		
87	果汁（浆）	果汁；果浆
88	蔬菜汁	蔬菜汁
加工和保藏的水果和坚果		
89	保藏的水果和坚果	枣
90	冷冻水果	冷冻水果
91	冷冻坚果	冷冻板栗
92	果酱	果酱
93	烘焙或炒的坚果	松子；核桃（仁）；杏（仁）；葵花籽（仁）；五香瓜子；榛子（仁）；花生
94	其他方法加工及保藏的水果和坚果	坚果粉（粒；片）
植物油加工		
95	食用植物油	豆油；茶籽油；核桃油；麻籽油；葵花籽油；菜籽油；芝麻油；玉米油；橄榄油；花生油；月见草油；琉璃苣油；亚麻油；沙棘果油；沙棘籽油；苦荞籽油；红花籽油；南瓜子油；葡萄籽油；小麦胚芽油；紫苏籽油；杏仁油；石榴籽油；芥子油
植物油加工副产品		
96	植物油加工副产品	植物油加工副产品

续表

序号	产品名称	产品范围
经处理的液体奶或奶油		
97	经处理的液体乳	牛奶
其他乳制品		
98	乳粉类	奶粉
99	发酵乳	酸奶
谷物磨制		
100	小麦(粉)	小麦;小麦粉
101	玉米(粉)	玉米;玉米粉
102	大米(粉)	大米;米粉
103	小米(粉)	小米;小米粉
104	其他谷物碾磨加工品	豆粉;苦荞米(粉);麦片(粉);苏子粉;芝麻粉;麦麸;糁;薏米;青稞粉;大麦苗粉;糊;燕麦粉
淀粉与淀粉制品		
105	淀粉	淀粉
106	淀粉制品	粉丝
107	豆制品	豆制品
加工饲料		
108	加工的植物性饲料	植物性饲料
109	加工的动物性饲料	动物性饲料
烘焙食品		
110	饼干及面包	饼干;面包
面条等谷物粉制品		
111	米面制品	面制品;米制品
112	方便食品	粮食制品
不另分类的食品		
113	茶	红茶;黑茶;绿茶;花茶;乌龙茶;白茶;黄茶
114	代用茶	苦丁茶;杜仲茶;柿叶茶;桑叶茶;银杏叶茶;野菊花茶;野藤茶;菊花茶;薄荷;大麦茶
115	咖啡	咖啡
116	保藏的去壳禽蛋及其制品	禽蛋及其制品
117	调味品	芝麻盐;麻汁;五香粉;胡椒粉;酱油;豆瓣酱;醋

续表

序号	产 品 名 称	产 品 范 围
118	植物类中草药加工制品(颗粒/饮片)	三七；大黄；婆罗门参；人参；西洋参；土贝母；黄连；板蓝根；黄芩；菟丝子；牛蒡根；地黄；桔梗；槲寄生；钩藤；通草；土荆皮；白鲜皮；地骨皮；肉桂；杜仲；牡丹皮；五加皮；银杏叶；石韦；石南叶；枇杷叶；苦丁茶；柿子叶；罗布麻；枸骨叶；合欢花；红花；辛夷；鸡冠花；洋金花；藏红花；金银花；大草蔻；山楂；女贞子；山茱萸；五味子；巴豆；牛蒡子；红豆蔻；川楝子；沙棘；大蓟；广藿香；小蓟；马鞭草；龙葵；长春花；仙鹤草；白英；补骨脂；羊栖菜；海蒿子；冬虫夏草；茯苓；灵芝
白酒		
119	白酒	白酒
葡萄酒和果酒等发酵酒		
120	葡萄酒	红葡萄酒；白葡萄酒
121	果酒	果酒；水果红酒/冰酒/干酒
122	黄酒	黄酒
123	米酒	米酒
124	其他发酵酒	红曲酒
啤酒		
125	啤酒	啤酒
纺纱用其他天然纤维		
126	纺纱用其他天然纤维	竹纤维；蚕丝
服装		
127	纺织制成品	纱；线；丝及其制品

六、有机食品的认证程序

有机产品认证，是指经过授权的认证机构按照有机产品国家标准和相关规定对有机产品生产和加工过程进行评价的活动，以规范化的检查为基础，包括实地检查、质量保证体系的审核和最终产品的检测，并以有机产品认证证书的文件形式予以确认。

(一)有机认证主管单位

不同于无公害农产品以及绿色食品的认证，有机产品认证属于独立第三方认证。我国的有机产品认证开始于 20 世纪 90 年代初，最初由国家环境保护(总)局"国家有机食品认证认可委员会"负责有机产品认证机构的管理与认可。以 2002 年 11 月 1 日《中华人民共和国认证认可条例》的正式颁布实施为起点，有机产品认证工作由国家认监委统一管理，进入规范化阶段。

到目前为止，经国家认监委认可的专职或兼职有机认证机构总共有 31 家(每年数据会有变化)。如中国质量认证中心、中绿华夏有机食品认证中心、南京国环有机产品认证中心，等等。

(二)有机认证流程

有机认证属于产品认证的范畴，虽然各认证机构的认证程序有一定差异，但根据《中华人民共和国认证认可条例》、国家质检总局《有机产品认证管理办法》、国家认监委《有机产品认证实施规则》和中国认证机构国家认可委员会《产品认证机构通用要求：有机产品认证的应用指南》的要求以及国际通行做法，有机产品认证的模式通常为"过程检查＋必要的产品和产地环境检测＋证后监督"，认证程序一般包括认证申请和受理、现场检查准备与实施、认证决定、认证后管理这些主要流程。

1. 申请与受理

(1)申请。对于申请有机产品认证的单位或者个人，根据有机产品生产或者加工活动的需要，可以向有机产品认证机构申请有机产品生产认证或者有机产品加工认证。根据《有机产品认证管理办法》和《有机产品认证实施规则》等的规定，认证委托人应当向有机产品认证机构提出书面申请，并提交下列材料：

①认证委托人的合法经营资质文件复印件。如营业执照副本、组织机构代码证、土地使用权证明及合同等。

②认证委托人及其有机生产、加工、经营的基本情况。包括认证委托人名称、地址、联系方式；当认证委托人不是产品的直接生产、加工者时，生产、加工者的名称、地址、联系方式；生产单元或加工场所概况；申请认证产品名称、品种及其生产规模包括面积、产量、数量、加工量等；同一生产单元内非申请认证产品和非有机方式生产的产品的基本信息；过去3年间的生产历史，如植物生产的病虫草害防治、投入物使用及收获等农事活动描述；野生植物采集情况的描述；动物、水产养殖的饲养方法、疾病防治、投入物使用、动物运输和屠宰等情况的描述；申请和获得其他认证的情况。

③产地(基地)区域范围描述。包括地理位置、地块分布、缓冲带及产地周围临近地块的使用情况等；加工场所周边环境描述、厂区平面图、工艺流程图等。

④申请认证的有机产品生产、加工规划。包括对生产、加工环境适宜性的评价，对生产方式、加工工艺和流程的说明及证明材料，农药、肥料、食品添加剂等投入物质的管理制度以及质量保证、标识与追溯体系建立、有机生产加工风险控制措施等。

⑤本年度有机产品生产、加工计划，上一年度销售量、销售额和主要销售市场等。

⑥承诺守法诚信，接受行政监管部门及认证机构监督和检查，保证提供材料真实、执行有机产品标准、技术规范的声明。

⑦有机生产、加工的管理体系文件。

⑧有机转换计划(适用时)。

⑨当认证委托人不是有机产品的直接生产、加工者时，认证委托人与有机产品生产、加工者签订的书面合同复印件。

⑩其他相关材料。

在此期间，认证机构应当对申请者提出的认证申请进行评审，重点关注申请是否符合有机认证基本要求以及相关文件和资料是否齐全，明确该申请是否符合申请条件。另外，明确该申请是否处在本认证机构的认可范围、能力范围或资源范围之内，以及完成该项认证所需的资源和时间等，并在规定的时间内做出是否受理的决定。在此基础上，认证机构和申请者之间应当签订正式的书面认证协议，明确认证依据、认证范围、认证费用、现场检查日期、双方责任、证书使用规定、违约责任等事项。

(2)受理。认证机构应当于自收到申请人书面申请之日起，10个工作日内完成对申请材料的评审，并做出是否受理的决定。

申请材料齐全、符合要求的，予以受理认证申请，认证机构与申请人签订认证合同；不予受理的，应当书面通知认证委托人，并说明理由。认证机构的评审过程应确保：认证要求规定明确、形成文件并得到理解；和认证委托人之间在理解上的差异得到解决；对于申请的认证范围、认证委托人的工作场所和任何特殊要求有能力开展认证服务，认证机构应保存评审过程的记录。

2. 检查准备与实施

认证协议签订后，认证机构即安排相关人员对该项认证进行策划，根据申请者的专业特点和性质确定认证依据，选择并委派进行现场检查的检查员组成检查组，每个检查组应至少有一名相应认证范围注册资质的专业检查员。对同一认证委托人的同一生产单元不能连续3年以上(含3年)委派同一检查员实施检查。

认证机构应向检查员提供充分的信息，以便检查员为检查实施做适当准备。针对申请者递交的有机产品认证所需要的文件资料，认证机构或检查组一般要对其符合性、完整性和充分性进行审核和基本判定。文件审核时应重点关注有机生产技术规程、有机加工操作规程、与保持有机完整性有关的基本情况及其控制程序、产品检测报告，以及法律、法规的基本要求，等等。文件审核结束后，应将审核意见编制成文件审核报告，并提交给申请者。若申请者提交的文件不能完全符合要求时，一般要求申请者在双方确定的现场检查日期前将文件审核报告中提出的不符合内容全部纠正完毕，也可安排检查员在现场检查中进行验证。

现场检查分为例行检查和非例行检查。例行检查包括首次认证检查和例行换证检查，也称监督检查，例行检查每年至少1次。非例行检查是在获证者中按一定比例随机抽取检查对象或对被举报对象进行的不通知检查，也称飞行检查。对于产地(基地)的首次检查，检查范围应不少于2/3的生产活动范围。对于多农户参加的有机生产，访问的农户数不少于农户总数的平方根。

检查组根据文件审核评审的结果和相关信息，对现场检查进行策划，并与受检查方保持密切的沟通，确定检查的范围、场所、日期及检查组的分工等。现场检查计划一般以书面形式通知受检查方并获得确认。

对受检查方的有机生产或加工场所进行现场检查是有机产品认证的核心环节。检查时间应当安排在申请认证产品的生产、加工的高风险阶段，通常在认证产品的收获前或加工期间进行。特别是对农产品的检查，应在作物和畜禽的收获或屠宰以前进行。

现场检查的主要工作内容是对受检查方的有机生产和加工、包装、仓储、运输、销售等过程及其场所进行检查和核实，评价这些过程是否符合认证依据的要求，技术措施和管理体系能否保证有机产品的质量，评估是否存在破坏有机完整性的风险，审核记录保持系统是否具有可追溯性，收集与支持认证决定有关的证据和材料，等等。

现场检查的另一项重要工作是对受检查方的有机生产或加工的能力和规模进行核实，核算认证年度中有机作物、畜禽等生产或加工产品的种类及其数量，以便在有机产品证书上予以明确界定。

现场检查包括对转换期的追溯核查、平行生产、转基因产品的核查，也包括对特殊情况和范围的检查如小农户的检查、投入物的核查等，以确认生产、加工过程与认证依据标准的符合性。检查过程至少应包括：

①对生产、加工过程和场所的检查，如生产单元存在非有机生产或加工时，也应对其非有机部分进行检查。

②对生产、加工管理人员、内部检查员、操作者的访谈。

③对 GB/T 19630.4 所规定的管理体系文件与记录进行审核。

④对认证产品的产量与销售量的汇总核算。

⑤对产品和认证标志追溯体系、包装标志情况的评价和验证。

⑥对内部检查和持续改进的评估。

⑦对产地和生产加工环境质量状况的确认，并评估对有机生产、加工的潜在污染风险。

⑧样品采集。

⑨适用时，对上一年度认证机构提出的不符合项采取的纠正和/或纠正措施进行验证。

在结束检查前，对检查情况进行总结，向受检查方及认证委托人明确并确认存在的不符合项，对存在的问题进行说明。

在完成现场检查后，根据现场检查发现，编制并向认证机构递交公正、客观和全面的关于认证要求符合性的检查报告。

3. 合格评定与认证决定

认证机构应根据评价过程中收集的信息、检查报告和其他有关信息，评价所采用的标准等认证依据及法律法规的适用性和符合性、现场检查的合理性和充分性、检查报告及证据和材料的客观性、真实性和完整性，等等，并重点进行有机生产和加工过程符合性判定、产品安全质量符合性判定以及判定产品质量是否符合执行标准的要求，并最终做出能否发放证书的决定。

申请人的生产活动及管理体系符合认证标准的要求，认证机构予以批准认证。生产活动、管理体系及其他相关方面不完全符合认证标准的要求，认证机构提出整改要求，申请人已经在规定的期限内完成整改或已经提交整改措施并有能力在规定的期限内完成整改以满足认证要求的，认证机构经过验证后可以批准认证。

申请人的生产活动存在以下情况之一，认证机构不予批准认证：

①提供虚假信息，不诚信的。

②未建立管理体系，或建立的管理体系未能有效实施。

③生产加工过程使用了禁用物质或者受到禁用物质污染的。

④产品检测发现存在禁用物质的。

⑤申请认证的产品质量不符合国家相关法规和/或标准强制要求的。

⑥存在认证现场检查场所外进行再次加工、分装、分割情况的。

⑦一年内出现重大产品质量安全问题或因产品质量安全问题被撤销有机产品认证证书的。

⑧未在规定的期限完成不符合项纠正或者(和)纠正措施，或者提交的纠正或者(和)纠正措施未满足认证要求的。

⑨经监(检)测产地环境受到污染的。

⑩其他不符合本规则和(或)有机标准要求,且无法纠正的。

认证机构应当按照认证依据的要求及时做出认证结论,并保证认证结论的客观、真实。对不符合认证要求的,应当书面通知申请人,并说明理由。根据相关认可准则的规定,认证决定可以由认证机构委托的一组人(一般称作颁证委员会、技术委员会)或某个人做出。认证机构应当对其做出的认证结论负责。

4.监督和管理

有机产品认证证书有效期为一年。获证者应当在有效期期满前向认证机构申请年度换证,认证机构将由此启动监督换证检查程序。认证机构应当按照规定对获证单位和个人、获证产品、生产及变更情况等进行有效跟踪检查,即年度换证例行检查。例行检查至少一年一次。

申请人应及时就产品更改、生产过程更改或区域扩大,管理权或所有权等更改通知认证机构。

监督检查还包括非例行检查,非例行检查不应事先通知。非例行检查的对象和频次等可基于有关认可规则和认证机构对风险的判断及来源于社会、政府、消费者对获证产品的信息反馈。

根据需要定期或不定期进行产地(基地)环境检测和产品样品检测,保证认证、检查结论能够持续符合认证要求。

根据有关规定,认证机构在发放证书时应当告知获证者有关证书变更、重新申请、证书撤销、注销、暂停等管理规定或事项。

①证书变更:获证者在有机产品认证证书有效期内,发生下列情形之一的,应当向认证机构办理变更手续。

a)获证单位或者个人、有机产品生产、加工单位或者个人发生变更的;

b)产品种类变更的;

c)有机产品转换期满,需要变更的。

②重新申请证书:获证者在有机产品认证证书有效期内,发生下列情形之一的,应当向有机产品认证机构重新申请认证。

a)产地(基地)、加工场所或者经营活动场所发生变更的;

b)其他不能持续符合有机产品标准、相关技术规范要求的;

③证书撤销、注销、暂停的规定:获证者发生下列情形之一的,认证机构应当及时做出暂停、注销、撤销认证证书的决定。

a)获证产品不能持续符合有机产品标准、相关技术规范要求的;

b)获证单位或者个人、有机产品生产、加工单位发生变更的;

c)产品种类与证书不相符的;

d)证书超过有效期的;

e)未按规定加施或者使用有机产品标准的;

对于撤销和注销的证书,有机产品认证机构应当予以收回。

(三)迎接有机认证方法

有机认证机构在接到申请者的书面申请后,应当对申请材料进行评审,如申请材料齐全符合受理条件的，认证机构可直接受理，否则可不受理或要求申请者补充、修改，直至符合要求为止。在正式受理认证申请之后，认证机构就会安排相关人员对该项认证进行策划，并及时安排现场检查。

企业和个人要想成功申报有机食品认证，主要要注意三件事：(1)有机认证材料要符合要求；(2)基地和加工厂要能接受检查官的现场检查；(3)要有具备有机生产管理资质的相关人员。

1. 熟悉标准，了解标准中允许使用的物质和禁止使用的物质以及技术方面的要求

我国已于 2012 年 3 月 1 日起实施有机产品新标准(GB/T 19630—2011)。管理者、基地负责人和内部检查员应参加有机培训，以便系统了解有机生产的技术要求和相关知识。有机生产者尤其有机生产管理者和内部检查员必须充分理解和透彻掌握有机标准条款和具体要求，并随时接受检查组的询问。

2. 文件材料准备

申请者在接受认证机构的检查之前，要积极配合认证机构提供有关的文件材料。根据质量管理的理念，制定并实施有机质量管理体系文件。文件包括四个方面，第一是有机转换证明材料，说明你已经进行过相应的有机生产。例如，一年生作物在播种前至少需要两年的转换期，而多年生作物(牧草除外)在第一次收获有机产品之前至少需要三年的转换期。也就是说，您如果希望产品获得有机认证，必须确保在转换期内的生产要求符合有机标准并有足够的证据来证明。第二是质量手册，说明企业内部整体的管理方式，如管理方针、组织机构、内部审核等。第三是程序文件或作业指导书，比如"××作物的有机生产规程"，是指导企业进行有机生产的内部标准。第四是记录，即所有生产、加工、经营活动的记录，比如有机肥的购买单据等。文件没有统一规定的格式，企业可以根据自己的实际情况灵活编制实施。检查员将在现场核实文件内容是否与实际生产活动一致。

申请者最好在接受检查组(员)检查前进行一次全面的自检。

3. 设施、人员等方面的准备

有机生产地点；有机作物、动物的生长状况；有机和常规的隔离措施；有机生产对周围环境的影响以及环境对于有机生产的影响等。管理人员、内部检查员和生产加工人员对有机农业和标准的理解，以及根据标准活动的实施情况。

4. 检查现场的准备

对受检查的现场和设施进行检查，确保一切处于受控状态。应在作物收获前接受接受检查组的现场检查；加工厂的检查应安排在产品加工期间进行。

农场：地块、作物、种子/种苗、培育种苗的设施、温棚、灌溉水、灌溉设置、土壤培肥物质(叶面肥料、外购商品有机肥、自制堆肥、生物活性制剂等)、病虫草害控制物质(植物源农药、微生物农药、矿物性农药、植物生长调节剂、杀虫剂等)、畜禽、缓冲带及缓冲带内种植的作物、农场生产设备(收割机、喷雾器等)、运输工具、农场内简易加工设备、包装材料、仓库和用于仓库有害生物控制的物质等。

加工厂：原(辅)料(有机配料、非有机配料、添加剂和加工助剂)、加工设备、水源、水质报告、锅炉房、锅炉水处理剂、锅炉除垢剂、有害生物防治设施(诱捕器、杀虫灯)和控制物质、卫生清洁消毒物质、原料收货区、产品搬运区、生产区、包装区、装货区、包装材料仓库、原料仓库、半成品仓库、成品仓库、厂外仓库、运输工具、废料(废渣、废

水和废气)处理场所、分析化验室等。

5. 落实受访谈人员

要求在检查组(员)进行现场检查时相关人员在场,以便检查组能够与其进行充分交流,能够获得客观、真实的信息、事实及证据。

6. 落实后勤安排

申请者应指定陪同人员,并对办公、交通和就餐做出相应安排。

七、有机食品现场检查

对申请者申请认证的有机生产或加工场所进行现场检查是有机产品认证工作的核心环节。现场检查分为例行检查和非例行检查。例行检查包括首次认证检查和例行换证检查,也称监督检查,例行检查每年至少 1 次。非例行检查是在获证者中按一定比例随机抽取检查对象或对被举报对象进行的不通知检查,也称飞行检查。对于产地(基地)的首次检查,检查范围应不少于 2/3 的生产活动范围。对于多农户参加的有机生产,访问的农户数不少于农户总数的平方根。

现场检查的主要工作内容是对受检查方的有机生产和加工、包装、仓储、运输、销售等过程及其场所进行检查和核实,评价这些过程是否符合认证依据的要求;技术措施和管理体系能否保证有机产品的质量,评估是否存在破坏有机完整性的风险;审核记录保持系统是否具有可追溯性,收集与支持认证决定有关的证据和材料;等等。

现场检查的另一项重要工作是对受检查方的有机生产或加工的能力和规模进行核实,核算认证年度中有机作物、畜禽等生产或加工产品的种类及其数量,以便在有机产品证书上予以明确界定。

图 9-1 所示为有机产品认证检查的流程。

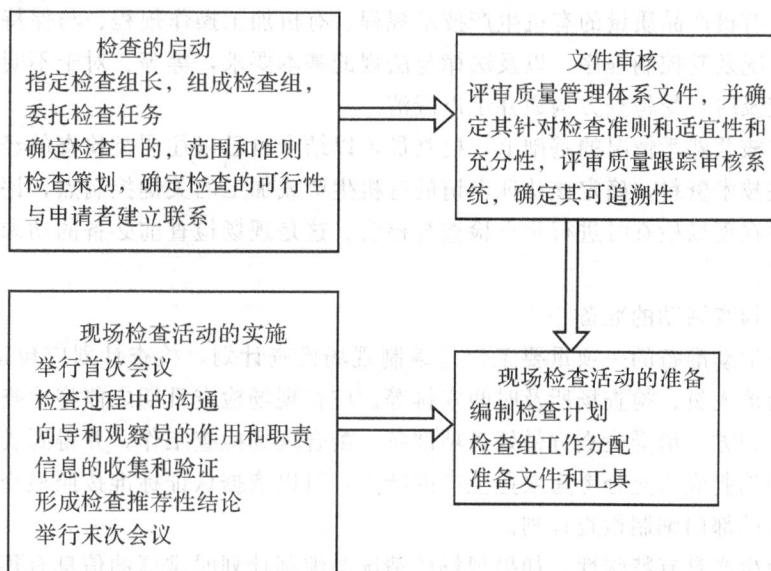

图 9-1　有机产品认证检查的流程

(一)检查的启动

认证机构在受理申请后,首先应根据申请者的专业特点和性质确定认证依据,然后选择并委派进行现场检查的检查员，组成检查组，向检查组下达检查任务，这些工作标志着检查活动的开始。检查组由国家注册的有机产品认证检查员组成，必要时配备相应领域的技术专家。

认证机构在检查前应下达检查任务书，检查任务书的内容包括但不限于：

1. 申请人的联系方式、地址等；

2. 检查依据，包括认证标准和其他相关法律、法规；

3. 检查范围，包括检查产品种类和产地(基地)、加工场所等；

4. 检查要点，包括管理体系、追踪体系和投入物的使用等；对于上一年度已获得认证的单位或者个人，应重点检查其对前次检查提出的整改意见的执行情况等。

认证机构根据检查类别，委派具有相应资质和能力的检查员，并应征得受检查方的同意，但受检查方不得指定检查员。对同一受检查方不能连续三年委派同一检查员实施检查。

(二)文件审核

在接受认证机构的委托之后，检查组要对即将实施的认证检查进行整体的策划，对各阶段的工作目标、活动等计划做出周到的安排，使得全部检查活动能够有条不紊地展开。

首先，应仔细检查和阅读认证机构移交的文件资料，熟悉申请者的情况。多数情况下，认证机构在委托现场检查任务的同时，也将文件审核的任务委托给从事现场检查的检查组(有的认证机构是在委托检查前由专人实施文件审核)，把文件审核与检查前的准备工作有机地结合起来，在对受检查方递交的有机产品认证所需要文件资料的符合性、完整性、充分性进行审核和基本判定的同时，熟悉受检查方的基本情况。文件审核时应重点了解申请认证的地块或场所的分布情况，产地环境条件和生态状况，作物或畜禽的种类及其生产方式或模式，终端产品的形式及其销售状况，以往的产品质量和卫生检测情况，还应重点关注支撑有机产品质量的有机生产技术规程、有机加工操作规程、与保持有机完整性有关的基本情况及其控制程序，以及法律与法规的基本要求，等等。对于不明确或者有疑问的地方，应及时与受检查方沟通并予以澄清。

在文件审核并熟悉情况的基础上，检查员可以结合自己以往同类检查的经验，并在必要时查阅相关技术资料，确定该认证申请的有机生产或加工的关键控制点，评估可能存在的风险，以便在现场检查时进行重点检查与核实。这是现场检查前必备的功课，但往往会被检查员忽视。

(三)现场检查活动的准备

现场检查活动准备的一项重要工作是编制现场检查计划，检查计划应包括检查依据、检查内容、访谈人员、检查场所及时间安排等。应在现场检查日期之前将检查计划以书面形式通知受检查方，请受检查方做好各项准备，配合现场检查工作，并得到受检查方的确认。检查计划编制应当充分考虑农业生产的特点，可以依据认证标准按照检查要素、生产过程或申请者的部门编制检查计划。

由于农业生产具有特殊性，如果现场的情况与编制计划时掌握的信息有很大出入，允许现场修改或调整检查计划，但应征得申请方的同意。

检查准备工作还包括备齐必要的资料和物品，如认证标准和相关法律与法规、调查表格、检查表、检查报告母本、前一年的检测报告及认证建议等(适用时)，必备的文具、相机、采样用品(样品袋、标签等)、野外活动必要的用具和简单的急救药品，等等。

(四)现场检查活动的实施

现场检查的目的是根据认证依据的要求对受检查方申请认证产品的生产、加工等相关活动进行检查、核实和评估，确定生产过程的操作活动及其产品与相关标准的符合程度。

在首次见面会上，检查组应向受检查方明确检查的目的、依据、范围及检查的方法和程序，就检查计划与申请方进一步沟通并予以确认，请受检查方确定作为向导、桥梁和见证作用的陪同人员，确认检查所需要的资源，向受检查方做出保密承诺，说明整改意见、不符合项、认证推荐等规定。

检查组的工作主要是在受检查方的现场，对照检查依据，检查有机生产和加工、包装、储存、运输等全过程及其场所，核实保证有机生产过程的技术措施与管理措施，核对产品检测报告，对相关技术文件和管理体系文件进行风险评估，收集与认证相关的证据和资料。对于初次认证，应重点检查质量保证体系和投入物的使用；对于年度复查，应侧重于质量跟踪体系及对前次检查中提出的改进要求的执行情况。

1. 核实

提供给检查员的材料是否完整、真实；生产或加工的产品是否与申请认证的内容相一致；种植、养殖或加工的场所及其位置、面积和生产能力如何；作物种植、动物养殖或有机加工的方法和模式是否与申报的相一致；在认证年度内的产量；相关法律与法规的要求是否满足；等等。

2. 检查

相关的场所和设施(农田、家畜、设备、建筑物等)；边界和可能的污染物，农场的生态环境及周边环境情况；作物病、虫、草害防治管理和动物疾病治疗和预防管理；投入物及其储藏地点；投入物的使用方法和频次；产品的收获、储藏、运输和销售方式，等等。

3. 访谈

与生产管理人员、质量控制人员、生产操作者进行交流和访谈，了解他们对有机标准的理解程度，是否受过有机知识培训以及是否具有相关资质等情况，以及具体的管理、实施和操作等方面的情况。访谈强调一定要与一线生产操作者交流，以期获得客观、真实的信息、事实及证据。

4. 分析和评估

对照认证依据分析并评估作物或动物的生长和生产情况；土壤肥力的管理，饲料、添加剂、农药和兽药的管理；有害生物的管理(杂草、病虫和动物等)；畜禽疾病的治疗和预防的管理；生产或加工过程中的有机控制点和有机完整性；生产或加工过程中的不符合性及其纠正措施与效果；等等。

5. 审核

审核记录系统及其可追溯性，包括：

(1)初次检查的农场，其最后一次使用禁用物质的日期及受其影响的地块、动植物和产品。

(2)申请转换期的土地，检查其前三年生产的详细记录，包括耕作、施肥及病虫草害防治记录。

(3)产品品种及产量记录。

(4)种子、种苗、种畜禽等繁殖材料的种类、生物学特性、来源、数量等信息。

（5）按地块或面积施用堆肥的来源、类型、堆制处理方法和原材料使用量比例。

（6）为控制病虫草害而施用的物质的名称、来源、使用方法和使用时间。

（7）所有农业投入物的产地、性质和数量（不论有机或非有机），包括判别集装箱和包装完整性的检验记录。

（8）畜禽场（及养蜂场）要有完整的库存登记表。包括所有进入该单元动物的详细内容：品种、产地、进入日期、有机状态和过去有关兽医治疗的细节。还必须提供所有的出栏畜禽的详细资料，年龄、屠宰时的重量、标志及目的地等。

（9）畜禽场关于所有兽药的使用情况记录。检查组一般在现场检查结束前向受检查方通报和确认检查的结果，包括整改意见和不符合项，也可以是以随后出具检查报告的形式告知受检查方。受检查方应在认证机构规定的期限内予以纠正，由于客观原因（如农时、季节等）而在短期内不能完成纠正的，会要求受检查方对实施纠正的措施和完成纠正的时间做出承诺。认证机构（或委托的检查组）会对纠正情况进行有效性验证。检查组可以提出不符合项，但不应对申请者是否通过认证做出全面结论。

（五）检查报告的编制

在完成现场检查后，检查组根据现场检查发现，编制并向认证机构递交公正、客观和全面的关于认证要求符合性的检查报告。各认证机构一般都设计有固定的检查报告格式，有表格形式的，有叙述格式的，也有兼容两种格式的，主要是为了便于报告撰写者对有机认证关键控制点的描述，做到准确且全面。一般认证机构还要求在检查报告中依照认证依据和判定规则，对有机生产和加工过程、产品质量和安全质量等的符合性做出判定，提出是否予以颁证的推荐性意见。

在撰写检查报告的同时，检查组或检查员还要整理在现场检查中收集到的各种证据和材料，将它们有逻辑地组织起来，用以支持检查报告中叙述的检查发现、观点和结论等。

认证机构或检查组及时将完整的检查报告通知受检查方，有的认证机构还要求受检查方对检查报告的实事和结果等予以确认，有异议时可以要求认证机构予以澄清。

八、有机认证证书与跟踪监督

对符合有机产品认证要求的，认证机构应当向申请人出具有机产品认证证书，并准许其使用有机产品认证标志。从2014年4月1日起正式实施的新版《有机产品认证管理办法》明确规定，即日起取消"有机转换"认证标志，今后市场上只会出现有机产品。

（一）有机认证证书

虽然各认证机构证书的式样或格式有所区别，但根据《有机产品认证管理办法》，证书的主要内容应当包括以下几个方面：

1. 获证单位名称、地址；

2. 获证产品的数量、产地面积和产品种类；

3. 有机产品认证的类别；

4. 依据的标准或者技术规范；

5. 有机产品认证标志的使用范围、数量、使用形式或者方式；

6. 颁证机构、颁证日期、有效期和负责人签字；

有机产品认证证书有效期为一年。因此，获证单位应在证书到期前3个月及时办理年度复评手续。

根据有关规定，认证机构在发放证书时应当告知获证者有关证书变更、重新申请、证书撤销、注销、暂停等规定或事项。

证书变更：获证者在有机产品认证证书有效期内，发生下列情形之一的，应当向认证机构办理变更手续：

1. 获证单位或者个人、有机产品生产、加工单位或者个人发生变更的；

2. 产品种类变更的；

3. 有机产品转换期满，需要变更的。

重新申请证书：获证者在有机产品认证证书有效期内，发生下列情形之一的，应当向有机产品认证机构重新申请认证：

1. 产地(基地)、加工场所或者经营活动发生变更的；

2. 其他不能持续符合有机产品标准、相关技术规范要求的，

证书撤销、注销、暂停的规定：获证者发生下列情形之一的，认证机构应当及时做出暂停、注销、撤销认证证书的决定：

1. 获证产品不能持续符合标准、技术规范要求的；

2. 获证单位或者个人、有机产品生产、加工单位发生变更的；

3. 产品种类与证书不相符的；

4. 证书超过有效期的；

5. 未按规定加施或者使用有机产品标志的。

对于撤销和注销的证书，有机产品认证机构应当予以收回。

图 9-2   有机产品认证证书样本(南京国环)

(二)获证后监督管理

认证机构应对获得认证的单位或者个人、产品采取有效的管理措施，必要时实施未通

知检查，以保证持续符合认证要求。

有机产品认证证书有效期仅为一年。获证者应当在证书有效期期满前（最好是期满前3个月）向认证机构申请年度复评换证，认证机构将由此启动年度复评程序。认证机构应当按照规定对获证单位和个人、获证产品进行有效跟踪检查，即例行检查；根据需要定期或不定期进行产地（基地）环境检测和产品样品检测，保证认证、检测结论能够持续符合认证要求。

监督检查还包括非例行检查，非例行检查不应事先通知。非例行检查的对象和频次等可基于有关认可规则和认证机构对风险的判断及来源于社会、政府、消费者对获证产品的信息反馈。

实训任务

实训主题：编制有机食品标准认证内审资料。

实训组织：根据实际情况，将全班学生分为若干小组，每个小组参照"必备知识"及利用网络资源，结合任务内容再具体分工共同完成每项实训内容。（实训任务含三项内容：有机食品认证申请书编制、内部检查报告编制、有机食品认证调查表填写。）

实训成果：以每一小组为单位，每一项目出一份材料。实训课时结束时，上交材料。

实训评价：由有机食品生产企业负责人或主讲教师进行评价。（请各位编写老师结合项目自己设计评价表格）

"实训任务——编制有机食品标准认证内审资料"评价表

姓名		班级			任务	编制有机食品标准认证内审资料	
评价项目	评价内容	评价方法	分值	自评	小组评价	教师评价	
学习态度	自学充分，不迟到、早退，上课认真		10				
学习方法	设计的方案可行，操作安排统筹设计合理，材料准备充分有序		20				
教学参与	能积极参与各项教学活动，与老师、同学密切配合、步调一致		30				
目标1	能正确、规范填写有机食品认证申请书		10				
目标2	能完整、规范编制有机食品认证内部检查报告		10				
目标3	能正确、规范填写有机食品认证调查表		10				
团队协作	善于沟通，积极与他人合作完成任务		10				
权重				20	30	50	
得分							

任务 3　学习绿色食品认证

●●●● 知识目标

- 理解绿色食品及其标志的内涵，认识 A 级和 AA 级绿色食品标志
- 熟悉绿色食品标准体系
- 熟知绿色食品标志许可审查程序
- 掌握《绿色食品标志使用申请书》《调查表》填写知识点
- 熟知绿色食品申报相关材料编制要求
- 了解绿色食品标志使用要求

●●●● 技能目标

- 能够指导企业填写《绿色食品标志使用申请书》《调查表》，准备申报材料
- 能够指导企业开展绿色食品认证申请工作

必备知识

一、绿色食品的内涵和标志

1. 绿色食品的概念和分级

绿色食品是指遵循可持续发展原则，按照特定生产方式生产，经专门机构认定，许可使用绿色食品标志商标的无污染的安全、优质、营养类食品。由于与环境保护有关的事物国际上通常都冠之以"绿色"，为了更加突出这类食品出自良好生态环境，因此定名为绿色食品。

我国规定绿色食品分为 AA 级和 A 级两类。

AA 级绿色食品是指生产地的环境质量符合 NY/T 391《绿色食品　产地环境质量》的要求，生产过程中不使用化学合成肥料、农药、兽药、饲料添加剂、食品添加剂和其他有害于环境和身体健康的物质，按有机生产方式生产，产品质量符合绿色食品产品标准，经专门机构认证，许可使用 AA 级绿色食品标志的产品。

A 级绿色食品是指生产地的环境质量符合 NY/T 391《绿色食品　产地环境质量》的要求，在生产过程中严格按照绿色食品生产资料使用准则和生产操作规程要求，限量使用限定的化学合成生产资料，产品质量符合绿色食品产品标准，经专门机构认定，许可使用 A 级绿色食品标志的产品。

AA 级和 A 级绿色食品的区别见表 9-1。

表 9-1　绿色食品分级标准的区别

评价体系	AA 级绿色食品	A 级绿色食品
环境评价	采用单项指数法，各项数据均不得超过有关标准	采用综合指数法，各项环境监测的综合污染指数不得超过 1
生产过程	生产过程中禁止使用任何化学合成肥料、化学农药及化学合成食品添加剂	生产过程中允许限量、限时间、限定方法使用限定品种的化学合成物质
产品	各种化学合成农药及合成食品添加剂均不得检出	允许限量使用的化学合成物质的残留量低于国家标准或达到发达国家普通食品标准，其他禁止使用的化学物质残留不得检出
包装标志与标志编号	标志和标准字体为绿色，底色为白色，防伪标签的底色为蓝色，标志编号以 AA 结尾	标志和标准字体为白色，底色为绿色，防伪标签底色为绿色，标志编号以 A 结尾

2. 绿色食品标志

绿色食品标志是指中文"绿色食品"、英文"Greenfood"、绿色食品标志图形及这三者相互组合等四种形式，如图 9-4 所示。

图 9-4　绿色食品标志、文字组合商标

绿色食品标志图形由三部分组成，即上方的太阳，下方的叶片和中心的蓓蕾，象征自然生态；颜色为绿色，象征着生命、农业、环保；图形为正圆形，意为保护。整个图形描绘了一幅阳光照耀下的和谐生机，告诉人们绿色食品正是出自纯洁、良好生态环境中的安全无污染食品，能给人们带来蓬勃的生命力。绿色食品的标志还提醒人们要保护环境，通过改善人与环境的关系，创造自然界新的和谐。

A 级绿色食品标志与字体为白色，底色为绿色，如图 9-5 所示；AA 级绿色食品标志与字体为绿色，底色为白色，如图 9-6 所示。

图 9-5　A 级绿色食品标志　　　　图 9-6　AA 级绿色食品标志

绿色食品标志已由中国绿色食品发展中心在国家工商行政管理局注册，作为一种产品质量证明商标，其商标专用权受《中华人民共和国商标法》保护。标志使用是产品通过专门

机构认证，许可企业依法使用。绿色食品标志管理的手段包括技术手段和法律手段。技术手段是指按照绿色食品标准体系对绿色食品产地环境、生产过程及产品质量进行认证，只有符合绿色食品标准的企业和产品才能使用绿色食品标志商标；法律手段是指对使用绿色食品标志的企业和产品实行商标管理。凡从事食品生产、加工的企业，需要在某项产品上使用"绿色食品"标志的，必须依照《绿色食品标志管理办法》的有关规定提出申请，经审查符合标准的，授予《绿色食品标志使用证书》，准其使用，企业方可在指定的产品上使用"绿色食品"标志。

二、绿色食品标准体系

我国绿色食品标准是应用科学技术原理，结合绿色食品生产实践，借鉴国内外相关标准所制定的，在绿色食品生产中必须遵守，在绿色食品质量认证时必须依据的技术性文件。

绿色食品标准体系以全程质量控制为核心，对绿色食品产前、产中和产后全过程质量控制技术和指标作了全面的规定，构成了一个科学、完整的标准体系，包括绿色食品产地环境质量标准、生产技术标准、产品标准以及包装、贮藏、运输标准四部分，现行有效标准 126 项，其中通用准则类标准 16 项，产品标准 110 项。绿色食品的标准为农业部发布的推荐性行业标准，但是对于绿色食品生产企业来说为强制性执行标准。

1. 绿色食品产地环境质量标准

产地环境是绿色食品生产的基本条件，产地环境质量状况直接影响绿色食品质量，是绿色食品可持续发展的先决条件。绿色食品产地环境质量是指绿色食品植物生长地和动物养殖地的生态环境、空气质量、水环境和土壤环境质量。《绿色食品　产地环境质量》（NY/T 391—2013）是在遵循自然规律和生态学原理，强调农业经济系统和自然生态系统的有机循环的基本原则指导下，充分依据国内外各类环境标准，结合绿色食品生产实际情况，辅以大量科学实验验证，确定不同产地环境的监测项目及限量值。该标准规定了绿色食品产地的生态环境、空气质量、水质和土壤质量要求以及各项指标的检测方法。

为了规范绿色食品产品产地环境质量调查、监测、评价的原则、内容和方法，科学、正确地评价绿色食品产地环境质量，为绿色食品认证提供科学依据，农业部发布了标准《绿色食品产地环境调查、监测与评价规范》（NY/T 1054—2013），规定了绿色食品产地环境调查、监测和评价的具体要求。

2. 绿色食品生产技术标准

绿色食品生产过程的控制是绿色食品质量控制的关键环节。绿色食品生产技术标准是绿色食品标准体系的核心，它包括绿色食品生产资料使用准则和绿色食品生产技术操作规程两部分。

绿色食品生产资料使用准则是对生产绿色食品过程中物质投入的一个原则性规定，由农业部发布，全国范围内适用，它包括生产绿色食品的肥料、农药、兽药、渔药、食品添加剂和饲料添加剂的使用准则，以及动物卫生准则和畜禽饲养防疫准则等。绿色食品生产操作规程是以绿色食品生产资料使用准则为依据，按不同农业区域的生产特性、作物种类、畜禽种类分别制定，用于指导绿色食品生产活动，规范绿色食品生产技术的技术规定，只在地区范围内适用，具体包括农作物种植、畜禽饲养、水产养殖和食品加工技术操作规程。

3. 绿色食品产品标准

绿色食品产品标准是绿色食品标准体系的重要组成部分，是衡量绿色食品最终产品质量的指标尺度，它反映了绿色食品生产、管理及质量控制水平，突出了绿色食品产品无污染、安全、优质、营养的特征。绿色食品产品标准跟普通食品的标准一样，规定了产品的质量要求、各项指标的检验方法、检验规则以及标签、包装、贮藏和运输要求，其重点是产品品质要求。产品品质包括外观品质、营养品质和卫生品质，具体体现在原料、感官、理化、卫生和微生物学五个方面的要求。绿色食品的卫生品质要求高于普通食品的国家现行标准，主要表现在对农药残留和重金属的检测项目种类多、指标严。而且，绿色食品的主要原料必须是来自绿色食品产地的，是按绿色食品生产技术操作规程生产出来的产品。为了适应绿色食品迅速发展的形势，中国绿色食品发展中心在全国范围内组织有关技术力量，有计划、有步骤地制定了一批绿色食品产品标准，目前已经颁布实施的绿色食品产品标准达 110 项。

4. 绿色食品包装贮运标准

《绿色食品 包装通用准则》(NY/T 658-2002)规定了绿色食品的包装必须遵循的原则以及绿色食品包装的要求、包装材料的选择、包装尺寸、包装检验、抽样、标志和标签、贮存与运输等内容。

绿色食品标签除应符合 GB 7718《食品标签通用标准》的规定外，其外包装上应印有绿色食品标志，绿色食品标志的设计和标志方法应符合《中国绿色食品商标标志设计使用规范手册》的规定；若是特殊营养食品，还应符合 GB/T 13432《特殊营养食品标签》的规定。《中国绿色食品商标标志设计使用规范手册》是以绿色食品标志图形为核心，对绿标、"绿色食品"四个字及英译名及其相互的组合在产品、广告等媒介上的设计、使用进行规范的指导性工具书，绿色食品企业应严格按照该手册的要求，在其获证产品包装上设计使用绿色食品标志。

《绿色食品 贮藏运输准则》(NY/T 1056-2006)对绿色食品贮藏、运输的条件、方法、时间做出规定，以保证绿色食品在贮运过程中不遭受污染、不改变品质，并有利于环保、节能。

5. 绿色食品其他相关标准

绿色食品其他相关标准包括"绿色食品生产资料"认定标准、"绿色食品生产基地"认定标准等，这些标准都是促进绿色食品质量控制管理的辅助标准。

绿色食品标准体系结构框架如图 9-7 所示。

三、申请绿色食品认证必须具备的条件

1. 申请人应当具备的资质条件

(1)能够独立承担民事责任。如企业法人、农民专业合作社、个人独资企业、合伙企业、家庭农场等，国有农场、国有林场和兵团团场等生产单位；

(2)具有稳定的生产基地；

(3)具有绿色食品生产的环境条件和生产技术；

(4)具有完善的质量管理体系，并至少稳定运行一年；

(5)具有与生产规模相适应的生产技术人员和质量控制人员；

(6)申请前三年内无质量安全事故和不良诚信记录；

```
                    绿色食品标准体系结构框架

        绿色食品产地环      绿色食品生产技      绿色食品      绿色食品包装贮
        境质量标准          术标准              产品标准      运标准

    产地环境质量        食品添加剂使用准则      种植业产品      标志设计使用规范

    产地环境调查、      农药使用准则            畜禽业产品      标签标准
    监测与评价规范
                        肥料使用准则            渔业产品        包装通用准则

                        饲料和饲料添加剂使用    加工产品        贮藏运输准则
                        准则

                        动物卫生准则

                        兽药使用准则

                        渔药使用准则

    种植规程

    畜禽饲料规程        绿色食品生产资料使用准
                        则(全国适用)
    水产养殖规程

    食品加工规程

                    绿色食品生产技术规程(地
                    区适用)
```

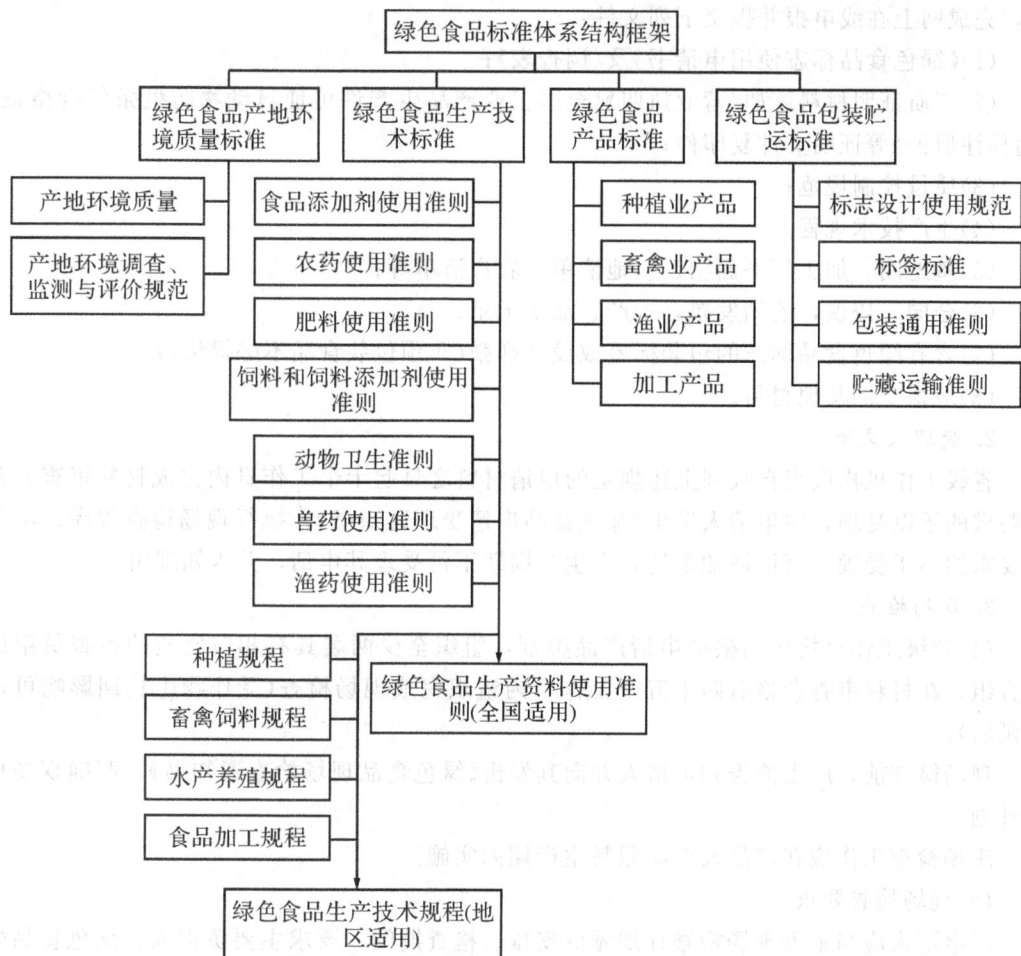

图 9-7　绿色食品标准体系结构框架

(7)与绿色食品工作机构或检测机构不存在利益关系。

2. 申请使用绿色食品标志的产品应当具备的条件

申请使用绿色食品标志的产品应当符合《食品安全法》和《中华人民共和国农产品质量安全法》等法律、法规规定，在国家工商总局商标局核定的绿色食品标志商标涵盖商品范围内，并具备下列条件：

(1)产品或产品原料产地环境符合绿色食品产地环境质量标准；

(2)农药、肥料、饲料、兽药等投入品使用符合绿色食品投入品使用准则；

(3)产品质量符合绿色食品产品质量标准；

(4)包装贮运符合绿色食品包装贮运标准。

四、绿色食品标志许可审查程序

绿色食品标志许可审查程序可分为认证申请、受理及文审、现场检查、产地环境及产品检测和评价、审核和评审、颁证六个程序。

1. 认证申请

申请人至少在产品收获、屠宰或捕捞前三个月，向所在省级绿色食品工作机构提出申

请，完成网上在线申报并提交下列文件：

(1)《绿色食品标志使用申请书》及《调查表》；

(2)资质证明材料。如《营业执照》《全国工业产品生产许可证》《动物防疫条件合格证》《商标注册证》等证明文件复印件；

(3)质量控制规范；

(4)生产技术规程；

(5)基地图、加工厂平面图、基地清单、农户清单等；

(6)合同、协议，购销发票，生产、加工记录；

(7)含有绿色食品标志的包装标签或设计样张(非预包装食品不必提供)；

(8)应提交的其他材料。

2.受理及文审

省级工作机构应当自收到上述规定的申请材料之日起十个工作日内完成材料审查。符合要求的予以受理，向申请人发出《绿色食品申请受理通知书》，执行现场检查程序；不符合要求的不予受理，书面通知申请人本生产周期不再受理其申请，并告知理由。

3.现场检查

(1)省级工作机构应当根据申请产品类别，组织至少两名具有相应资质的检查员组成检查组，在材料审查合格后四十五个工作日内组织完成现场检查(受作物生长期影响可适当延后)。

现场检查前，应提前告知申请人并向其发出《绿色食品现场检查通知书》，明确现场检查计划。

现场检查工作应在产品及产品原料生产期内实施。

(2)现场检查要求。

①申请人应当根据现场检查计划做好安排。检查期间，要求主要负责人、绿色食品生产负责人、内检员或生产管理人员、技术人员等在岗，开放场所设施设备，备好文件记录等资料。

②检查员在检查过程中应当收集好相关信息，做好文字、影像、图片等信息记录。

(3)现场检查程序。

①召开首次会议：由检查组长主持，明确检查目的、内容和要求，申请人主要负责人、绿色食品生产负责人、技术人员和内检员等参加。

②实地检查：检查组应当对申请产品的生产环境、生产过程、包装贮运、环境保护等环节逐一进行严格检查。

③查阅文件、记录：核实申请人全程质量控制能力及有效性，如质量控制规范、生产技术规程、合同、协议、基地图、加工厂平面图、基地清单、记录等。

④随机访问：在查阅资料及实地检查过程中随机访问生产人员、技术人员及管理人员，收集第一手资料。

⑤召开总结会：检查组与申请人沟通现场检查情况并交换现场检查意见。

(4)现场检查完成后，检查组应当在十个工作日内向省级工作机构提交《绿色食品现场检查报告》。省级工作机构依据《绿色食品现场检查报告》向申请人发出《绿色食品现场检查意见通知书》，现场检查合格的，执行产地环境、产品检测和评价程序；不合格的，通知申请人本生产周期不再受理其申请，告知理由并退回申请。

4. 产地环境及产品检测和评价

(1)申请人按照《绿色食品现场检查意见通知书》的要求委托检测机构对产地环境、产品进行检测和评价。

(2)检测机构接受申请人委托后，应当分别依据《绿色食品产地环境调查、监测与评价规范》(NY/T 1054)和《绿色食品产品抽样准则》(NY/T 896)及时安排现场抽样，并自环境抽样之日起三十个工作日内、产品抽样之日起二十个工作日内完成检测工作，出具《环境质量监测报告》和《产品检验报告》，提交省级工作机构和申请人。

(3)申请人如能提供近一年内绿色食品检测机构或国家级、部级检测机构出具的《环境质量监测报告》，且符合绿色食品产地环境检测项目和质量要求的，可免做环境检测。

经检查组调查确认产地环境质量符合《绿色食品产地环境质量》(NY/T 391)和《绿色食品产地环境调查、监测与评价规范》(NY/T 1054)中免测条件的，省级工作机构可做出免做环境检测的决定。

5. 审核和评审

(1)省级工作机构应当自收到《绿色食品现场检查报告》《环境质量监测报告》和《产品检验报告》之日起二十个工作日内完成初审。初审合格的，将相关材料报送中心，同时完成网上报送；不合格的，通知申请人本生产周期不再受理其申请，并告知理由。

(2)中心应当自收到省级工作机构报送的完备申请材料之日起三十个工作日内完成书面审查，提出审查意见，并通过省级工作机构向申请人发出《绿色食品审查意见通知书》。

①需要补充材料的，申请人应在《绿色食品审查意见通知书》规定时限内补充相关材料，逾期视为自动放弃申请；

②需要现场核查的，由中心委派检查组再次进行检查核实；

③审查合格的，中心在二十个工作日内组织召开绿色食品专家评审会，并形成专家评审意见。

(3)中心根据专家评审意见，在五个工作日内做出是否颁证的决定，并通过省级工作机构通知申请人。同意颁证的，进入《绿色食品标志使用证书》颁发程序；不同意颁证的，告知理由。

6. 颁证

认证评审合格后，由省绿办负责组织企业签订《绿色食品标志商标使用许可合同》，中心统一向省绿办寄发《绿色食品标志使用证书》，经省绿办转发企业。

五、绿色食品认证申报材料的编制

1. 绿色食品认证申报材料编制的总体要求

(1)要求申请人用钢笔、签字笔正楷如实填写《绿色食品标志使用申请书》，或用 A4 纸打印，字迹整洁、术语规范、印章(签名)端正清晰。

(2)所有表格栏目不得空缺，如不涉及本项目，应在表格栏目内注明"无"；如表格栏目不够，可附页，但附页必须加盖公章。

(3)申请认证材料应装订成册，编制页码，并附目录。所有材料一式三份。

2. 申请材料封面和目录

(1)材料封面

材料封面如图9-9所示。

绿色食品申报材料

申请单位：×××××公司

图9-9　绿色食品申报材料封面

(2)材料目录

中国绿色食品发展中心将绿色食品分为种植产品、畜禽产品、加工产品、水产品、食用菌、蜂产品六大类，分别发布了申请材料清单，企业应根据清单要求准备相应的材料，目录内容按清单要求的顺序进行编排。

以加工产品为例：

加工产品申请材料清单

(1)《绿色食品标志使用申请书》和《加工产品调查表》；

(2)营业执照复印件；

(3)商标注册证复印件(有必要的应提供续展证明、商标转让证明、商标使用许可证明等)；

(4)QS证书、食盐定点生产许可证、定点屠宰许可证、饲料生产许可证等其他国家强制要求办理的资质证书复印件(适用时)；

(5)工厂所在地行政区域图(市、县或乡的行政图，标明加工厂位置)；

(6)加工厂区平面布局图(包括厂区各建筑物、设备和周围土地利用情况)；

(7)加工厂所使用证明文件(如为委托加工，提供委托加工合同书、委托加工厂的营业执照、QS证书)；

(8)质量管理手册：

①绿色食品生产、加工、经营者的简介；

②绿色食品生产、加工、经营者的管理方针和目标；

③管理组织机构图及其相关岗位的责任和权限；

④可追溯体系；

⑤内部检查体系；

⑥文件和记录管理体系；

(9)生产加工管理规程，需申请人盖章：

①加工规程，技术参数；

②产品的包装材料、方法和储藏、运输环节规程；

③污水、废弃物的处理规程；

④防止绿色食品与非绿色食品交叉污染的规程(存在平行生产的企业须提交)；

⑤运输工具、机械设备及仓储设施的维护、清洁规程；

⑥加工厂卫生管理与有害生物控制规程；

⑦生产批次号的管理规程。

(10)配料固定来源和购销证明：

①对于购买绿色食品原料标准化生产基地原料的申请人需提供基地证书复印件，购销合同和发票复印件；

②对于购买绿色食品产品或其副产品的申请人需提供有效期内的证书复印件，购销合同和发票复印件；

③对于购买未获得绿色食品认证、原料含量在 2%～10% 的原料(食盐大于等于 5%)的，申请人需提供购销合同和发票复印件，绿色食品检测机构出具的符合绿色食品标准的检测报告；

④对于购买未获得绿色食品认证、原料含量小于 2% 的原料(食盐小于 5%)的申请人需提供固定来源的证明文件；

(11)生产加工记录(能反映产品生产过程和投入品使用情况)；

(12)预包装食品标签设计样张(非预包装食品不必提供)；

(13)加工水监测报告；

(14)产品检验报告。

申请材料目录如下：

目　录

1.《绿色食品标志使用申请书》《加工产品调查表》

2. 营业执照复印件

3. 商标注册证复印件

4. 资质证书复印件(QS证书、食盐定点生产许可证、定点屠宰许可证、饲料生产许可证等)

5. 工厂所在地行政区域图

6. 加工厂区平面布局图

7. 加工场所使用证明文件

8. 质量管理手册

9. 生产加工管理规程

10. 配料固定来源和购销证明

11. 生产加工记录

12. 预包装食品标签设计样张

13. 加工水监测报告

14. 产品检验报告

3.《绿色食品标志使用申请书》的填写

《绿色食品标志使用申请书》包括封面、填写说明、保证申明以及"表一 申请人基本情况""表二 申请产品情况"、"表三 原料供应情况""表四 申请产品统计表"七个部分。详见《绿色食品标志使用申请书》填写要求及范本。

绿色食品标志使用申请书填写要求及范本

（申请书封面）

绿色食品标志使用申请书

初次申请□   续展申请□

（根据实际申请的需要在□内打"√"）

申请人（盖章）__（公司名称应与营业执照、公章一致）__

申请日期 __××××__ 年 __××__ 月 __××__ 日

中国绿色食品发展中心

填 写 说 明

一、本申请书一式三份，中国绿色食品发展中心、省级工作机构和申请人各一份。

二、本申请书无签名、盖章无效。

三、申请书的内容可打印或用蓝、黑钢笔或签字笔填写，语言规范准确、印章（签名）端正清晰。

四、申请书可从 http://www.moa.gov.cn/sydw/lssp/下载，用 A4 纸打印。

五、本申请书由中国绿色食品发展中心负责解释。

保 证 声 明

我单位已仔细阅读《绿色食品标志管理办法》有关内容，充分了解绿色食品相关标准和技术规范等有关规定，自愿向中国绿色食品发展中心申请使用绿色食品标志。现郑重声明如下：

保证《绿色食品标志使用申请书》中填写的内容和提供的有关材料全部真实、准确，如有虚假成分，我单位愿承担法律责任。

保证申请前三年内无质量安全事故和不良诚信记录。

保证严格按《绿色食品标志管理办法》、绿色食品相关标准和技术规范等有关规定组织生产、加工和销售。

保证开放所有生产环节，接受中国绿色食品发展中心组织实施的现场检查和年度检查。

凡因产品质量问题给绿色食品事业造成的不良影响，愿接受中国绿色食品发展中心所作的决定，并承担经济和法律责任。

法定代表人（签字）：(应与营业执照上一致) 申请人（盖章）(应与营业执照、公章一致)

××××年××月××日

表一　申请人基本情况

申请人（中文）	×××××××公司				
申请人（英文）	（有就填写，没有填"——"）				
联系地址	××省××市××县××街道××号 （确保能接收到绿色食品商标使用许可合同）		邮　编	××××××	
网　　址	http：//××××××				
营业执照注册号	（按营业执照证书上的编号填写）		首次获证时间	（续展申请填写）	
企业法定代表人	（与营业执照一致）	座机	029-87××××××	手机	139××××××××

续表

联系人	（负责办理认证申请的人员）	座机	029-87××××××	手机	136××××××××
传　真	029-87×××××	E-mail		×××××××@ ××××××	
龙头企业	国家级□　　省(市)级□　　地市级□　其他□ （根据企业实际情况在□内打"√"）				
年生产总值 （万元）	××××	年利润 （万元）		×××	
申 请 人 简 介	（主要介绍与生产加工有关的事项，如企业规模、生产能力、主要产品、申报产品项目的发展情况等，以上表格中已有的内容不要重复介绍） 如：以下为绿色食品苹果生产企业的简介 于 2005 年开始建设，至 2010 年底共计开发土地面积 10 128 亩，有效苹果种植面积 7 000 亩；分布三个片区（命名为 1—3 号基地）。栽植苹果树 48.2 万株；栽植防风林 4.57 万株；共修建灌溉主渠、支渠和毛渠 33 km；共修建果园主道路和环园路 65 km；兴建了 5 000 m³ 的水库三座，配套节水灌溉系统全覆盖；建设办公、生活设施共计 3 200 m²，各种基础设施建设完善。				

内检员（签字）：

注：1. 内检员适用于已有中心注册内检员的申请人。
2. 首次获证时间仅适用于续展申请。

表二　申请产品情况

产品名称	商标	产量(t)	是否有包装	包装规格	备注
商品名（即产品包装上的名称，不能填写系列产品名称或集合名词）	与商标注册证明上一致	××× （按实际填写）	有/无	××kg （按实际填写）	填写续展产品名称、商标变化等情况

续表

产品名称	商标	产量(t)	是否有包装	包装规格	备注

注：1. 续展产品名称、商标变化等情况需在备注栏说明。

　　2. 若此表不够，可附页。

表三　原料供应情况

原料来源	原料供应情况		
绿色食品	生产商	产品名称	使用量(t)
	(填写原料本身为绿色食品产品的供应商名称，与购销合同上一致)	(与购销合同上一致)	(与购销合同上一致)
全国绿色食品原料标准化生产基地	基地名称	使用面积(万亩)	使用量(t)
	填写主要原料的全国绿色食品原料生产基地名称或自建基地名称	填写种养殖面积(依据"关于种养殖面积的有关说明"填写)	(按实际填写)

关于种养殖面积(单位：万亩)的有关说明：

1. 初级产品

(1)种植业产品：直接填报种植面积(食用菌不需填报)。

(2)畜禽产品：牛、羊肉产品既要填报放牧草场面积，又要填报主要饲料原料(如玉米、小麦、大豆等)的种植面积。猪肉、禽肉与禽蛋类产品只填报饲料主要原料种植面积。

(3)水产品(包括淡水、海水产品)：填报水面养殖面积。

2. 加工产品

主要原料是绿色食品产品的，不需要填报种养殖面积；主要原料来自全国绿色食品标准化原料生产基地或申报单位自建基地的，需要填报种养殖面积。

ACTUAL:

（1）需要填报主要原料（或饲料）种养殖面积的加工产品

①农林类加工产品：小麦粉、大米、大米加工品、玉米加工品、大豆加工品、食用植物油、机制糖、杂粮加工品、冷冻保鲜蔬菜、蔬菜加工品、果类加工品、山野菜加工品、其他农林加工产品。

②畜禽类加工产品：蛋制品、液体乳、乳制品、蜂产品。

③水产类加工产品：淡水加工品、海水加工品。

④饮料类产品：果蔬汁及其饮料、固体饮料（果汁粉、咖啡粉）、其他饮料（含乳饮料及植物蛋白饮料、茶饮料及其他软饮料）、精制茶、其他茶（如代用茶）、白酒、啤酒、葡萄酒、其他酒类（黄酒、果酒、米酒等）。

⑤其他加工产品：方便主食品（米制品、面制品、非油炸方便面、方便粥）、糕点（焙烤食品、膨化食品、其他糕点）、果脯蜜饯、淀粉、调味品（味精、酱油、食醋、料酒、复合调味料、酱腌菜、辛香料、调味酱）、食盐（海盐、湖盐）。

（2）不需要填报主要原料（或饲料）种养殖面积的加工产品

①农林类加工产品：食用菌加工品。

②畜禽类加工产品：肉食加工品（包括生制品、熟制品、畜禽副产品加工品、肉禽类罐头、其他肉食加工品）。

③饮料类产品：瓶（罐）装饮用水、碳酸饮料、固体饮料（乳精、其他固体饮料）、冰冻饮品、其他酒类（露酒）。

④其他加工产品：方便主食品（包括速冻食品、其他方便主食品）、糖果（包括糖果、巧克力、果冻等）、食盐（包括井矿盐、其他盐）、调味品（包括水产调味品、其他调味品、发酵制品）、食品添加剂。

表四　申请产品统计表

产品名称	年产值（万元）	年销售额（万元）	年出口量（t）	年出口额（万美元）	绿色食品包装印刷数量
商品名（与表二中产品名称一致）	产品年产值＝申报产量×当年产品平均出厂价格	申报产品上年度国内销售额	申报产品上个年度的出口量	申报产品上个年度的出口额	根据产品的申报产量确定

注：表三、表四可根据需要增加行数。

4.《调查表》的填写

根据申请产品的类别，《调查表》分为《种植产品调查表》《畜禽产品调查表》《加工产品调查表》《水产品调查表》《食用菌调查表》《蜂产品调查表》六种，企业根据实际情况选择填写。

以《加工产品调查表》为例，除封面和填表说明以外，调查表内容包括以下九个方面：

①加工产品基本情况；

②加工厂环境基本情况；

③加工产品配料情况；

④加工产品配料统计表；

⑤产品加工情况；

⑥包装、储藏、运输；

⑦平行加工；

⑧设备清洗和维护及有害生物防治；

⑨污水、废弃物处理情况及环境保护措施。

以下为《加工产品调查表》填写要求和范本。

加工产品调查表填写要求及范本

加工产品调查表

申请人(盖章)　*(公司名称应与营业执照、公章一致)*

申请日期　×××× 年　×× 月 ×× 日

中国绿色食品发展中心

填 表 说 明

一、本表适用于按照绿色食品标准生产的植物、动物和微生物原料收获或外购入库后，进行的加工、包装、储藏和运输的全过程，包括食品和饲料。如米面及其制品、食用植物油、肉食加工品、乳制品、酒类、全价饲料和预混料等。

二、本表无盖章、签字无效。

三、本表应如实填写，所有栏目不得空缺，未填部分应说明理由。

四、本表的内容可打印或用蓝、黑钢笔或签字笔填写，语言规范准确、印章（签名）端正清晰。

五、本表可从 http://www.moa.gov.cn/sydw/lssp/下载，用 A4 纸打印。

六、本表由中国绿色食品发展中心负责解释。

表一　加工产品基本情况

产品名称	商标	年产量（吨）	包装规格	备注
商品名（即产品包装上的名称）	与商标注册证明上一致	××× （按实际填写）	××（kg） （按实际填写）	填写续展产品名称、商标变化等情况

表二　加工厂环境基本情况

加工厂地址	填写申请企业的实际生产场地的详细地址，要注明市（地）、区（县）、路（街道、社区、乡、镇）、号（村）等
加工厂是否远离工矿区和公路铁路干线	填写加工厂周围附近有无工矿区、公路、铁路干线（标准要求远离上述污染源）
加工厂周围 5 km，主导风向的上风向 20 km 内是否有工矿企业、医院、垃圾处理场等	填写有/无（标准要求加工厂周围 5 km，主导风向的上风向 20 km 内无工矿企业、医院、垃圾处理场）
绿色食品生产区和生活区域是否具备有效的隔离措施？请具体描述	是的话，需详细描述绿色食品生产区和生活区的隔离措施

注：相关标准见《绿色食品　产地环境质量》(NY/T 391)

表三　加工产品配料情况

产品名称	（商品名）	年产量(t)	（应与"表一 加工产品基本情况"表中填写一致）	出成率（%）	（成品与原料的质量或体积的百分比）
主辅料使用情况表					
名称	比例(%)		年用量(t)		来源
（该项应将全部主辅料名称分行列出，按用量大小，由大到小顺序填写）	（在产品中的用量百分比，应扣除加入的水后计算）		×××（与申请表中的"表三"对应）		×××公司或×××基地（与申请表中的"表三"对应，主原料来源应符合加工产品原料有关认证规范要求）
添加剂使用情况					
名称	比例(‰)		年用量(t)	用途	来源
（填写通用名称，不可缩写，不可填写"甜味剂"、"色素"、"香精"等集合名称；应符合 NY/T 392 的相关规定；按用量大小，由大到小顺序填写）	（添加量，用千分数(‰)表示，不可用"kg""g"等重量单位；不能超过允许使用量）		×××（应用产品年产量和添加比例进行计算）	（功能描述，如增香、调味等）	×××××公司（生产单位、品牌）
加工助剂使用情况					
名称	有效成分		年用量(t)	用途	来源
（填写通用名称，不可缩写，不可填写集合名称；应符合绿色食品生产加工助剂的使用规定）	（填写发挥功能作用的成分）		×××	（功能描述，如助滤、澄清、脱色等；不能超范围使用）	×××××公司（生产单位、品牌）
是否使用加工水？请说明其来源、年用量(t)、作用，并说明是否使用净水设备			是/否，若填"是"，则对加工用水来源、用量、作用进行说明，若使用了净水设备，需要说明使用何种净水设备		
主辅料是否有预处理过程？如是，请提供预处理工艺流程、方法、使用物质名称和预处理场所			说明哪些主辅料有预处理过程，并提供预处理工艺流程、方法、使用物质名称和预处理场所		

注：1. 相关标准见《绿色食品　食品添加剂使用准则》(NY/T 392)和《绿色食品　畜禽饲料及饲料添加剂使用准则》(NY/T 471)。

　　2. 主辅料"比例(%)"应扣除加入的水后计算。

表四　加工产品配料统计表

配　料	名　　　称	合计年用量(吨)	备　　注
主辅料	将"三 加工产品配料情况"表中列出的所有主辅料按用量从大到小分行列出	××× (每种主辅料的年用量分别合计)	说明用于哪些产品中
添加剂 (食品级□ 饲料级□)	将"三 加工产品配料情况"表中列出的所有添加剂按用量从大到小分行列出	××× (每种添加剂的年用量分别合计)	说明用于哪些产品中

表五　产品加工情况

工艺流程及工艺条件
各产品加工工艺流程图(应体现所有加工环节,包括所用原料、添加剂、加工助剂等),并描述各步骤所需生产条件(温度、湿度、反应时间等):   　　(绘制产品加工工艺流程图,体现所有加工环节(包括源于外部的过程和分包工作),还包括原料、辅料和中间产品的投入点,以及返工点和循环点及终产品、中间产品和副产品放行点及废弃物的排放点;对过程步骤所要满足的工艺条件和参数进行详尽描述)
请选择产品加工过程中所采用的处理方法及工艺: □机械　　□冷冻　　□加热　　□微波　　□烟熏　　□微生物发酵工艺 □提取　　□浓缩　　□沉淀　　□过滤　　□其他   如果采用了提取工艺,请列出所使用的溶剂: □水　　　　□乙醇　　□动植物油　　□醋　　　□正乙烷等有机溶剂 □二氧化碳　□氮　　　□羧酸　　　　□其他   如果采用了浓缩工艺,请列出浓缩方法: □蒸发浓缩　　□膜浓缩　□冷冻浓缩　　□结晶　　□真空浓缩 □其他
是否建立生产加工记录管理程序?	是(说明已建立生产加工记录管理程序)
是否建立批次号追溯体系?	是(说明已建立批次号追溯体系)

表六　包装、储藏、运输

包装材料(来源、材质)、包装充填剂	(填写包装材料名称、来源、材质以及包装充填剂的名称和材料)
包装使用情况	□ 可重复使用　　□ 可回收利用 □ 可降解
是否设计了产品预包装式样？	是/否(若填"是"，需要提供产品预包装式样)
库房是否远离粉尘、污水等污染源和生活区等潜在污染源？	是(NY/T 1056 绿色食品贮藏运输准则规定贮藏设施周围环境应清洁和卫生，并远离污染源)
库房建筑材料(墙体、房顶、地面)、设施结构和质量是否符合相应食品类别的贮藏设施的规定？	是(NY/T 1056 绿色食品贮藏运输准则规定贮藏绿色食品的设施结构和质量应符合相应食品类别的贮藏设施设计规范的规定)
是否建立贮藏设施管理记录程序和批次号追溯体系？	是(NY/T 1056 绿色食品贮藏运输准则规定应建立绿色食品贮藏设施管理记录程序，应有产品批次号追溯体系)
库房数量、容积及类型(常温、冷藏或气调等)	(分别说明常温库、冷藏库、气调库等各类型的库房数量、容积)
申报产品是否与常规产品同库储藏？如是，请简述区分方法	(NY/T 1056 绿色食品贮藏运输准则规定绿色食品不应与非绿色食品混放，若为同库贮存，应分区存放并能清楚识别，此处要求描述区分方法)
是否借用储藏库？如是，请提供其库房地址、数量、容积、类型(常温、冷藏或气调等)	是/否，若是，需要填写借用库房的地址、类型(常温、冷藏或气调等)及其数量和容积
申请人是否自有交通工具运输产品？	(是/否)
申请人运输申报产品专车专用？	是(NY/T 1056 绿色食品贮藏运输准则规定运输绿色食品的交通工具应专车专用)
申报产品运输过程中是否需要采取控温措施？	(是/否，若是，需要说明控温的具体要求)
是否承租交通工具运输？如是，请提供货运公司名称、载重规格、运输频率	(企业租用交通工具运输申报产品时，需要提供货运公司名称、载重规格和运输频率等信息)

注：相关标准见《绿色食品　包装通用准则》(NY/T 658)和《绿色食品　贮藏运输准则》(NY/T 1056)

表七　平行加工

是否存在平行生产？如是，请列出常规产品的名称、执行标准和生产规模	（平行生产即在同一生产单元中同时生产绿色食品产品和非绿色食品产品（常规产品）的情况。填写"是"或"否"，如存在平行生产，要求列出常规产品名称、执行的标准及生产规模，生产规模可用年产量表示）
常规产品及非绿色食品产品在申请人生产总量中所占的比例？	（用年生产量的百分比表示）
请详细说明常规及非绿色食品产品在工艺流程上与绿色食品产品的区别	（描述常规及非绿色食品产品与绿色食品产品生产工艺流程的区别）
在原料运输、加工及储藏各环节中进行隔离与管理，避免交叉污染的措施	□ 从空间上隔离（不同的加工设备） □ 从时间上隔离（相同的加工设备） □ 其他措施，请具体描述： （选择原料运输、加工及储藏各环节中的隔离方式，根据企业实际情况在以上□内打"√"，若选择最后一项，在此处描述清楚具体的隔离措施）

表八　设备清洗、维护及有害生物防治

加工过程中加工车间、设备所需使用的清洗、消毒方法及物质	（描述加工车间空气、地面、墙面、加工台面、设备等的清洗消毒方法及物质）
加工过程中有害（生物、微生物）的控制方法	（描述加工过程中对虫害、鼠害、鸟类等有害生物及微生物进行控制的具体方法）
包装车间、设备的清洁、消毒、杀菌方式方法	（描述包装车间空气、地面、墙面、设备等的清洗、消毒、杀菌方法及物质）
库房对杂菌、虫、鼠防治措施，所用设备及药品的名称、使用方法、用量	（描述库房（原料库、辅料库、成品库）对虫害、鼠害及微生物进行控制的具体方法，包括所用设备及药品的名称、使用方法及用量）
运输用交通工具消毒措施	（标准要求对运输工具在装入绿色食品之前应清理干净，必要时进行灭菌消毒，防止害虫感染。要描述运输工具的清洗消毒方法及物质）

九　污水、废弃物处理情况及环境保护措施

加工过程中产生的污水的处理方式、排放措施和渠道	（食品加工过程中产生的污水需经过处理后方可排放，处理设施和排放措施、渠道应能防止对环境的污染。此处要求填写企业内污水处理设施、处理方式、排放措施和渠道）
加工过程中产生的废弃物处理措施	（食品加工企业应有废弃物存放的设施，防止废弃物的累积，废弃物应分类进行处理，处理设施应能防止对环境的污染。此处要求填写企业废弃物处理的具体措施）

其他环境保护措施	（企业的生产加工过程和活动不能对环境产生不良影响，此处根据企业实际情况填写与环境保护相关的一切措施）

填表人：　　　　　　　　　内检员：

注：内检员适用于已有中心注册内检员的申请人。

　5. 生产技术规程（种植规程、养殖规程、加工规程）的编制

（1）种植规程的编写。农作物种植规程要根据企业实际情况制定，一般包括适用范围、环境要求、种植技术、田间管理、施肥、病虫害防治、收获及包装运输等部分。有以下几点要求：

①应根据申报产品或产品原料的特点，因地制宜编制具备科学性、可操作性的种植规程。

②规程的编制应体现绿色食品生产的特点。病虫草害的防治应以生物、物理、机械防治为主，施肥应以有机肥为基础，以维持或增加土壤肥力为核心。

③规程编制的内容应包括：立地条件（环境质量、肥力水平等）、品种与茬口、育苗与移栽、种植密度、田间管理（包括肥、水等）、病虫草鼠害的防治、收获等。

④对病虫草鼠害的防治，应根据近三年的植保概况制定较全面的防治措施，"表三"的内容在规程中应全部体现。

⑤农药的使用应注明农药名称、剂型规格、使用目的、使用方法、全年使用次数、安全间隔期等内容。

⑥正式打印文本，并加盖种植单位或技术推广单位公章。

（2）养殖规程的编写。养殖规程的编写要求如下：

①规程的制定要因地制宜，具有科学性和可操作性。

②规程的制定应体现绿色食品生产特点。以预防为主，优先建立严格生物安全体系，改善饲养环境、加强饲养管理、增强动物自身的抗病力。

③内容应详细，包括养殖场所卫生环境条件、环境消毒、饲料、饲料添加剂、饲料加工、防疫、体内外寄生虫及疾病防治、屠宰、检疫、仓储、运输、包装及生产管理等环节。

④饲料及饲料添加剂使用应根据动物各生长阶段营养需要合理调配；药剂的使用应注明品种、剂型、使用方法、使用剂量及停药期。

⑤需正式打印件，并加盖公章。

（3）加工规程的编写。绿色食品加工操作规程应根据产品加工实际情况编写，包括以下内容：

①生产工艺流程。

②对原、辅料的要求。原、辅料来源；原、辅料进厂验收（感官指标、理化指标）；进厂后的储存；预处理等。

③生产工艺。应根据生产工艺流程将加工的每一环节用简要的文字表述出来。其中有关温度、浓度、杀菌的方法、添加剂的使用等应详细说明。

④主要设备及清洗方法。

⑤成品检验制度。

⑥储藏(储藏的方法、地点等)。

6. 公司对"基地＋农户"的质量控制体系的编制

(1)基地使用协议：公司应与各基地签订合同(协议)，合同(协议)有效期应为3年；合同(协议)条款中应明确双方职责，明确要求严格按绿色食品生产操作规程及标准进行生产，并明确监管措施，合同(协议)中应标明基地(农户)名称、作物(动物)品种、种植面积(养殖规模)、预计收购数量及质量要求等。

(2)基地图：在当地行政区划图基础上绘制，应清楚标明各基地方位及周边主要标志物方位。

(3)基地清单：列出各基地名称、地址、负责人、电话、作物(或动物)品种、种植面积(养殖规模)、预计产量；基地要求具体到最小单元村(场)。

(4)基地农户清单：公司应建立详细农户清单，包括所在基地名称、农户姓名、作物(动物)品种、种植面积(养殖规模)、预计产量；对于基地农户数超过1 000户的申请企业，可以只提供1个基地的农户清单样本，但企业必须以文字形式声明已建立了农户清单。

(5)基地管理制度：公司应建立一套详细的管理制度，确保基地(农户)严格按绿色食品要求进行生产。基地的生产管理可由公司委托当地(乡、镇)农技推广部门负责，并签订委托管理协议。

7. 产品执行标准

产品执行标准按绿色食品标准、国家标准、行业标准、企业标准的顺序采标，即国家已经发布了产品绿色食品标准的，必须执行该标准；国家没有发布绿色食品标准的，可以执行现行国家标准、行业标准、企业标准。

8. 企业资质材料(复印件)

(1)企业的营业执照。经年检过的营业执照副本，企业名称应与申请人对应，经营范围应涵盖所申报产品。

(2)生产许可证。产品实行生产许可证的企业提供，证书在有效期内。

(3)卫生许可证。需要卫生许可证的行业提供，证书在有效期内。

(4)职工健康证。有效期内的5～8人的样本。

(5)商标注册证或受理证明。商标注册人与绿色食品申报主体一致，如有主体变更、许可使用、续展等情况，需有文件说明。

(6)其他需要提供的资质材料按要求提供。

9. 企业质量管理手册

如果企业通过ISO认证，提供质量手册复印件；如没有，质量管理手册应包含质量方针、质量目标、基地管理、组织机构图、质量工作职责等内容。

公司应建立一套科学合理的组织机构，明确组织、管理绿色食品生产的机构、职责及主要负责人；所设机构应全面，包括基地管理、技术指导、生资供应、监督、收购、加工、仓储、运输、销售等各个环节的部门。

公司应建立一套详细的培训制度，加强对干部、主要技术人员、基地农户有关绿色食品知识培训。

要求公司对基地和农户进行统一管理(即统一供应品种、统一供应生产资料、统一技术规程,统一指导、统一监督管理、统一收购、统一加工、统一销售),各管理措施要求详细,符合实际情况,并具可操作性;如公司委托第三方技术服务部门进行管理,需签订有效期为 3 年的委托管理合同,受托方按上述要求制定具体的管理制度。

10. 要求提供的其他材料

如通过体系认证的,附证书复印件;购买原料证明(合同、购货发票、原料绿色食品证书等);包装标签或设计样张;当地政府环保规定或规划;企业和产品获奖证明;检查员现场检查、培训及其他有关企业产品的照片;有关肥料、农药的标签、说明书;绿色食品知识培训登记表等。

六、绿色食品标志的使用管理

未经中国绿色食品发展中心许可,任何单位和个人不得使用绿色食品标志。已获准使用绿色食品标志的企业(以下简称标志使用人)必须严格依照《商标法》《绿色食品标志管理办法》和《绿色食品标志商标使用许可合同》的要求正确使用绿色食品商标标志,并接受绿色食品监管部门的监督检查,保证使用标志产品的质量,维护"绿色食品"标志的商标信誉。

1. 绿色食品标志使用证书

绿色食品标志使用申请人在签订《绿色食品标志商标使用许可合同》并缴纳相关费用后,即可获得由中国绿色食品发展中心颁发的《绿色食品标志使用证书》,该证书上标明获证产品名称、产品编号、企业信息码、生产商名称、批准产量、许可期限、颁证机构等内容。

产品编号样式如下:

LB	××	××	××	××	××××	A(AA)
绿标	产品 类别	认证 年份	认证 月份	省份 (国别)	产品 序号	产品 级别

编号形式规定:产品类别代码为两位数,产品分类为 5 大类 57 小类,并按小类编号;认证时间包括年份和月份;省别按行政区划的序号编码,国外产品从第 51 号开始,中国不编国别代码。

企业信息码的编码形式为 GF×××××××××××××。GF 是绿色食品英文"GREEN FOOD"头一个字母的缩写组合,后面为 12 位阿拉伯数字,其中第一位到第六位为地区代码(按行政区划编制到县级),第七位到第八位为企业获证年份,第九位到第十二位为当年获证企业序号。样式如下:

GF	××××××	××	××××
绿色食品 英文缩写	地区 代码	获证 年份	企业 序号

绿色食品标志使用证书有效期三年。证书有效期满,需要继续使用绿色食品标志的,标志使用人应当在有效期满三个月前向省级工作机构提出续展申请,同时完成网上在线申报。标志使用人逾期未提出续展申请,或者续展未通过的,不得继续使用绿色食品标志。

2. 绿色食品标志设计使用规范

(1)获证企业应按照中国绿色食品发展中心所发布的《绿色食品标志设计使用规范手册》的要求在产品包装和产品宣传材料上印制绿色食品标志。绿色食品标志商标(图形商标、文字商标组合图形)和企业信息码同时使用，使用示例如图 9-10 所示。

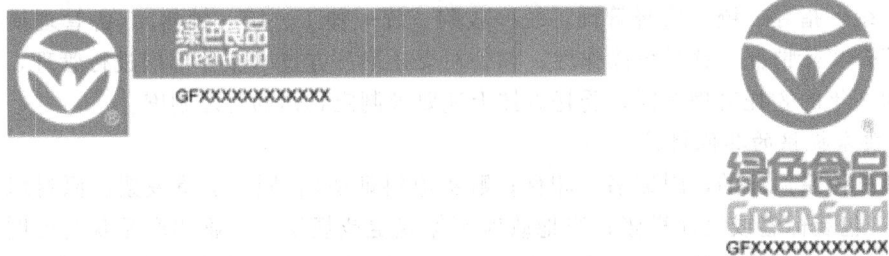

图 9-10　绿色食品标志使用示例

(2)绿色食品企业应在其认证产品上使用绿色食品防伪标签。绿色食品标志防伪标签由中国绿色食品发展中心统一委托定点专业生产单位印刷。企业不得自行生产或从其他渠道获取防伪标签，也不可直接向中心委托的防伪标签生产企业订货。绿色食品企业应根据认证产品的核准产量订制和使用绿色食品防伪标签，不得超出认证核准范围订制和使用。每种产品只能使用对应的防伪标签(印有该产品的编号)。防伪标签应贴于食品标签或包装正面显著位置，不能掩盖原有绿标、企业信息码等绿色食品整体形象。防伪标签粘贴位置应固定，不能随意变化。

3. 标志使用人的权限和要求

(1)标志使用人使用标志的权限。

①在获证产品及其包装、标签、说明书上使用绿色食品标志；

②在获证产品的广告宣传、展览展销等市场营销活动中使用绿色食品标志；

③在农产品生产基地建设、农业标准化生产、产业化经营、农产品市场营销等方面优先享受相关扶持政策；

④禁止将绿色食品标志用于非许可产品及其经营性活动；

⑤禁止转让绿色食品标志使用证书。

(2)对标志使用人的要求。

①严格执行绿色食品标准，保持绿色食品产地环境和产品质量稳定可靠；

②健全和实施产品质量控制体系，对其生产的绿色食品质量和信誉负责；

③遵守标志使用合同及相关规定，规范使用绿色食品标志；

④积极配合县级以上人民政府农业行政主管部门的监督检查及其所属绿色食品工作机构的跟踪检查；

⑤在证书有效期内，标志使用人的单位名称、产品名称、产品商标等发生变化的，应当经省级工作机构审核后向中国绿色食品发展中心申请办理变更手续；

⑥产地环境、生产技术等条件发生变化，导致产品不再符合绿色食品标准要求的，标志使用人应当立即停止标志使用，并通过省级工作机构向中国绿色食品发展中心报告。

4. 绿色食品及其标志使用的监督检查

为了加强对绿色食品企业产品质量和绿色食品标志使用的监督管理，《绿色食品标志管理办法》规定：由县级以上农业行政主管部门依法对辖区内绿色食品产地环境、产品质量、包装标志、标志使用等情况进行监督检查；中国绿色食品发展中心和省级工作机构组织对绿色食品及标志使用情况进行跟踪检查；省级工作机构应当组织对辖区内标志使用人使用绿色食品标志的情况实施年度检查；对检查不合格或违反规定的标志使用人，应取消其标志使用权。

绿色食品监管工作形式主要有年度检查、产品抽检和市场监察三种，中国绿色食品发展中心分别制定了相关工作制度予以规范，即《绿色食品年度检查工作规范》《绿色食品产品质量年度抽检管理办法》和《绿色食品标志市场监察实施办法》。

5. 绿色食品标志使用权的取消

标志使用人有下列情形之一的，由中国绿色食品发展中心取消其标志使用权，收回标志使用证书，并予公告：

①生产环境不符合绿色食品环境质量标准的；

②产品质量不符合绿色食品产品质量标准的；

③年度检查不合格的；

④未遵守标志使用合同约定的；

⑤违反规定使用标志和证书的；

⑥以欺骗、贿赂等不正当手段取得标志使用权的。

标志使用人依照规定被取消标志使用权的，三年内中国绿色食品发展中心不再受理其申请；情节严重的，永久不再受理其申请。

实训任务

实训内容：填写果汁饮料生产企业猕猴桃汁产品《绿色食品标志使用申请书》和《调查表》。

实训组织：对学生进行分组，每个组参照"必备知识"及利用网络资源，填写一份果汁饮料生产企业猕猴桃汁产品《绿色食品标志使用申请书》和《调查表》。

实训成果：果汁饮料生产企业猕猴桃汁产品《绿色食品标志使用申请书》和《调查表》。

实训评价：由获证企业绿色食品内检员或主讲教师进行评价。

绿色食品认证申请技能考核评分表

项目	考核内容	参考标准	分值	得分
申请书的填写	申请书文本格式和完整性	申请书文本格式正确； 申请书内容完整	2	
	封面的填写	填写完整、规范、正确； 申请单位全称与公章全称一致	2	
	保证申明的填写	填写完整、规范、正确； 有公章和法人签字	2	
	表一　申请人基本情况	填写完整、规范、正确，无漏项； 申请人简介语言简练、条理清晰、抓住要点	10	
	表二　申请产品情况	填写完整、规范、正确，无漏项	4	
	表三　原料供应情况	填写完整、规范、正确，无漏项	10	
	表四　申请产品统计表	填写完整、规范、正确，填写数据合理	3	
	整洁性	无随意涂改现象	2	

续表

项目	考 核 内 容	参 考 标 准	分值	得分
调查表的填写	调查表文本格式和完整性	调查表文本格式选择正确；内容完整	2	
	调查表封面的填写	填写完整、规范、正确；申请单位全称与公章全称一致	2	
	一、加工产品基本情况	填写完整、规范、正确，无漏项	3	
	二、加工厂环境基本情况	填写完整、规范、正确；内容符合绿色食品生产环境要求	5	
	三、加工产品配料情况	填写完整、规范、正确；内容符合绿色食品生产对于原料、添加剂、加工助剂的使用要求；数据合理	10	
	四、加工产品配料统计表	填写完整、规范、正确；数据合理，与材料中相关内容一致	4	
	五、产品加工情况	产品加工工艺流程图绘制正确，工艺条件描述清楚；其他内容填写完整、规范、正确	8	
	六、包装、储藏、运输	填写内容完整、规范、正确；符合绿色食品的包装贮运标准要求	8	
	七、平行加工	填写内容完整、规范、正确；符合绿色食品生产加工的相关要求	8	
	八、设备清洗、维护及有害生物防治	填写完整、规范、详尽；内容符合绿色食品加工、存贮、运输相关要求	8	
	九、污水、废弃物处理情况及环境保护措施	填写完整、规范、详尽；内容符合环境保护相关要求；有填表人、内检员签字	5	
	整洁性	无随意涂改现象	2	
合　　计			100	
总体评价				

【思考题】

1. 什么是绿色食品，绿色食品如何分级？
2. 绿色食品标准体系包括哪些内容？
3. 有机食品认证的流程是怎样的？
4. 有机食品认证需要提交哪些材料？
5. 有机认证现场检查主要环节有哪些？需要注意些什么？

【拓展学习网站】

1. 中国有机食品网（http://www.zgyjspw.com）
2. 中国绿色食品发展中心（http://www.greenfood.moa.gov.cn）
3. 中国绿色食品网（http://www.greenfood.org.cn）
4. 各省绿色食品网

项目 10

学习 5S 管理方法

●●●● **项目概述**

本项目主要介绍了 5S 活动相关知识，讲述了食品企业如何科学开展和实施 5S 活动等内容。

任务 1　了解 5S 管理对于食品企业的价值

●●●● **知识目标**

· 掌握 5S 的含义、起源和发展

●●●● **技能目标**

· 能够区分 5S 之间的关系

必备知识

一、5S 的含义

5S 活动指的是整理（SEIRI）、整顿（SEITON）、清扫（SEISO）、清洁（SEIKETSU）、素养（SHISUKE），因为这五个日文词汇的罗马拼音第一个字母均为"S"，因此被简称为 5S。

5S 活动的理论简单、操作方便，是一门应用性的学科。在具体的 5S 活动中，"整理"的重点在于区分必需品和非必需品，岗位上不要放置非必需品；"整顿"在于将减少寻找必需品所用的时间；"清扫"在于将工作场所保持干净、整洁的状态；"清洁"在于将整理、整顿、清扫进行到底，并形成制度化、规范化；"素养"在于对于规定了的事，大家都要遵守执行以形成习惯。

二、5S 的起源和发展

5S 起源于日本，是日本企业独特的一种管理办法。5S 最初是日本家庭针对室内物品的布置，提出的一种家庭物品的管理方式，后来被引入日本企业的内部管理运作中，逐步形成了在生产现场中对人员、机器、材料、方法等生产要素进行的有效管理。

20 世纪 50 年代，日本提出了"安全始于整理，终于整顿"的宣传口号。当时只推行了整理和整顿两个 S，其目的仅仅是为了确保作业空间和安全。后来随着生产和品控的需要又逐步增加了清扫、清洁、素养 3 个 S，从而使应用空间及适用范围进一步扩展。到了 20 世纪80 年代，5S 理论在日本形成了系统的管理体系，很多关于 5S 的著作也逐渐问世，从而对整个现场管理模式形成了巨大的冲击，由此掀起了 5S 现场管理的热潮。

日本企业将 5S 活动作为管理工作的基础，推行多种品质管理的方法，第二次世界大战后，日本产品的品质得以迅速的提升，奠定了经济大国的地位。而在丰田公司的倡导推行下，5S 对于塑造企业的形象、降低成本、准时交货、安全生产、高度的标准化、创造令人心旷神怡的工作场所、现场改善等方面发挥了巨大作用，逐渐被各国的管理界所认识。

随着世界经济的发展及企业进一步发展的需要，有的公司在原有 5S 的基础上又增加了节约(Save)及安全(Safety)这两个要素，形成了 7S；也有的企业加上习惯化(Shiukan-ka)、服务(Service)及坚持(Shikoku)，形成了 10S 等。

三、推行 5S 的目的和作用

(一)推行 5S 的目的

总的来说，推行 5S 活动有三大目的。

1. 通过 5S 活动培养员工的积极性和主动性

(1)降低生产成本

5S 活动可以降低消耗品、人员、设备、原材料、场所、时间等的浪费，无形中降低了生产成本。

(2)促进效率提高

清爽舒适的工作环境使得员工的心情舒畅；标准化的程序，令作业越来越容易；整齐有序的物品摆放，不需要浪费时间寻找；这些都有助于工作的推进，效率自然会提高。

(3)改善物料在库房内的周转率

整洁的工作环境，有序的保管和布局，能够做到必要时能立即取出有用的物品。工序间物流通畅，能够减少甚至消除寻找、滞留时间，改善物料在库房内的周转率。

(4)缩短作业周期，确保按时交货

实施 5S 管理，使得产品质量稳定、异常现象明显化、减少时间上的浪费；基本条件完备使得生产顺畅，提高了作业效率，缩短了作业周期，从而确保交货期。

2. 通过 5S 活动创造舒适、整洁的工作环境

(1)减少直至消除故障，保障品质

优良的品质来自良好的工作环境。通过经常的清扫和检查，不断地净化工作环境，有效地避免污损物料或损坏设备，维持设备的高效率，提高生产品质。

（2）保障企业安全生产

舒适、清洁、宽敞明亮、通道畅通、流程明晰，这样的工作场所有条不紊，意外的发生就会减少，当然安全就会所有保障。

3. 通过 5S 活动培养团队意识及合作精神，提升企业形象

（1）组织活力化、改善员工精神面貌

员工经由 5S 活动，人人都变成有素养的员工，有尊严和成就感，对自己的工作尽心尽力，并带动改善意识，增加组织的活力和员工的向心力。

（2）改善和提高企业形象、增强顾客信心

清爽、清洁的工作环境让顾客对企业的产品更有信心；良好的口碑成为其他公司的学习对象；良好的工作环境能吸引高素质人才的加盟。

（二）推行 5S 的作用

实施 5S 活动可为企业带来巨大的好处，5S 活动使工作环境清爽舒适，员工有被尊重的感觉，向心力增强，工作热情和敬业精神增强，有助于提高工作效率降低消耗；作业区域不随意摆放不该放置的物品，员工严格遵守作业标准，不会发生工作伤害，安全得以保障；整洁的工厂环境能塑造一个企业的良好形象，提高企业知名度，使采购者对企业形象产生信心，订单源源不断；员工都能遵守作业标准，产品质量稳定，生产目标如期达成。

四、5S 之间的关系

5S 活动中整理、整顿、清扫、清洁、素养并不是各自独立、互不相关的；它们之间的关系是相辅相成、缺一不可的。整理是整顿的基础，整顿是整理的巩固，清扫显现整理、整顿的效果；而通过清洁和素养，则可以在企业形成整体的改善氛围，从而达到持续改进的目的，它们之间的关系如图 10-1 所示。

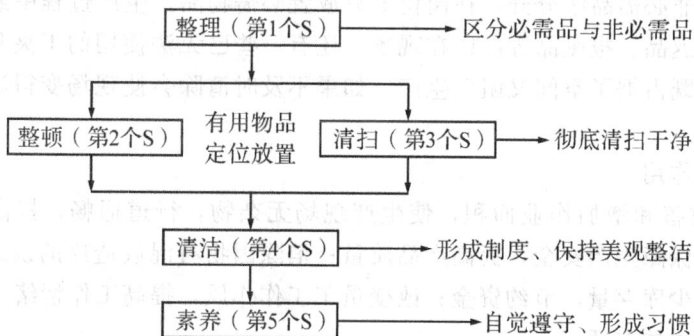

图 10-1　5S 关系示意图

5S 之间的关系可以用如下口诀来表达：

只有整理没整顿，物品真难找得到，

只有整顿没整理，无法取舍乱糟糟，

整理整顿没清扫，物品使用不可靠，

3S 的效果怎保证，清洁出来献一招，

标准作业练素养，公司管理水平高。

实训任务

实训内容：讨论 5S 管理的价值。

实训组织：对学生进行分组，每个组参照"必备知识"及利用超市等资源，讨论 5S 管理的价值。

实训成果：价值点。

实训评价：由主讲教师进行评价。

任务 2　学习 5S 管理方法

●●●● 知识目标

- 掌握整理、整顿、清扫、清洁、素养的含义及作用

●●●● 技能目标

- 能够指导企业进行简单的 5S 活动

必备知识

一、整理

(一)整理的含义

将必需品与非必需品区分开，在岗位上只放置必需物品。生产过程中经常会有残余物料、待修品、待返品、报废品等滞留在现场，还有一些已无法使用的工夹具、量具、机器设备，这些物品既占据了空间又阻碍生产，如果不及时清除会使现场变得凌乱，造成严重的后果。

(二)整理的作用

5S 活动能改善和增加作业面积，使生产现场无杂物，行道通畅，提高工作效率；减少磕碰的机会，保障生产安全，提高产品质量；消除因物料混放造成的误送、误用等差错事故；有利于减少库存量，节约资金；改变员工工作作风，提高工作情绪。

(三)推行整理的要领

推行整理的要领可概括为：

1. 马上要用的、暂时不用的甚至长期不用的物品要区分对待。

2. 即便是必需品，也要适量，将必需品的数量降到最低程度。

3. 要有决心，在哪儿都可有可无的物品，不管是谁买的有多昂贵，也应坚决处理掉，绝不手软。

(四)推行整理的步骤

整理其实就是通过一次彻底的大扫除，将作业现场的所有物品区分为必要品与不必要品。必要品留下来，不必要品清除的过程。

具体步骤如下:

第一步,对工作现场进行检查,特别要注意以下重点:车间货架或其他地方的货架;通道或角落;现场滞留的物料;加工品、刀具、工具、夹具、测量仪器等;机器设备、作业场所;地板、墙角;仓库、小房间、生产分货仓;墙壁、公告栏。

第二步,区分必需品和非必需品。对于必需品,人们往往混淆了客观上的需要与主观想要的概念,在保存物品方面总是怀有以防万一的心态,最终导致工作场所变成了杂物馆。所以对管理者而言,准确地区分需要还是想要是非常关键的问题,判定标准可以从时间、类别和使用频率上来确定。具体区分标准见表 10-1。

表 10-1 必需品与非必需品示例

类别	判 断 标 准	处 理 方 式
必需品	一周内使用一次以上	生产区域或办公现场保管
非必需品	一周至六个月内使用一次	生产区域或办公场所隔离放置
	六个月至一年内使用一次	部门内的仓库或资料室放置
	一年内一次都没有使用的	返还公司仓库、交给免责区域
	超过保管期、不能用的	废弃、变卖、处置

"红牌作战"即使用红牌子,使工作人员都能一目了然地知道工厂的缺点在哪里的整理方式,而贴红单的对象包括库存、机器、设备及空间,使各级主管都能一眼看出什么东西是必需品,什么东西是多余的。

通过"红牌作战"可以找出问题点,提出整改对策;明确期限,限期整改;提高每一个员工的改进意识和自觉性;引起责任部门注意和重视,及时改善;为 5S 工作的统计、分析提供依据。

"红牌作战"的步骤:①建立各生产单位的单独公布栏;②将生产现场好和不好的以照片形式公布、张贴;③制定红色、黄色、绿色标志旗,在相关生产区域吊挂,红色代表"处分",黄色代表"警告",绿色代表"合格";④各种颜色的区分标志根据本单位的改善情况更换;⑤制定红色标签通知书,限期对不合格要求的情况进行处理、整改。

第三步,清理非必需品。清理是要将必需与非必需的人、事、物分开,对生产现场的摆放和停滞的各种物品进行分类,区分什么是现场需要的,什么是现场不需要的。

第四步,处理非必需品。整理工作的重点在于坚决把现场不需要的东西清理掉,对于现场不需要的物品,诸如用剩的材料、多余的半成品、切下的料头、切屑、垃圾、废品、多余的工具、报废的设备、工人的个人生活用品等,要坚决清理出生产现场,对于车间里各个工位或设备的前后、通道左右、厂房上下、工具箱内外,以及车间的各个死角,都要彻底搜寻和清理,达到现场无不用之物。

第五步,每天循环整理。整理是一个持续进行的过程,现场每天都在变化,必需品也在每天改变,因此,今天的需要与明天的需求必然有所不同。

二、整顿

(一)整顿的含义

留下来的必需品依规定位置,并摆放整齐,加以标志。

整顿就是对现场所需用的物品有条理地定位、定量放置，使这些物品始终处于任何人随时都能方便取放的位置，从而将寻找必需品的时间减少为零。

(二)整顿的作用

通过整理和整顿能够缩短我们寻找物品的时间，减少时间和空间以及资源上的浪费和短缺，同时还能有效避免使一些品质优良的物品沦为"废品"。

因此整顿的作用是：

1.使工作场所一目了然，一旦出现异常能马上发现；

2.作业时，节省寻找物品的时间，提高工作效率；

3.消除过多的积压物品，减少资源浪费；

4.创造整洁的工作环境。

(三)推行整顿的要领

整顿的根本要点是轻易取出和放回，其中最重要的是能快速地取和放，因此，整顿的实施要领是：

1.整理的工作要彻底；

2.明确必需物品的最佳放置场所；

3.按照存放办法将物品摆放整齐、有条不紊；

4.存放区域、物品进行标志。

(四)推行整顿的步骤

推行整顿，要根据 PDCA 循环原理，不断地循环完善，达到最佳的物品摆放状态，第一步，分析现状；第二步，物品分类；第三步，决定储存方法（定置管理）；第四步，实施。

在推行整理的过程中，应做到以下几个方面：

1.所有生产用具、办公用品、文件、报表、档案等都必须明确标志所属单位、名称、序号、用途；物品只能按照规定或标志用途使用，无标志的物品和空间禁止随意使用。

2.办公桌不能放置非办公用品，办公桌、存物柜、文件柜内的物品应分类存放整齐。设备、仪器、操作台、窗台表面不得放置杂物。

3.生产区、物品摆放区要有明显标志。

4.物品严格按标志指示摆放、堆码，在任何空间都必须做到成行、对称、有序、整齐。在摆放时要根据使用时间先后顺序进行，先用的靠外放置，后用的靠内放置；重量大、体积大的在下面，重量轻、体积小的在上面摆放；重量轻但占用空间较大、耐压的物品按照集中原则进行摆放。

5.辅助设施、仪器、生产材料、运输工具及其他用具、用品使用完毕或剩余部分应归还原位，并整齐有序摆放、堆码。

定置管理是根据产品工艺流程和工序特点，按照人的生理、心理、效率及安全的需求来科学地确定物品的场所和位置，实现人与物的最佳结合的管理方法，简单地说就是达到"三易"(易取、易放、易存储)和"三定"(定位、定量、定容)。

定置管理包括固定位置和自由位置两种基本形式。固定位置，即场所固定、物品标志固定、存放位置固定；自由位置，适用于不重复使用的物品，是相对固定一个存放物品的区域，非绝对的存放位置，因此物品的存放就有一定的自由度。

在实施定置管理时必须有相应的标志,其中一类为引导类标志,这类标志引导信息便于人与物的结合。另一类为确认类标志,是为了标明避免物品混乱和放错地方所需的信息。

三、清扫

(一)清扫的含义

将工作场所内看得见与看不见的地方清除干净,保持岗位无垃圾、无灰尘、干净整洁的状态,保证工作场所内干净、亮丽的环境。对食品来说,干净还应该包括清除微生物污染,因此食品企业中的清扫,还包括了消毒的过程。干净、整洁的工作环境让员工感觉到身心愉快的同时,也是食品卫生的基本保证。

(二)清扫的作用

通过整理、整顿使物品处于能快速取出的状态,在物品完好的基础上再进行清扫,则可以达到保证干净、明亮、整洁的生产环境,杜绝物理性危害;保证基本的卫生,降低生物学危害;可以减少消毒剂、清洁剂、润滑油等化学性危害;稳定产品卫生状况与品质。

(三)推行清扫的要领

清扫与清点、检查、保养工作要充分结合,杜绝污染源,最终要建立清扫的标准。具体来说,推行清扫的要领可概括为以下几个方面:

1. 全员参与、分工明确,责任到人;
2. 与清点、保养工作充分结合;
3. 调查污染源,从根本上杜绝污染;
4. 建立清扫基准,制定清扫规范。

(四)推行清扫的步骤

1. 准备工作

在开始进行清扫工作前首先要进行安全教育,对可能发生的事故、消毒剂的不合理使用等进行警示,以避免清扫过程中安全事故的发生。对于负责清扫设备的工作人员,还要进行有关设备维修和保养方面的培训,以保证清扫效果。

其次是要指导并组织工作人员学习相关的清扫消毒作业指导书,明确清扫和消毒的对象、方法(程序、步骤、参数)、重点、周期(频率)、使用工具等。

最后划分责任区域和界定相关责任人、确定清扫消毒效果的检查、处理方法等。

2. 清理工作岗位上的垃圾、灰尘

每位员工都要彻底清扫自己负责区域内的所有的物品与机器设备,清除常年堆积的灰尘污垢,不留死角,以确保空间、设备的干净、整洁。

3. 清扫、检查机器设备

设备本身及其所附属的辅助设备要求每天都保持完好的整洁的状态,因此不仅要清扫设备外部看得到的地方,还要清扫设备内部看不到的地方,在清扫时应该注意安全,并严格按照设备的要求进行,避免损坏设备。

另外,彻底清扫会将设备中的污秽、灰尘,尤其是原材料加工时剩余的残渣清除干净,设备的各种问题也就会彻底地暴露出来,这样就便于我们及时采取相应的措施,使设备处于完好整洁的状态。

4. 整修在清扫中发现有问题的地方

对清扫中发现的设备、设施等方面存在的问题，要及时进行整修；对设备上那些需要防锈保护、润滑的部位要按照规定及时加油或保养。

5. 消毒

对食品生产场所来说，仅仅是感官上的整洁是不够的，还要通过消毒达到微生物层面上的清洁状态，所有与食品直接和间接接触的空气和接触面都要进行定期和不定期的消毒，具体的消毒方式、消毒程序、消毒频率，根据产品的种类、接触面的性质而有所不同。

6. 查明污染源，从根本上解决污染问题

通过每天的清扫，查明各种污染形成的原因所在，制定污垢来源的明细清单，按照计划逐步地予以改善，将污垢从根本上杜绝。

7. 建立相关清扫基准，制定清扫规范

在清扫的实施过程中，还要注意以下几点：

(1)地面、墙面、玻璃门窗无灰尘、杂物、碎屑、脏印或污水；天花板无虫网；通风设施，隔离设置，保持无积尘、积水、积垢，不黏附杂物、脏物；洗手池底下无网，无垢，无脏物，无污水。

(2)生产工具、货架、机器设备、容器表面无积尘或油污，内部无杂物或异物黏附；清洁工具、清洁用品保持干净、无异味；运输工具无油垢或脏物黏附。

(3)张贴物、标志牌、柜台无涂写痕迹，无脏物，无污染。

(4)消防器材、管道、灯具、电线保护等开关无灰尘，无虫网，无脏物。

四、清洁

(一)清洁的含义

维持和巩固通过整理、整顿、清扫而获得的成果，并将其制度化、规范化，当不清洁现象发生时及时应对，以便保持生产现场任何时候都整洁、干净。

(二)清洁的作用

清洁工作的有效开展可以使整理、整顿、清扫成为一种制度，从而获得坚持和规范化的条件，这将有利于合理改善和推进全面标准化，引导企业文化的形成，巩固上述 3S 的成果，提高工作效率。

(三)推行清洁的要领

推行清洁的要领可以概括为以下四个方面：

1. 贯彻 5S 意识，坚持不懈，对已经养成的坏习惯，需要花费大量的时间来改正。

2. 深刻领会整理、整顿、清扫的含义，落实整理、整顿、清扫工作，争取进一步提高。

3. 制定 5S 实施办法、目视管理的基准以及考评和奖惩办法，并形成制度，严格执行。

4. 领导重视、在整个企业全面地进行宣传和教育，带动全员重视 5S 活动；用巡回检查、5S 报道、宣传画、标语、举行参观交流会等各种形式来加强员工的 5S 意识，使 5S 活动不断具有新鲜感。

(四)推行清洁的步骤

1. 对推行 5S 活动进行教育；

2. 整理——区分工作区的必需品和非必需品；

3. 对员工进行明确说明；

4. 清理工作区的非必需品；

5. 整顿——规定必需品的摆放场所和摆放方法；

6. 规定摆放方法并进行必要的标志；

7. 将放置及识别方法对员工进行培训；

8. 清扫——根据各区域的实际情况，制定清扫(含消毒)的方法及步骤，明确其界限以及责任人；

9. 制定奖罚方法并实施。

以上 9 个步骤按 PDCA 循环重复进行，以确保持续改进的实现。具体为：制定一套保持制度(P)，持续进行整理、整顿、清扫的各项活动(D)，发现问题并对发现的问题作及时反馈(C)，对反馈的问题作及时修正(A)，如此循环，就能持续保持工作环境清洁卫生的状态。

五、素养

(一)素养的含义

每个人都形成严格遵守规则做事的习惯。

培养员工整洁有序、自觉执行工厂规定和规则的良好习惯，自觉地进行整理、整顿、清扫、清洁，这是搞好 5S 活动的重要保证。

(二)素养的作用

素养的目的是全体员工高标准、严要求维护现场的环境整洁和美观，自愿实施整理、整顿、清扫、清洁的 4S 活动。也就是说，素养是保证前 4 个 S 得以持续、自觉、有序地开展下去的重要内容。因此素养的作用可以概括为以下三个方面：

1. 持续按照 4S 的要求进行管理，培养员工养成严守规章制度、按标准操作的工作习惯，从而提高员工的基本素质；

2. 创造舒适整洁的工作环境；

3. 铸造团结协作的团队精神和企业文化。

(三)素养的推行要领

要提高素养，一是要经常进行整理、整顿、清扫以保持清洁的状态；二是要自觉养成良好的习惯，遵守工厂的规则和礼仪规定。具体可以概括为以下几个方面：

1. 制定公司有关规章制度、礼仪守则，帮助员工达到修养最低限度的要求；

2. 根据生产进度，制定作业指导书、手册，并经常进行对照检查；

3. 进行 5S 教育训练，通过 PDCA 循环重复进行整理、整顿、清扫、清洁，让所有员工都能明确整理、整顿、清扫、清洁状态的标准，达到工作的最基本要求；

4. 努力养成遵守作业指导书、手册和规则的习惯；

5. 推动各种精神提升活动和激励活动，培养员工的责任感，关心教育员工，营造良好的工作环境，让员工有归属感，从而激发员工的热情，使遵守规章制度成为一种自觉的行为。

实训任务

实训内容：制定 5S 管理推行方案。

实训组织：对学生进行分组，每个组参照"必备知识"及利用超市等资源，制订 5S 管理推行方案。

实训成果：推行方案。

实训评价：由主讲教师进行评价。

任务 3　学习 5S 管理在食品企业生产现场管理的应用

●●●● 知识目标

• 掌握食品企业推行 5S 活动的要点

●●●● 技能目标

• 能够对食品企业的生产现场进行 5S 管理活动

必备知识

一、食品企业推行 5S 活动的必要性

就食品企业而言，为了保证食品安全，除了制定相关法律和标准，还需要大力推行 5S 活动。因为 5S 活动能够营造一种"人人积极参与，事事遵守标准"的良好氛围。有了这种氛围，在推行全面质量管理（TQM）、良好操作规范（GMP）、卫生标准操作规范（SSOP）、危害分析和关键控制点（HACCP）、ISO 体系时，就更容易获得员工的支持和配合，有利于调动员工的积极性，形成强大的推动力。

另外，实施 TQM、GMP、SSOP、HACCP、ISO 等活动是长期性的过程，一时很难看到显著的效果，而 5S 活动是在短期内就可以获得显著效果的。如果企业在推行 TQM、GMP、SSOP、HACCP、ISO 等活动的同时适当加入 5S 活动，就可以通过立竿见影的效果来增强员工的信心。

二、推行 5S 活动的三个阶段

推行 5S 活动如果缺乏事前的准备和规划，加上推进及实施人员缺乏应有的共识和决心，那往往会造成虎头蛇尾，有始无终。因此，对于 5S 的推行，全体员工都应抱有一种非常热忱的心态。

推行 5S 活动应该经历如下三个阶段：形式化—行事化—习惯化。通过强制规范员工的行为，改变一个员工的工作态度，让他成为习惯，到了习惯化之后，一切事情就会变得非常自然，顺理成章，图 10-2 所示为 5S 活动阶段图。

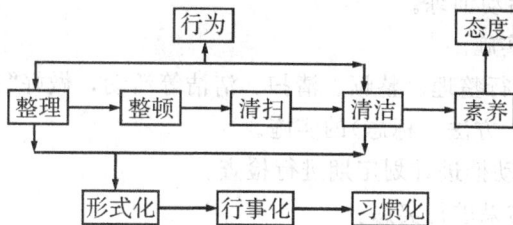

图 10-2   5S 活动阶段图

三、食品企业推行 5S 活动的要点

掌握了 5S 现场管理法的基础知识，并不一定就具备推行 5S 活动的能力，在实际推行得过程中，因步骤、方法使用不恰当导致事倍功半，甚至中途夭折的事例并不鲜见。因此，掌握正确步骤、方法对于顺利推行 5S 活动是至关重要的。具体步骤如下：

步骤 1：成立 5S 推行组织。

可以成立 5S 推行委员会、推行办公室并确定委员的主要工作分工、编组及划分具体责任。

企业 5S 活动推行得是否成功，很大程度上取决于领导的重视程度。5S 工作的推行，领导必须亲自挂帅，以身作则，除此之外，各部门的负责人也要高度重视，因此由企业主要领导出任 5S 活动推行委员会主任职务是必然也是必须的。

步骤 2：制订 5S 活动推行计划、方针、目标及具体实施方法。

5S 活动要使每位参与人员对整个活动过程都有全面了解，使具体任务责任人清楚自己承担的职责以及完成任务的时限，就一定要制订活动计划，以便参与人员相互协作、相互配合形成团队精神。推动 5S 活动方针的制定可以结合企业的具体情况，一般多采用口号式，这样既具有号召力又便于记忆和宣传。

比如：5S 运动从你我做起，让我们更有自信！5S 效果很全面，持之以恒是关键。5S 做好了，才算做了。5S 是建立洁净亮丽，整齐舒适，安全高效的法宝。

在推行 5S 管理时，要预先设定预期目标，作为 5S 活动努力的方向，也便于 5S 活动推行过程中随时进行检查。在制定目标时也要同企业的具体情况相结合。

步骤 3：实施 5S 活动宣传，开展培训教育。

5S 活动要全员重视、全员参与才能取得良好的效果，因此可以采取晨会、内部报刊、海报或宣传栏宣传等方式进行宣传，以便达到全员认同的目的，使员工将 5S 活动自觉地融入日常工作中。

5S 的培训可以让员工明白 5S 活动的推行不但可以美化环境、提高品质，节约成本，同时也是提升企业形象，使企业迈向成功的重要途径。培训的形式要多样化，可以采用进行集中授课、集体讨论、学习 5S 推行手册的方式、也可以采用观看录像、观摩其他企业的优秀案例或样板区域等方式。值得注意的是不论采取哪些方式，培训内容都应包括以下方面：

1.5S 活动的内容及目的；

2.5S 活动的具体实施方法；

3.5S 活动的评比方法；

4. 新进员工的 5S 活动训练。

步骤 4：5S 活动的实施。

按照 5S 要求逐步进行整理、整顿、清扫、清洁等活动，做好"三定"（定点、定容、定量）以及"三要素"（场所、方法、标志）的实施。

步骤 5：按照 5S 活动推进计划定期进行检查。

步骤 6：根据检查结果进行奖惩。

根据 5S 活动效果进行评比，公布成绩，按照奖惩规定实施奖惩。

步骤 7：对检查中出现的问题予以检讨和修正。

通过对 5S 活动进行定期地检查，找出各环节的不足之处加以改正。各责任部门则按照检查过程中存在的问题项目进行整改。

步骤 8：按照 PDCA 循环，持之以恒，最终使 5S 活动标准化，规范化并不断完善。

需要强调的一点是，在 5S 活动不断推进的过程中，不同企业可以按照自身背景、架构、企业文化、人员素质的不同，加入配合企业自身特点的其他项目。另外，在 5S 活动推行过程中要根据遇到的具体问题具体分析，不断调整，才能取得满意的效果。

食品生产 5S 现场要求

一、整理

1. 工作台上的消耗品、工具、器具、计测器等无用或暂无用物品须取走

2. 生产线上不应放置多余物品及无掉落的零件

3. 地面不能直接放置成品、零件以及掉有零部件的不良品

4. 作业区应标明并区分开

5. 工区内物品放置应有整体感

6. 不同类型、用途的物品应分开管理

7. 私人物品不应在工区出现

8. 电源线应管理好，不应杂乱无章或抛落地上

9. 标志胶带颜色要明确（绿色为固定，黄色为移动，红色为不良）

10. 垫板、塑胶箱应按平行、垂直放置

11. 没有使用的器具、工具、刃物应放置在工器具架上

12. 工器具架上长期不用的模具、工器具、刃物和经常使用的物品应区分开

13. 测量工具的放置处应无其他物品放置

14. 装配机械的设备上不能放置多余物品

15. 作业工具放置的方法是否易放置

16. 作业岗位不能放置不必要的工具

17. 工器具架上不能放置器具以外的杂物

18. 零件架、工作台、清洁柜、垃圾桶应在指定标志场所按水平直角放置

二、整顿

1. 消耗品、工具、器具、计测器应在指定标志场所按水平直角放置

2. 台车、推车、铲车应在指定标志场所水平直角放置

3. 零件、零件箱应在指定标志场所水平直角整齐放置

4. 成品、成品箱应在指定标志场所整齐放置

5. 零件应与编码相对应，编码不能被遮住

6. 空箱不能乱放，须整齐美观且要及时回收

7. 底板类物品应在指定标志场所水平直角放置

8. 样本、检查设备应在指定标志场所水平直角放置

9. 文件的存放应按不同内容分开存放并详细注明

10. 标志用胶带应无破损、无起皱呈水平直角状态

11. 标志牌、指示书、工程标志应在指定标志场所水平直角放置

12. 宣传白板、公布栏内容应适时更换，应标明责任部门及担当者姓名

13. 休息区的椅子，休息完后应重新整顿

14. 清洁用具用完后应放入清洁柜或指定场所

15. 通道上不能放置物品

16. 不允许放置物品的地方（通道除外）要有标志

17. 各种柜、架的放置处要有明确标志

18. 半成品的放置处应明确标志

19. 成品、零部件不能在地面直接放置

20. 不良品放置区应有明确规定

21. 不良品放置场地应用红色等颜色予以区分

22. 不良品放置场地应设置在明显的地方

23. 修理品应放置在生产线外

24. 零件放置场所的标志表示应完备

25. 塑胶箱、捆包材料上应标明品名

26. 作业工具的放置位置不能走路或弯腰才能放置

27. 应下功夫大概在放置位置放手就能放置作业工具

28. 作业工具放置处应有余量

29. 器具、工具架上应有编码管理及有品目表示

30. 在架子前应能清楚辨明上面的编码

31. 器具、工具架应导入用不同颜色标志区分

32. 器具是否按使用频率放置，使用频率越高的放置越近

33. 器具、工具应按成品类别成套放置

34. 成品的放置应该按机种型号区分开

35. 成品的放置场地的通路和放置场所应画线表示区分

36. 成品上应有编码（番号）、数量的表示

37. 包装材料和成品的堆放高度应做出规定

38. 工器具架应采取容易取出的放置方法

39. 不能使用未被认定的不良测量工具(精密度检查颜色用标贴表示)

40. 测定具应采取防尘、防锈的放置方法

41. 私用杯子应按规定放置于杯架上

42. 测定具在托盘下面应使用橡胶之类的缓冲材料

三、清扫

1. 地面应保持无灰尘、无碎屑、纸屑等杂物

2. 墙角、底板、设备下应为重点清扫区域

3. 地面上浸染的油污应清洗

四、清洁

1. 工作台、文件柜、柜架、货架、门窗等应保持无灰尘、无油污

2. 设备、配膳箱应保持无灰尘、无油污

3. 地面应定时清洗，保持无灰尘、无油污

4. 工作鞋、工作服应整齐干净，不乱写乱画

5. 装配机械本体不能有锈和油漆的剥落，盖子应无脱落

6. 清洁柜、清洁用具应保持干净

7. 不做与工作无关的事

8. 严格遵守和执行公司各项规章制度

9. 按时上下班，按时打卡，不早退，不迟到，不旷工

10. 积极认真按时做早会、晚会

11. 按规定和要求扎头发

五、素养

1. 按规定穿工鞋、工作服

2. 吸烟应到规定场所，不得在作业区吸烟

3. 工作前、用膳前应洗手，打卡、吃饭应自觉排队，不插队

4. 按要求将手套戴好

5. 对上司应保持基本礼仪

6. 不随地吐痰，不随便乱抛垃圾，看见垃圾立即拾起放好

7. 上班时间不准进食，如早餐、零食等物

8. 应注意良好的个人卫生

实训任务

实训内容：食品企业推行 5S 管理价值。

实训组织：对学生进行分组，每个组参照"必备知识"及利用超市等资源，讨论食品企业推行 5S 管理价值。

实训成果：价值点。

实训评价：由主讲教师进行评价。

参考文献

［1］黎庆翔．ISO 9001：2008 标准理解与认证食物［M］．广州：广东经济出版社，2009．

［2］贝惠玲．食品安全与质量控制技术［M］．北京：科学出版社，2010．

［3］曹斌．食品质量管理［M］．北京：中国环境科学出版社，2006．

［4］曾庆祝，冯力更．食品安全保障技术［M］．北京：中国商业出版社，2008．

［5］汤高奇，石明生．食品安全与质量管理［M］．北京：中国农业大学出版社，2013．

［7］张妍．食品安全认证［M］．北京：化学工业出版社，2008．

［8］马长路．食品质量安全管理［M］．北京：中国农业科技出版社，2014．

［9］马长路．食品企业管理体系建立与认证［M］．北京：中国轻工业出版社，2009．